GONG TONG DI ZAO:
CHENG SHI ZHI LI XIAN DAI HUA DE
TAN SUO HE SHI JIAN
(XIAMEN · HAICANG)

# 共同缔造：

## 城市治理现代化的探索和实践
## （厦门·海沧）

卓越 主编

中国社会科学出版社

**图书在版编目（CIP）数据**

共同缔造：城市治理现代化的探索和实践：厦门·海沧/卓越主编.
北京：中国社会科学出版社，2015.5
ISBN 978-7-5161-6181-4

Ⅰ.①共… Ⅱ.①卓… Ⅲ.①地方政府—行政管理—现代化管理—研究—厦门市 Ⅳ.①D625.573

中国版本图书馆CIP数据核字(2015)第126005号

出 版 人 赵剑英
责任编辑 孔继萍
责任校对 王佳玉
责任印制 何 艳

出 版 中国社会科学出版社
社 址 北京鼓楼西大街甲158号
邮 编 100720
网 址 http://www.csspw.cn
发 行 部 010-84083685
门 市 部 010-84029450
经 销 新华书店及其他书店

印刷装订 北京市兴怀印刷厂
版 次 2015年5月第1版
印 次 2015年5月第1次印刷

开 本 710×1000 1/16
印 张 17
插 页 2
字 数 261千字
定 价 64.00元

# 前　言

自从党的十八届三中全会提出“推进国家治理体系和治理能力现代化”的总目标以来，治理研究成为时代的主旋律，各类理论研究如雨后春笋，各地实践蓬勃发展。在这个大背景下，我们希望能够通过一个典型案例的解读，总结规律，以点带面，促进全面发展。

国家治理是一个完整的体系，在内容上，制度体系包括经济、政治、文化、社会、生态文明和党的建设等各领域体制机制、法律法规安排；能力体系包括改革发展稳定、内政外交国防、治党治国治军等各个方面。在层级上，覆盖中央、省、市、县、乡等。其中，城市治理和社区治理是两个较为具体的对象层级。城市治理必须按照国家治理体系和治理能力现代化的总体要求，同时，地方城市治理也可以突出自身的个性特色。厦门市委、市政府制定的《美丽厦门战略规划》，开展的“共同缔造”活动，就是“推进国家治理体系和治理能力现代化”的地方实践，是城市治理的厦门实践。

本书以厦门市海沧区作为更为具体的实践案例，强调治理在共同缔造的核心理念与导向作用，以治理本质、治理特征和治理精髓作为解题思路，构建治理平台、治理体系和治理模式三维结构，通过平台解决理念问题，通过体系解决制度问题，通过模式解决实践问题。从一个特定的角度，对城市治理现代化进行整体性的设计和探索，着力体现政府在价值层面的转变，进一步明确政府的执政目标和追求方向。

治理的本质就是政府在执政理念和价值层面的转变。从管理到治理不仅是形式上的改变，反映的是更深层面的理念差异和转变，是政府如何管理社会、实施行政运作的观念发生变化。共同缔造在总体框架设计上首先解决的是理念、价值创新的问题，通过认识论、方法论和实践论三个视角，为厦门市城市治理体系和治理能力现代化提供一个创新的治理平台。共同缔造的认识论价值在于为城市治理体系和治理能力现代化提供解题思路和认识基础，明确了“为什么要做”；作为方法论指导，共同缔造通过机制体制创新提供动力，构建一个可持续、可复制和可推广的城市治理创新体系，指出了“怎样去做”；同时，共同缔造通过纵向到底、横向到边、纵横交错的经验总结，为实现社会协同、多层互动、民主协商、共治共享的格局提供了实践启迪，展示“做了什么”。

治理的特征就是要求重新理解政府的作用，科学合理地界定政府与市场、社会组织与公民之间的关系。共同缔造以全面理解治理特征为导向，以结构—功能为分析方法，着力构建城市治理体系和治理能力现代化的完整体系。治理体系包括价值层面的内容，区别于一般性的管理体系和统治体系，治理体系总体是一个比较稳态的东西，不包括行为、活动和技术方面的内容。制度属于硬件设计，为治理现代化规定基本方向和路径，是整个治理体系的核心内容。制度设计必须遵循国家的制度要求，同时，地方城市治理体系可以结合具体的定位，形成自己的特色，在总体框架下展示个性内容。在结构层面，海沧区重视加强战略部署、统筹规划，全面涵盖经济、政治、文化、社会、生态文明建设等各领域内容，通过“共同缔造”实践将“五位一体”各领域工作结合起来，通过四个版块结构，处理好三种关系、体现两大特色。以主体功能区为统筹，促进产业转型与城市转型；以社区治理为基础，促进社会转型；着力开展多项制度改革，不断深化政府治理结构。此外，海沧区加强两个融合为引领，重构社区共同体，打造两岸新家，形成城市治理现代化体系的亮点与创新。在功能设计方面海沧区主要通过主题呈现，积极回应时代诉求。将“法治”作为城市治理现代化体系的基础工程，始终贯穿并渗透于城市治理体系整体及其各版块结构，为整个治理体系发挥基础保障作用。

治理是一个富有中国特色的概念，治理的精髓在于通过实践丰富和发展治理体系，通过实践不断提升治国理政的能力。实践不仅仅是经验的累加，通过体现中国特色、地方特色的创造性活动，善于总结规律，发现内在联系。海沧区在共同缔造的活动过程中，形成元治理、微治理和协治理三种实践模式。三个模式互相区别又互相联系。元治理模式强调核心引领与统筹主导，聚焦于“顶天”的战略定位；微治理模式强调扎根基层，行动于微处，着眼于“立地”的技术路线；协治理模式强调异质主体通过充分持续的互动来交换资源、谈判共同的目标，承接协贯元治理模式和微治理模式，贯穿于治理实践的全过程。元治理模式是在原有理论意蕴的基础上，结合中国情境进行了理论丰富和具体阐述。微治理模式则是对国家治理、社会治理以及社区治理的凝练概括，是对微观治理的醒目表达。协治理模式凝练统领了协商治理、协作治理、协调治理与协同治理的举措方式，是对“多元主体共同治理”的创新响应。

本书十易其稿，经过数十次的实地调研和数十次的讨论推敲，得以形成。本书由厦门大学公共事务学院卓越教授担任主编，负责编排全书大纲，组织写作力量，对全书进行统稿、定稿。本书各篇各章的作者为：卓越、李富贵（第一篇）；李富贵、刘笑（第一章）；李富贵、叶伟昭、黄剑敏（第二章）；李富贵、陈剑平、曾涛（第三章）；卓越、钟金玲（第二篇）；钟金玲、林晓君（第四章）；钟金玲、魏靖（第五章）；钟金玲、林晓君（第六章）；钟金玲、刘笑、庄玲（第七章）；钟金玲、苏小芳（第八章）；卓越、张晨舟（第三篇）；张晨舟、叶伟昭（第九章）；张晨舟、庄玲（第十章）；张晨舟、黄剑敏（第十一章）。

本书的写作离不开海沧区委、区政府的全力支持，本书的出版得到中国社会科学出版社的积极帮助，孔继萍编审为编辑此书提供了不少创意，借此机会一并表示由衷的谢意。

卓　越

2015年3月16日

# 目　录

## 第　一　篇

## 共同缔造:提供城市治理现代化的治理平台

# 第 二 篇

## 共同缔造:构建城市治理现代化的完整体系

# 第 三 篇

## 共同缔造:创新城市治理现代化的实践模式

# 第　一　篇

## 共同缔造:提供城市治理现代化的治理平台

“推进国家治理体系和治理能力现代化”是党的十八届三中全会提出的新理念、新思路。治理最为突出的特征就是要求重新理解政府的作用，科学合理地界定政府与市场、社会组织、公民之间的关系。社会治理的本质是地位平等的多元主体在其自愿基础上的一种有效合作，从而形成一种良性和有效率的互动。[①] 从社会管理到社会治理不仅形式上发生了改变，更反映了政府在执政理念和价值层面的差异与转变，使政府如何管理社会、实施行政运作的观念发生了深刻的变化。

2013 年 7 月，厦门市委、市政府制定《美丽厦门战略规划》，在海沧区和思明区开展“美丽厦门共同缔造”的试点工作。共同缔造活动在内涵与方法上与治理相一致，取得初步成效。2014 年年初，在两个行政区试点的基础上，共同缔造活动在全市推开。共同缔造以治理的核心理念为导向，体现了政府在价值层面的转变，影响和决定着政府的执政目标和追求方向，对政府行为的调节、社会问题的解决起到关键性的作用。作为一种战略思想，共同缔造不单作为一项治理技术和治理机制，而是厦门城市治理的新方略，是对城市治理理念、治理结构、治理机制、治理环境进行的整体性的设计和探索。共同缔造不仅彰显了城市治理的基本理念和价值取向，并且蕴含着认识论、方法论和实践论的价值。共同缔造作为认识论，为城市治理体系和治理能力现代化提供解题思路和认识基础；作为方法论指导，通过机制体制创新来提供动力，使共同缔造成为一个可持续、可复制、可推广的城市治理创新体系；同时共同缔造作为城市治理现代治理平台，为实现社会协同、多层互动、民主协商、共治共享的格局提供了实践启迪。

---

① 俞可平：《中国公民社会的兴起与治理的变迁》，社会科学文献出版社 2002 年版。

# 第一章

# 共同缔造的认识论价值

认识来源于实践，是适应实践的需要产生的，但同时认识能够反作用于实践，用于指导实践，因此认识又高于实践。“美丽厦门共同缔造”，作为一个认识论，它的实质就是坚持以人为本，坚持一切为了群众、一切依靠群众，通过决策共谋、发展共建、建设共管、效果共评、成果共享实现共治理念和共治方法。共同缔造的认识论能够帮助海沧区政府正确认识城市发展的规律和现阶段发展困境，科学规划海沧发展，有效解决海沧现实问题，指导其全面改革以适应社会治理的需要。共同缔造对现阶段海沧发展具有巨大的指导作用，是一种具有重要现实意义的认识论。

## 第一节　共同缔造的内涵与实践进程

2013 年，厦门市海沧区委、区政府按照党中央深化改革的重大战略部署，根据厦门市委、市政府提出的《美丽厦门战略规划》要求，积极探索新常态下践行党的群众路线、创新城市治理的路径与方法。海沧紧扣“美丽厦门 · 活力海沧”定位，通过试点探索到全面实施，全力推进共同缔造和城市治理创新工作。共同缔造活动以群众参与为核心，以培育精神为根本，以奖励优秀为动力，以项目活动为载体，以分类统筹为手段，积极改进城市治理方式，着力构建起“纵向到底、横向到边、纵横交错、多元共治”的城市治理新体系。

## 一　共同缔造的背景

### 1. 十八届三中全会提出全面深化改革的战略部署

海沧开展“美丽厦门共同缔造”行动有着深刻的时代背景。党的十八大提出把生态文明建设放在突出地位，融入经济建设、政治建设、文化建设、社会建设各方面和全过程，努力实现两个百年的奋斗目标，即到建党100年时全面实现小康社会，到新中国成立100年时建成富强、民主、文明、和谐的社会主义现代化国家。党的十八届三中全会指出：“紧紧围绕更好保障和改善民生、促进社会公平正义、深化社会体制改革，改革收入分配制度，促进共同富裕，推进社会领域制度创新，推进基本公共服务均等化，加快形成科学有效的社会治理体制，确保社会既充满活力又和谐有序。”这是在十八大提出五位一体建设后，党对社会建设的重要战略部署，也是党深化社会治理创新的重要安排。党的十八届三中、四中全会提出要全面深化改革、全面依法治国，而深化改革的目标则是要完善中国特色社会主义体系，推进国家治理体系与治理能力现代化。从全局看，当前社会领域改革面临三大课题：一是计划经济体制遗留下的一些老问题，亟待继续解决；二是改革开放以来出现的一些新矛盾不断积累和激化，必须抓紧消化；三是网络社会和现代化事业快速发展，给社会治理和建设提出更多的新课题，也需要积极应对、预为之谋。加强和创新社会治理体制，是推进国家治理体系和治理能力现代化的客观需要，是全面深化改革开放的必然要求，是最大限度增加社会和谐因素的必然要求，是维护最广大人民根本利益的必然要求，是提高党的执政能力和巩固党的执政地位的必然要求。

### 2. “美丽厦门共同缔造”的战略规划

厦门作为改革开放“窗口”“试验田”“排头兵”的经济特区，其建设和发展得到了中央领导的高度重视和大力支持。习近平同志对厦门发展做出了重要指示，希望厦门在深化改革上先试先行、加快城市转型、加强对台交流与服务、加强生态文明建设，以更大的决心和勇气深化各项改革，以更宽的事业扩大对外开放，从而在全省、全国树立典范，起到带头作用。在国家深化改革、推进治理体系和治理能力现代化的政治背景下，厦门市委结合福建省委有关指示，根据城市发展现状于2013年提出了《美丽厦门战略规划》，旨在以"五位一体"全面发展的理念、改革创新的手段、共同缔造的方法，破解发展新阶段面临的新问题与新挑战，加快推进科学发展、促进社会和谐，把厦门打造成为国际知名的花园城市、美丽中国的典范城市、两岸交流的窗口城市、闽南地区的中心城市、温馨包容的幸福城市，努力实现"两个百年"的美好愿景——到建党100年时，建成美丽中国的典范城市；到新中国成立100年时，建成展现中国梦的样板城市，在全国全省发展大局中发挥更大作用。建设"美丽厦门"，核心在落实"五位一体"，推进科学发展、跨岛发展，实现城市发展的转型升级；方法在坚持共同缔造，充分发挥群众的积极性、主动性、创造性，让人民群众更公平地共享发展成果。

3. 海沧台商投资区发展的新方向

厦门市海沧区是全国设立最早、面积最大的台商投资区，位于厦门西部，东与厦门本岛隔海相望，西与漳州接壤，在厦门跨岛发展中具有"桥头堡"优势。1989年，经国务院批准成立厦门海沧台商投资区；2003年，成立海沧区；2008年，获批成立保税港区。海沧目前实行投资区、行政区、保税港区"三区合一"的管理体制，辖区面积186.46平方公里，下辖一镇两街（东孚镇、海沧街道、新阳街道）。经过25年的台商投资区、11年的行政区发展，2014年海沧已跻身全国百强区第15名，人均GDP达2.4万美元，已超台湾平均水平。

在经济快速发展的同时，海沧区流动人口急剧膨胀，外来人口与本地人口比例超过2∶1。作为沿海发达地区，海沧较早进入经济转轨、城区转轨、社会转轨的发展新阶段，面临诸多矛盾和问题，传统的社会治理模式已经不能适应海沧新时代的发展。当前海沧以"美丽厦门·活力海沧"为引领，立足于在港口、工业、城区、对台交流等方面的厚实基础，全面推进"新港口、新产业、新城区、新家园、新机制"建设。"新港口"依托天然港口优势，构建便捷高效的现代化集疏运体系，繁荣航运物流及临港产业。"新产业"促进产业转型升级，打造"三大中心、三大基地"、培育六大千亿产业链群。"新城区"围绕"由开发区向完整城区转变"，提升城乡一体化公共服务水平、繁荣生产，提升城区宜居度和承载力。"新家园"以"两岸一家亲，共建新家园"为主题，培育两岸同胞、新老厦门人、城乡居民融合的家园。"新机制"通过创新政府治理、社会治理、考核机制等举措，探索城市治理体系和治理能力现代化。

## 二　共同缔造的内涵

在上述改革背景下，海沧立足自身特点和优势，通过“美丽厦门共同缔造”积极探索城市治理体系和治理能力现代化的新模式。“美丽厦门共同缔造”行动是一个不断创新、不断丰富的实践过程，是为贯彻落实党的十八大、十八届三中四中全会精神和习近平总书记对厦门发展的重要指示精神，加快推进科学发展、转型发展的重要决策；是新常态下加快厦门转型发展的新探索、新理念、新方法、新平台。

“共同”立足于“五位一体”，呈现的是全方位、立体式的美丽与和谐，联结的是社会各界的作用，这是一个党委核心、政府引领、发动群众之后最终逐步淡化政府色彩，交给社区、村落自己做的可持续过程。“缔造”是“破而后立”的诠释，即在破解原来格局中存在问题的基础上创造一种新习惯和新格局，让社会各界找到存在的价值，带来城区环境面貌和市民精神状态的变化。

具体来说，共同缔造就是坚持以人为本的发展思路，以《美丽厦门战略规划》为引领，以群众参与为核心，以培育精神为根本，以奖励优秀为动力，以项目活动为载体，以分类统筹为手段，着力共谋、共建、共管、共评和共享，统筹推进经济、政治、文化、社会、生态文明建设，实现发展惠及群众、生态促进经济、服务覆盖城乡、参与铸就和谐、城市更加美丽。

共同缔造中的五个“以”有着具体的内涵。以群众参与为核心：坚持走群众路线，发挥群众主体作用，尊重和激发群众首创精神，努力做到决策共谋、发展共建、建设共管、效果共评、成果共享。以培育精神为根本：勤勉自律、互信互助、开放包容、共治共享。以奖励优秀为动力：补贴启动、奖励先进，树立标杆、典型示范。以项目活动为载体：群众自愿、村居实施，政府资助、以奖代补。以分类统筹为手段：区分类型、突出特色，统筹自愿、协调推进。以完整社区建设为基础：围绕建设具有完善的设施、开放的公共空间和有认同感的文化的完整社区，从房前屋后的小事、实事做起，营造良好社区氛围，培育和增强认同感和归属感。

1. 共同缔造的核心是共同

共同缔造，核心在共同。这个“共同”寓意深远，它不仅体现于决策共谋、发展共建、建设共管、效果共评、成果共享，更是要通过激发群众共同参与项目建设和社区活动，在改善社区的环境和公共建设的同时，使居民由互不往来变为共同行动，在共同行动中交流交往、相知相识、融洽融入，把社区从生人社会变成熟人社会，增强对社区、对城市以及人与人之间的认同感和归属感，最终培育和塑造共同的文化、共同的精神，形成“生命共同体”。

2. 共同缔造的基础是社区

社区是社会的基础细胞，细胞健康则机体健康。从 2013 年开始，海沧首先在社区层面进行试点，分别选择了若干不同类型的社区——城市新社区、外来人口集中社区、农村社区等社区，试点实施“美丽厦门共同缔造”，取得了良好成效，形成具有普遍推广意义的社区治理厦门模式。

3. 共同缔造中参与是关键

根据马斯洛的需求层次理论，人们在满足衣食住行和安全等基本需求后，更加重视追求社会认可、社会尊严和自我实现。而在追求尊重和自我实现的需要中，参与则是关键。群众参与的事情虽然是身边的小事、房前屋后的实事，但群众有兴趣、愿参与，参与实现自我，让参与铸就和谐。

4. 共同缔造中满意是根本

通过共同缔造，各社区都以社会环境的改善和美化作为载体，使社区的人居环境、各种设施都得到很大改善，面貌发生很大变化。同时，通过共同建设社区美好环境、特色文化等，培育共同的社区精神，居民对社区的认同感、归属感和热爱之情、满意程度不断提升。

## 三　共同缔造的实践进程

1. 试点阶段（2013 年 7 月至 2014 年年初）

2013 年 7 月，厦门市委制定实施了《美丽厦门战略规划》，开展了以创新城市治理、促进包容性发展为主要目的的“美丽厦门共同缔造”行动。选取思明区和海沧区作为试点，在海沧分别选取了代表城市社区的海虹社区、代表城中村社区的兴旺社区和代表农村的山边村开展共同缔造。从发动群众从身边的小事、房前屋后的实事、兴趣相投的活动等做起，一起缔造美好人居环境与融洽邻里关系，使社区成为温馨家园、居民融为一家亲，互帮互助，实现让参与铸就和谐，把“你我”的关系变成“我们”。经过半年多的时间，海沧区初步形成了“横向到边、纵向到底、纵横交错、互动共治”的治理格局。

2. 全面推开阶段（2014 年）

在试点经验基础上，按照党的十八届三中全会关于“改进社会治理方式”要坚持“系统治理、依法治理、综合治理、源头治理”的精神，海沧立足已有的一些探索，全面铺开共同缔造工作。共同缔造中突出以群众参与为核心，以培育精神为根本，以奖励优秀为动力，以项目活动为载体，以分类统筹为手段，着力与民共谋共建共管共评共享，积极探索新形势下践行党的群众路线、创新城市治理的路径与方法，理顺政府—企业—居民、社区—物业—业主的关系，着力破解社会治理中的“最后一公里”现象，推进社会治理创新，形成“12345”工作法。

“1”个统领，即坚持党的领导核心，是贯穿整个体系的核心；通过创新“开放式、服务型基层党建”模式，加强党的核心引领作用。“2”个目标，就是解决两岸同胞融合、新老市民融合问题，共同建设最温馨的“两岸新家园”。“3”个互动，即强化党群、政社、社群三个互动，形成治理合力。“4”级体系，即在市级政府统一领导下，推进“区—镇街—村居—自治微单元”四级治理体系。“5”个保障，通过建立五大机制，保障社会治理常态长效。

## 第二节　共同缔造为城市治理现代化提供解题思路

认识高于实践，但认识也来源于实践。实践是认识的基础，是认识发展的动力。随着改革实践进入深水区，新形势下各种利益交织和矛盾叠加，海沧区政府直面“党的自身建设、降低行政成本、加强基层基础”三大难题。而共同缔造正是在这样的困境下，为破解新形势下的发展难题，实现城市治理体系和治理能力现代化的任务要求而产生的。海沧区政府通过转变执政理念，改变原来管制的思想，树立了党委、政府与社会良性互动的新理念，带来了新的发展观；在创新社会治理行动中，坚持经济与社会、城市与乡村、“新老”厦门人协同的理念，推进整体联动的综合改革，让“美丽厦门共同缔造”为城市治理体系和治理能力现代化提供了解题思路。

## 一　回应基层党组织核心领导弱化的问题

社区是社会的基本单元，也是党的执政基础。但随着改革的深入，全国基层组织普遍面临职能日益增多、管理区域不断扩大、服务对象人数剧增的问题，加上当前群众工作的方式方法已不适应时代的发展和需求，管不好、服务不好的问题相当突出。“一切为了群众、一切依靠群众，从群众中来、到群众中去”的群众路线作为党的优良传统，作为一种党内政治要求，更多依靠党内自觉来落实，一直以来却没有“严格、实际、可操作”的制度机制来保证，造成少数基层党组织未能根据党群关系面临的新情况、新变化、新特点，及时转变党领导群众的方式和做群众工作的方法。

### 1. 人口剧增导致引领力弱化

2014 年，厦门市海沧区总人口 47 万人，其中流动人口近 32 万人，是户籍人口的 2 倍。2004 年到 2014 年海沧区总人口数增加了 33 万人，但社区数量只新增加了 6 个，城市社区从原来管辖 2—3 个小区的 3000—4000 人到管辖多个小区的 2 万—3 万人口，有的农村社区含流动人口管辖有 7 万—8 万人口。全区 175 名城市和农村社区党的干部平均每名干部要负责近 3000 人。社区的群团组织一般依附在社区体系内，社区、自然村往往成为无组织状态，党的组织和群团组织的政治引领难以真正落地，联系和服务群众出现了“最后一公里”现象。

### 2. “有职无权”导致服务力空化

在计划经济时期，党群、干群间的利益以“大锅饭”为基本特征，政治关系、思想关系、感情关系成为构成党群、干群关系的主要成分。但随着市场经济的发展，以经济为价值取向的利益观念在人们头脑中逐步树立，利益关系在党群、干群之间的多重关系中日益凸显和强化。

一方面，社区党组织的权力来源主要是镇（街）党（工）委任命与支部推选，而村委会（社区居委会）的权力则来自全体选民的投票选举。

居民直选的村（社区）主任是当然的社区法定代表，这一法定地位驱使村（社区）主任扮演“当家人”的角色，虽然《村民委员会组织法》明确了农村基层党组织“发挥领导核心作用”，但村委会主任拥有集体资金、资产、资源的实际支配权。这不仅削弱了基层党员干部工作的积极性、能动性，也使他们感到“有心无力”，造成缺位失位。再加上少数干部宗旨意识淡薄，不关心民情民生、漠视群众疾苦的不作为行为，造成一些群众对基层党组织产生信任危机。另一方面，改革开放之后，随着城市单位制的大力弱化和农村人民公社、生产队体制解体，另一套社会管理体制应运而生：城市的社会管理体制以社区、街道办事处为单位，而农村的社会管理体制则以村委会（村党支部）和乡镇政府为单位。其不承担城市公共服务和基础设施建设任务，居委会的活动经费一般都由政府投入，而不需要靠自己去募集和承担。农村社区、城市社区仅是一个社会管理单位，不再拥有各种服务居民群众的资金、资源。

3. 群众诉求机制不顺畅

“人民公社”“单位大院制”体制被打破之后，国家通过行政手段、泛政治化的运动来实现对每个社会成员的管理也就失去约束力，党委、政府粗放型工作机制与新居民大量迁入、群众诉求多元化不相适应，解决问题带有很大的随意性。

如何破解基层党组织核心领导弱化的问题，共同缔造的思考提供了一个解题的思路。创新社会治理首先需要通过吸纳民众参与，凝聚社会共识，改变以往“政府说了算、群众听和看”的理念，通过决策共谋尊重和保障群众权利。海沧区认真贯彻市委王蒙徽书记提出的“要处理好政府、社会和群众三者的关系，政府不能一直充当万能政府，要简政放权，通过社会组织，推动群众自治”指导精神，通过对共同缔造理念的大学习、大讨论以及探索实践，了解“群众在想什么、需要政府帮他做什么”，让群众知道“政府在做什么、想让百姓参与什么”，全区干部群众观念得到“大洗礼”。通过共同缔造群众参与，将“共谋、共建、共管、共评、共享”作为新形势下党的群众路线的工作机制和工作方法，融入政府决策、社会建设、社区服务中去，通过提供资源、搭建平台，建立有效的引导和激励机制，实现公共事务的决策共谋、发展共建、建设共管、效果共评、成果共享。

海沧区通过强化党组织的"元主体"，一方面强化横向高位推动，坚持从严治党，强化党委的主体责任。结合党的群众路线教育实践活动、干部作风建设年活动、治庸问责专项行动、责任落实年活动等，着力破解党员干部作风和执行力问题；社区、网格层面，通过建立综合党委、党支部建在网格上、小组设在楼栋等，做实网格党建，发挥群团组织和各类社会组织作用，强化基层党组织的政治引领，着力解决党组织核心作用虚化、弱化、空化的问题，强化党的核心领导。另一方面，在区级层面，凡属事务性管理服务，原则上都要引入竞争机制，通过合同、委托等方式向社会购买，把资源、服务、权力向社区、街道倾斜。同时，注重运用现代的技术来推动纵向到底的工作，开启社情民意直通车，实现社会协同、多层互动、民主协商、共治共享的格局，不断激活社会活力，以巩固基层党组织的核心作用，强化党的领导。

## 二　回应政府行政运营成本高的问题

### 1. 区域发展同质化，产业转型成本高

在以"GDP"为考核导向下，厦门市的全民招商理念曾风靡一时。城市之间、城市内部各县区之间、县区各街镇之间往往为了各自经济发展，相互挖墙脚，以低地价、高优惠甚至不惜成本、不计代价吸引客商，这种无序竞争直接导致产业转型发展成本居高不下。

### 2. 资源统筹不足，城区转型成本高

2011 年以来，厦门市海沧区连续四年将财政收入的七成以上投向民生事业，城乡居民收入、城乡公共服务一体化水平均位居全省前列。但面向社会建设的资源往往分散投入，重复投资。一些部门没有真正顾及老百姓是不是真正需要，认为"为老百姓办好事不需要征求意见"。导致经济越来越发达，但是社会越来越冷漠；政府投入越来越多，但是群众越来越反感。

### 3. 社会参与度低，活力不足

随着新城区的崛起，海沧涌入 30 万外来人口、出现 9 万多被征地农民和海域退养农渔民。人口流动加剧、群体利益碎片化、阶层明显分化等转型期社会基本特性显著，经济发展速度趋缓、资源环境约束加大、岛内外发展不均衡、社会矛盾多发。同时由于政府发动社会资源共同参

与公共服务配置不足，对社会无法提供精准有效的服务和管理，群众“被幸福”的现象也时有发生，传统的政府大包大揽的服务模式面临挑战。

如何破解政府运营成本高、转型发展面临的困境？共同缔造给海沧提供统筹发展、差异发展的思路，就是落实主体功能区建设规划，统筹推动产业转型、城区转型和社会转型。通过差异化发展定位，降低相互之间恶性竞争，通过“多规合一、生态红线保护、商事制度改革、自贸园区建设、以奖代补项目实施”等，降低政府运营成本。树立经社协同、城乡协同、创新共建理念转变思路，运用干部考核、财政分成等手段推动落实，形成“该干什么的地方干什么、能干什么的人干什么”。

要降低政府运营成本，除了进行主体功能区划调整外，更重要的是要激发社会活力，解决社会组织发展中存在的各种问题，这必须通过解放思想、更新观念，进一步改革政府的社会治理体制，加快培育社会组织，促进社会组织健康有序发展。一是转变政府职能，凡是社会组织能够办理和提供的社会事务或服务，尽可能以适当方式交由社会组织来承担，打破以往政府对公共事务完全大包大揽的局面，形成社会组织与政府共治的新治理结构。二是改革社会组织管理体制，赋予社会组织更大空间。进一步降低社会组织登记门槛，改革“双重管理体制”，坚持分类指导、有序发展的方阵，加快形成政社分开、权责明确、依法自治的现代社会组织体系。三是强化政府与社会组织合作机制，给予社会组织更多资源。探索政府向社会组织购买服务的新机制，通过政府采购、定向委托等不同方式向社会组织购买服务的方式，为社会组织的发展注入更多可利用的资源。四是加强社会组织自身建设。社会组织中聚集着许多党外知识精英、经济精英和社会活动精英，也是新形势下统一战线持续发展壮大的重要人才来源，对于凝聚人心、汇集力量起着重要作用。海沧区通过说明社会组织完善内部组织结构和管理机制，发展其内部决策民主，从而增强各方面的能力，让社会组织发挥更大的社会功能。

### 三　回应社区群众基础不牢的问题

在计划经济向市场经济转型的过程中，我国住房体制由单位化转向社会化与市场化，单位房转为“房改房”，商品房社区如雨后春笋般建成，社区特质随之发生诸多变化，衍生出诸多问题。

1. 社区空间规模无序

“完整社区”是城市的最基本单元，是以基层居民切身利益为基点，以硬件完善、软件优秀、内涵丰富的社区建设为载体，要求在较大的范围内统一规划居住区，采取较小规模的形式，致力于提高普通民众的生活质量和社会凝聚力。

但是目前海沧社区规模却是“巨无霸”。由于海沧新城建设扩张迅猛，近三年通过新型城镇化建设，海沧建成区面积新增约 17 平方公里，目前建成区面积约 58 平方公里、建成区面积占比岛外最高，加上社区划分受行政运营成本的制约，社区普遍体量大。海沧管辖面积最大的是新阳街道兴旺社区，管理 12 平方公里，辖区内有 1000 多家企业；管辖人口最多的是新垵村，常住人口和外来人口共 8 万余人；海沧街道海达社区管辖达 21 个小区。巨大的社区规模直接导致社区难以有效管理和服务。

2. 社区管理与服务错位

随着经济体制的变迁，在社区建设面临诸多问题的同时，社区管理也在事务繁杂、利益主体多元、群体结构多样、社区类型混杂的背景下，面临着因社区管理体制机制相对落后而产生的诸多问题。由于社区管理仍然沿用计划经济时期“大政府、小社会”的社会管理模式，社区基层自治组织、社会组织发展缓慢，社区居民管理的需要与社区管理体制机制产生相互矛盾。

（1）居委角色错位。居委会作为基层群众性自治组织，职责本应是为社区居民提供服务，但目前居委会往往被认为是政府的派出机构，承担大量由上级政府、各职能部门下派的行政性事务，或者是专业性、职能性较强的工作，难以为居民提供较好的服务。问题的制度根源在于居委会角色定位的相关制度缺失，1989 年通过的《城市居民委员会组织法》只是原则性地规定城市政府及其派出机构、职能部门可以指导居委会的工作，并要求其进行协助，但具体如何指导、协助，则缺乏相应的条款，造成行政性、职能性事务下移的现象。在改革前，厦门市海沧区社区居委会共承担了 208 项具体事务，工作不堪重负。

（2）权责事费失衡。居委会承担社区内企业商家安全检查、消费者维权、社区卫生和疾病预防控制、劳资关系处理等事务，并须接受相关职能部门的考评，承担相应的责任，然而居委会缺乏管理上述事务所需的行政管理权和执法权，处于“权责不对等”的尴尬地位；社区居委会还存在工作经费与承担事务不匹配的情况。虽然厦门曾出台统一考评、“费随事转”以及工作准入制等一些相关措施，但是存在落实不好、执行不严的问题。除此之外，社区居委会还面临服务效能低、审批层级多、台账多、会议多的问题。

（3）居民参与缺乏。由于社区居民的参与意识不强，参与的激励不充分，以及社区基层组织如党组织、居委会的作用发挥不足，公众缺乏参与的平台，社区单位和居民认同感、归属感不强，参与社区建设程度不高。

3. 社区相容与包容不足

（1）“熟人社区”消失。如雨后春笋般的商品房社区，完全属于住房市场化与社会化的产物，居住者多以收入较高的中青年上班族为主，其中绝大多数居民在入住前从未见过面，无情感基础，缺乏交流沟通，整个社区犹如一个个独立居住空间机械拼接的集合体。农村社区由于基础设施老化、公共设施缺乏、环境卫生脏乱，越来越多青年一代村民和一些富裕起来的村民陆续从村庄内搬出，一些收入较低的外来人口入住，原有的农村“族居”“血亲”关系网割裂，人情基础淡化，村民间联系逐渐减弱。农村的“生产队、人民公社”与城市的“大院制”的“熟人社区”时代渐渐退出舞台，“生人社区”则占领了主导地位，基层基础面临诸多矛盾问题。

（2）新老居民融合度不高。厦门市海沧区辖内老旧社区多建设于20世纪80年代末，受制于时代发展，当时社区建设的研究尚未引起人们的重视，大家对于生活空间的要求也不多，只要能满足基本生活需求即可，故而当时社区建筑模式刻板狭隘，缺乏公共空间的建设。新的住宅社区受开发商利益最大化影响，居民购物、工作、生活、交往、休息等配套不足，随着人民生活水平与生活追求明显提高，小汽车数量亦明显增多。在这种情况下，公共活动空间与公共停车空间的缺乏，难以满足居民生活的正常需求，居委会、业主委员会、物业公司、业主等一系列摩擦与矛盾也随之产生。

（3）台胞参与度不高。作为全国设立最早、面积最大的台商投资区，海沧最大的企业是台企，最多的商人是台商，实际利用台资约占全区利用外资的五成，产值占全区工业产值的四成，并在文化、宗亲等方面开展了丰富热络的交流。但经济交流多、社会交流少，社会交流更多的是停留在面上，社区层面的基层交流缺乏活力，台胞参与社会治理、融入社区建设方面仍有较大不足。

(4) 年轻人融入社区不足。海沧是新城区，相关部门的统计显示，近两三年，海沧人口每年都呈井喷式增长，仅 2012 年，新增人口就超过 15 万人，成为厦门岛外人气飙升最快的区域。当整个社会步入老龄化时代，海沧却“逆潮流”，常住人口中，49 岁以下人口约占 89%，50 岁以上的人口约占 11%。但年轻人由于面临工作和生活压力，早出晚归，融入社区、参与社区事务热情不足，重构社区共同精神面临许多困难。

如何解决社区建设基础不牢、群团组织没基础、服务不到位的问题?共同缔造给予我们改革的方向和思路。共同缔造中以社区建设为基础，坚持以人为本，以网格化管理、社会化服务为方向，按照“核心是共同、基础在社区”的要求，把社会治理的重心落在城乡社区，培育社会组织，发展两岸城市义工，转变社区服务职能，更多运用市场化、法治化手段，促进资源、服务和管理聚焦基层，使基层有职有权有物，更好地为群众提供精准有效的服务和管理。

海沧区改变以往只注重行政方式的管理理念，在坚持依法行政的同时，积极探索运用自治、法治和协商民主的方式创新城市治理。其中自治是核心，法治是前提和基础，协商是日常手段和工作。共同缔造中一方面坚持“新老”协同理念，建立外来人口“同城市、同管理、同参与、同服务、同待遇”的“五同”服务机制，让外来人员成为“新厦门人”，共同参与缔造美丽厦门；另一方面实现公共服务的全覆盖，为外来人口提供优质的教育、医疗、就业、居住等公共服务。在社区层面，以问题为导向，通过社会组织培育、两岸义工联盟、公益创投、两代表一委员工作室、设立社区法治委员等，强化协商民主，建立共治平台。鼓励、引导社区成立自治组织，通过自治组织实现自我服务、自我管理，降低政府的管理成本，不断增强外来人口对厦门的归属感和认同感，逐步解决横向不到边的治理难题。海沧坚持“一家亲”的理念，利用与台湾隔海相望的优势区位因素，通过推进两岸融合“从高层到基层、从经济到治理”的不断深化，发掘并吸取了台湾诸多先进的治理经验，并将这些经验与共同缔造结合，进行创新，探索一条“融合性治理”的新模式。

在政府层面，海沧利用共同缔造平台解决资源过于集中、大包大揽、重复建设等问题，将原来分散的便民服务事权下放到社区，由社区直接办理，让居民在家门口就能办成事，支持保障社区治理；在街道层面，通过职能转变、大部制改革，加强社会治理和服务工作；在社区层面，建立社区行政事务准入制、禁入制，设立社区工作室，将自治职能与行政职能剥离，更好地发挥服务职能，形成中国特色的社区模式。

## 第三节　共同缔造为城市治理现代化提供认识基础

认识是行动的先导，对实践具有指导作用。城市治理体系现代化需要多元主体的共治。“美丽厦门共同缔造”行动作为一个认识论，旨在适应新形势的变化和需要，转变传统的管理理念和工作方式，树立多元共治的理念，指导政府开展城市治理。海沧区运用共同缔造，创新共治理念，坚持群众路线，引导民众参与城市治理，为城市治理体系和治理能力现代化提供了认识基础。

### 一　践行群众路线的具体形式

“美丽厦门共同缔造”的实质，就是坚持以人为本，坚持一切为了群众、一切依靠群众，践行决策共谋、发展共建、建设共管、效果共评、成果共享的方法。首先是凝聚群众共识，把群众的智慧集中起来，让政府真正了解和尊重群众的需要、群众的想法，把群众的所需所盼与政府的所作所为统一起来；其次是汇聚群众力量，让群众共同参与谋划、共同参与建设、共同参与管理，把群众的力量集中起来、发挥出来；再次是转变政府角色，使政府从运动员变成裁判员、服务员，不再大包大揽，而是集中力量把公共服务做到位；最后是要塑造群众精神，通过参与，增强群众的责任感、自豪感、归属感，以参与促进融入融洽，以参与铸就和谐。共同缔造“核心在共同、基础在社区”，体现自上而下，以群众为主体，从群众身边的事情做起，从小事做起，坚持一切从群众中来、到群众中去，一切为了群众、一切依靠群众的群众路线，巩固党的执政基础。

这种共同缔造的理念方法，用之于解决问题、推进发展、治理社会，都能取得很好的效果，可以说是一种具有普遍意义的认识论。比如，海沧的西山社，通过共同缔造的方法，就让村民自觉、愉快地拆除了影响村民生活的猪圈，并把地无偿地让出来，达到了比政府出面更好的效果。

## 二　新常态下发展新路径的新探索

当前，我国的发展已经进入新常态。厦门作为经济特区，又比其他地方更早地进入了新常态。新常态的一个重要特征，就是要加快转型。对厦门而言，经济发展已从高速增长进入了高中速增长，社会建设也面临着外来常住人口总量已经超过户籍人口，思想多元、利益多元等各种日益复杂的矛盾，迫切需要加快经济转型、社会转型，否则发展就难以为继。如何转型？关键就是要改变过去的思路、办法，找到新的路径、新的办法。在社会治理上，过去采取的行之有效的“单位制”的管理办法，现在已经行不通。那么，采取什么样的新办法？较长时间以来，政府主要采取维稳管控的办法，这种办法不但成本高而且效果差，并没有有效解决社会管理的问题。

因此，党的十八届三中全会提出要创新社会治理体制，要促进群众依法自我管理、自我服务、自我教育、自我监督，实现政府治理和社会自我调节、居民自治良性互动。根据中央精神，结合厦门的实际，探索和找到的一个加快转型发展，尤其是加快创新治理、推进社会转型的新办法，这就是“美丽厦门共同缔造”。

## 三　实现“五位一体”发展的新载体、新平台

贯彻落实党的十八大提出的“五位一体”的总体布局，必须找到一个有效的载体和平台。以社区为基础开展的“美丽厦门共同缔造”就是这样一个好载体、好平台。经济、政治、文化、社会、生态文明建设和党的建设都可以也必须在这个平台上来展开和落实。比如，党的基层组织建设，结合村居换届和共同缔造来开展；社会主义核心价值观教育，落实、落细、落小到社区文化建设和社区精神的培育上来；基层的政治

建设，通过社区的协商民主制度的建设来推进；生态文明建设和社会建设，通过美好环境与和谐社会的共同缔造来实现。所以，“美丽厦门共同缔造”，不仅是房前屋后种花种草的小事实事，也不仅是社区居委会和民政部门的事，而是关系各项工作、关系各个部门的大事。

海沧区共同缔造过程中，通过吸纳民众参与，凝聚社会共识，改变以往“政府说了算、群众听和看”的理念，通过决策共谋尊重和保障群众权利。为了充分发动各方参与社区治理，海沧区创新共建理念，变政府“大包大揽”为吸纳“群众参与”，以“美好环境”为基础，以“惠民利民”为切入点，以“合作共建”为口号，以“网格化·微自治”为支撑，着力营造社区合作共建新价值。如果说“共谋、共建、共管、共评”是改革的路径，那么“共享”则是改革的真正指向。为此，海沧以共同缔造为认识论，创新“美好环境与和谐社会共同缔造、经济社会发展与民生保障同步推进、新城建设与老百姓愿望同频共融”的共享理念，通过一系列共同缔造项目，在协商共治中有效突破了共享目标中改善物质生活的基线，从而使居民的生活质量得以优化、生态环境更加健康、文化氛围日益和谐、法治保障逐渐巩固。

# 第二章

# 共同缔造的方法论指导

认识是方法的基础和来源，方法是处理问题的手段。方法是利用已有的价值体系，基于认识与理解而后解决问题的路径。方法论主要解决“怎么办”的问题，是改变现状、解决问题并实现目标的思路，是将理念转化为现实的途径。方法又需要通过机制来表现。机制的形成共同缔造的方法论的具体化和可操作化打下了基础。机制的现代化就是将共同缔造的思路和方法以制度规范等形式加以固化，使共同缔造成为一个可持续、可复制、可推广的城市治理创新体系。厦门市海沧区按照“核心在共同，基础在社区，关键在激发群众参与、凝聚群众共识、塑造群众精神，根本在让群众满意、让群众幸福”的要求创新理念，将“六个以”(以群众参与为核心、以分类统筹为手段、以项目活动为载体、以奖励优秀为动力、以培育精神为根本、以项目活动为载体）作为基本路径，构建起六大工作机制。

## 第一节　以群众参与为核心，建立多元治理的共治机制

海沧把共同缔造作为践行党的群众路线的载体，搭建群众参与的平台，统筹社会多元力量，提炼群众参与多元共治的机制和方法，探索培育群众的精神，形成可以传承的文化，推进城市治理体系和治理能力现代化。

## 一 以群众参与为核心的价值

### 1. 参与和多元共治的关系

治理强调公共、私人以及自愿部门之间以信任为基础，相互交换资源，保持自主性以及持续互动。参与即公民社会中公民的自治性参与，是公民以个体或群体的形式。作为主体参与到公共领域的决策中，对社会事务进行直接参与和自主管理。多元治理强调政府主导下的多元参与来实现治理的目标，它是社会组织和公众个人参与社会和社区的管理过程，倡导发展政府、企业、社会组织及公民各主体间的多元参与、合作、协商和伙伴关系，建立政府主导，社会、企业、公众多元主体参与的现代城市基层管理体制。[①] 可以说，参与是治理的核心，是治理现代化达成的一种重要方式。

推进治理体系和治理能力现代化需要多元主体参与形成的互动共治，“共同缔造”的核心是共同，关键在于群众参与，其实质上是一种实现互动共治机制的探索。海沧区以“共同缔造”为契机，以体制改革为突破口，撬动城市治理改革创新，形成“一核为主，多元互动”的城市治理体制。所谓“一核多元”社会治理体制，即以党的领导体制为核心，以政府管理体制、服务体制为基础，完善社会参与体制、重建群众自治体制，建构一个以党为核心，以政府为基础，以社会和群众为主体，且分工明确、互动有序、配合默契的多元共治体系，以此为基础健全城市的治理架构，提升治理能力。而这种互动共治机制具体以“五共”（决策共谋、发展共建、建设共管、效果共评、成果共享）模式进行运作，这体现了治理追求社会最大多数主体参与到公共领域之中。

### 2. 群众参与为核心的意义

在对多元治理的共治机制探索之初，海沧直面两个问题：一是党群关系疏离的问题。群众路线作为党的生命线和根本工作方法，在长期的历史实践中发挥着重要的作用。但是随着经济社会的深刻变革、社会进入转型期，群众思想观念的深刻变化，由于社会结构分化和民众诉求多元化，群众路线的实践面临着新情况和新问题。虽然党一直教育干部要

① 陈剩勇、赵光勇:《“参与性治理”研究述评》,《教学与研究》2009 年第 8 期。

“尊重群众、依靠群众、相信群众”，但是长期工作形成的“家长作风”和“父爱主义”导致部分干部不会做群众工作。政府自上而下的政情传达多，群众自下而上的民意表达少；党群关系疏远的多，密切的少，表现为干部的主观性和强制性、群众的被动性和失语性。究其原因，群众参与社会治理、城市建设的途径不畅是一个关键性的问题。二是社会治理主体缺位的问题。长期以来，“只见政府主治，没有群众自治”，只有政府主导、没有群众主体，呈现出“一元管理”的局面。基层自治探索虽然已经开展了30多年，但实际上，因为群众缺乏参与热情、参与管道，自治成为“墙上的制度”，未真正落地，沦为村（社区）干部自治，导致治理体系当中缺乏了一个最基础性的环节——基层群众自治。而群众既是社会治理的对象，更是社会治理的主体。因此，促进自治的有效实现，必须最大限度地方便群众参与，让自治成为真正的群众自治。

破解上述两个问题的关键在于承认和发挥人民群众的主体地位。践行党的群众路线和推进城市治理创新在这一点上实现了交会，海沧区在思考如何处理政府、社会、群众三者间的关系上抓住了这一关键，“共同缔造”的核心就在于群众参与。

（1）以群众参与为核心，是践行党的群众路线的要求。坚持人民是历史的创造者，坚持人民主体地位，这是马克思主义群众观点的基本原理，也是共同缔造最重要的观念。中国特色社会主义是亿万人民自己的事业，社会建设是中国特色社会主义总体布局的组成部分，城市治理是社会建设的重要内容，在创新城市治理体制中必须坚持人民主体地位、发挥人民主人翁精神、尊重人民首创精神，最广泛地动员和组织人民积极投身城市治理。海沧通过共同缔造将群众参与作为关键内容，并通过参与机制、参与主体、参与内容拓展了群众路线，赋予了群众路线实体内容，使群众路线的践行真正有的放矢。

（2）以群众参与为核心，是深化政府改革的要求。长期以来，我国国家治理体系中只有政府主导，没有群众主体；只见政府主治，没有群众自治。这就导致国家整个治理体系当中缺乏了一个最基础性的环节——基层群众自治。而历史经验证明，只重视政府作用，忽视人民群众主体作用的执政思路是行不通的，失去人民群众的支持和参与，政府治理将变成无源之水、无本之木。党的十八届三中全会提出推进治理体系和治理能力现代化，就包括政府的改革，推动政府简政放权。海沧区通过共同缔造，厘清政府和社会的关系，让政府只“掌舵”不“划桨”，让党委政府发挥“主导”作用，突出人民主体地位，以“群众参与”为核心，建立政府主导，社会、企业、公众多元主体参与的现代城市基层管理体制。其中，发动群众参与、让基层自治运转起来，就是关键一环。海沧区通过群众自治、社会参与有效地夯实了社会治理基础，构建了社会治理体系，提升了社会治理能力。从具体实践路径来说，就是把“五共”的理念和方法贯穿于共同缔造行动的全过程，从群众身边感受最深、最想做的、最愿意参与的“小事情”做起，以美好环境和公共空间的打造作为切入点，把群众的切身需求与政府追求发展的作为统一起来，把“你（群众）”与“我（政府）”统一起来，把“你和我”变成“我们”，也就是把“群众参与”作为以治理为理念的政府创新与改革过程中非常重要的一环。

（3）以群众参与为核心，是民主治理的要求。民主的价值是普适的，但是实现路径和形式却是多样的。海沧与台湾一峡之隔，遥遥相望，虽然两方地缘文化一衣带水，但是推进基层民主的道路却大不相同，台湾的以民主选举为导向的民主形式在大陆不适用，而农村的基层民主方式在城市也不现实，尤其是随着城镇化建设，当前社区规模较大的客观现实限制了居民自治的实现，使居民自治流于形式。海沧通过治理方式变革，采取“五共”的机制，突出人民主体地位，把居民自治、协商民主和法治作为基层社会治理体系中的重要支柱。通过共同缔造，在政府与社会的良性互动中推进基层民主，为治理导向的民主实现形式探路。这种以治理为导向的民主是一种直接的、真实的民主，更是有序的民主。

（4）以群众参与为核心，是形成互动共治治理体系的要求。创新城市治理需要多元主体的协商共治，共同缔造的核心是共同，关键在群众参与，其实质上是一种互动共治的探索。海沧区通过共同缔造将社会纳入治理体系当中，通过政府与群众、与社会的联动，横向上建立政府与社会、与市场的互动，纵向上实现政府与社区、与群众的互动衔接，将以往政府与各个埠的缝隙衔接起来。共同缔造通过“五共”机制得以实现，其中以群众参与为核心，把响应群众需求、着眼群众身边的小事作为实现政府和居民衔接的关键，而其中，“五共”就是把握了“还权于民”这个关键，夯实了政府和居民衔接的基础。在共同缔造行动中，海沧区一改以往“政府说了算、群众听和看”的局面，通过“五共”，改变了“等、靠、要”的惯性思维，在划小单元、确定内容、丰富载体的基础上，形成行动，建立完善的微治体系，激发群众参与的动力，充分尊重和保障居民个人权利。通过“五共”实现还权于民，这是“尊民、为民”理念的体现，是撬动群众自治意识的重要杠杆。

“五共”的核心就是凸显群众的主体作用，作为治理的参与者，群众扮演着意见的提供者、信息的传递者、效果的回馈者、资源分配的监督者、政策执行的推行者和责任的承担者等多重角色。海沧通过突出群众主体地位，坚持群众参与在共同缔造中的核心作用，着力于激发群众内生需求，挖掘基层内部治理资源，实现了政府引导、群众参与、社会参与的治理新格局。

## 二　实现多元共治机制的路径

### 1. 决策共谋，实现问需于民

“决策共谋”是“五共”模式的起点，也是撬动群众参与的关键点。决策共谋中群众参与作为意见的提供者，就是要解决一个群众需要什么、群众希望怎么做的问题，让群众从“观望关注”到“主动参与”。决策共谋将为群众提供介入公共事务的管道，在参与性治理的过程中表达利益诉求，积极参与政府对社会利益的分配，尽可能地实现政府利益与个人利益的融合。最终逐渐形成自主型参与，也就是出于对自身利益和社会利益的体认而自觉自愿对政治过程施加影响的行为，该机制将有利于培育公共精神，培养公民社会参与精神和能力。对于政府而言，决策共谋提高决策科学化和民主化。“参与”是在政府决策的制定和决策的过程中，那些受决策影响的人，尤其是边缘群众和弱势人群，能够有效地参与进来。通过群众参与性治理使非政府组织和个人直接地、积极地参与社会公共事务的治理过程，发展政府、社会组织、私营企业以及个人各主体间的多元参与、合作、协商。

以政府为主导的治理模式下出现的“政府花钱找骂”的现象，从根本上来说就是没有坚持群众路线，没能够实现共谋。习近平总书记指出：“我们要坚持党的群众路线，坚持人民主体地位，时刻把群众安危冷暖放在心上，及时准确了解群众所思、所盼、所忧、所急，把群众工作做实、做深、做细、做透。”全心全意为群众服务是我们党的根本宗旨，要把这一宗旨真正落到实处，让人民群众得到实实在在的好处，最关键的就是坚持群众路线，把工作着力点与人民群众关注点相结合。在政府主导的城市治理模式下，领导干部虽然也是想为群众服务、为群众做好事，但是群众不满意、“不买账”，甚至造成了一些新的矛盾和问题，反而影响了社会和谐。从根本上说，就是政府的所作所为和群众的关注、群众的需求不在同一个点上，没有坚持群众路线，没有密切联系群众，没有从广大群众的切身需要来做决策、办事情，导致政府的决策与作为和群众的切身需要分离开来。群众支持党委、政府的根本原因，就是党委、政府为人民群众谋利益。按照王蒙徽书记的指示，海沧区把“我和你”融合成为“我们”的实践，遵循了两条原则，一条是群众的实际上的需要，而不是我们脑子里头幻想出来的需要；另一条是群众的自愿，由群众自己下决心，而不是由我们代替群众下决心。怎样从群众的实际需要出发，让群众自己下决心呢？海沧区积极探索“政府引导、群众参与”的“五共”模式中，首先从“决策共谋”入手，承认人民群众在城市建设中的主体地位，给老百姓以城市建设的“话语权”，让他们参与到决策之中，让他们融入政府公共事务之中，建什么、怎么建，让群众“发声”，给群众“自主权”，从而充分调动群众的积极性和主动性。

2013 年 7 月，海沧区被确定为“美丽厦门·共同缔造”试点之初，把全市首个共同缔造示范项目——公共自行车项目作为“五共”模式实践的载体。公共自行车项目和群众生活密切相关，首先在关注度上博得了群众“眼球”。海沧区坚持“绿色福利”的理念，建成了一批城市绿道、公园，成为公共自行车系统建设的现实基础。海沧区委区政府充分发动群众参与公共自行车系统建设的谋划，广泛发动群众“出主意、想点子”，群策群力，集中群众智慧，先后以在东孚、新阳现场设网站、进社区、入户访谈等方式，发放 11 万余份调查问卷，征集意见 3.1 万余条。此外，还通过微博、论坛、QQ 群、微信等新型网络平台征集意见，广泛发动市民参与决策，共谋参与人数达 8.62 万人，共征集有效建议百余条。群众在道路系统建设、网站选择、自行车款式及颜色等方面积极建言献策，充分体会到自己是公共自行车系统的创建者和享受者。从信息征集平台回馈的情况看，99%的市民对海沧公共自行车系统投了赞成票。因为坚持了“决策共谋”，公共自行车建设项目自启动开始就受到市民的广泛关注及强烈好评，有市民评价道，“这是我看见的一个实实在在的，看得见、摸得着的项目”。而现如今，公共自行车项目投入使用之后，累计办卡26272张，总骑行134万人次，日均骑行3878人次，并且实现了“零损耗”。

海沧湾公园改造项目是“决策共谋”的另一个经典案例。海沧湾公园于2010年春节建成开放，是厦门市最长的带状公园，也是海沧南部居民休闲、散步、娱乐的场所，日均活动人数近万人次。“美丽厦门共同缔造”行动开始之后，海沧区委区政府关注到这样一个现象：在人气越来越旺的同时，海沧湾公园也出现了一些问题和矛盾，群众也提出了不少诉求，居民反映公园有的地方灯太暗或太亮、没地方上厕所，常来公园跳舞的大妈们抱怨公园没电源插座，公园里十几支文艺队伍时常发生争抢场地的不和谐现象。海沧湾公园是百姓的公园，需要改造是百姓的意愿，怎么改造要听他们的心声。为此，海沧区委区政府把公园改造提升的命题交给了社区，海虹社区通过“同心合议厅”等自治组织讨论，并专门开辟了征求意见区，安排工作人员收集意见，把公园建设的相关话题、建设动向等信息呈现在布告栏上，让居民参与讨论，出谋划策，同时利用微信、微博等新媒体进行意见征集。区主要领导也多次在人流最集中的时段造访海沧湾公园，征集市民意见，纳凉民众“抢”着说心里话，提出了许多极具建设性的意见，公园改造提升累计发放征集意见表3.2万余份，群众通过网络微博、微信公共平台、论坛、QQ群等网络平台参与人数达5万余人，有400余人参加网上问卷调查，收到邮件21封，共征集到有效意见建议220条，其中有价值意见建议94条，真正实现了“人民公园人民建”。

决策共谋不仅体现在这些大项目的建设上，也贯彻在共同缔造的细节中。东孚镇的西山社改造村民房前屋后环境时，原来打算让村民把门口的地让出来做花圃、种绿篱，但是在发动群众讨论和谋划后，一些村民提出“种菜”，于是政府就按照群众意愿修改了方案，群众的热情更高、主动性更高，原来预算的“让地”支出都节省了，群众还自发整理门前土地，按照统一要求自己动手改造成为“小菜圃”，既美观又实用，政府花小钱办成了群众满意事。

社会治理主体是实施治理行为的能动力量，不同社会主体之间的相互关系及其地位角色构成了治理的基本格局。海沧区在构建城市治理现代化的新格局中，稳步推进社会治理主体多样化，坚持“党委领导是根本、政府主导是关键、社会协调是依托，公众参与是基础”，突出人民群众的主体地位，把发动群众参与城市治理、城市建设、公共事务的谋划作为关键节点来抓，选取群众关注度高的项目作为参与谋划的切入点，引导群众“发声”。

2. 发展共建，降低治理成本

“发展共建”比“决策共谋”更进一步，不仅是要群众“动嘴”，还要发动群众“动手”，出钱出力。重塑政府与公众关系后，政府是治理的主导者和放权者，但并不是唯一的执行和控制者，群众开始在政策执行方面发挥推行者和责任承担者等多重角色。多元参与治理更为强调合作和协作，其关注于建构一种由政府、社会、企业、公民组成的多元主体合作的治理。[①] 在构建多元主体合作共治的格局中，既发挥党委、政府的领导和主导作用，又鼓励和支持社会各方面参与，包括社会组织、企业、基层单位和公民个人参与城市治理。如果说“共谋”重在解决“群众需求”的问题，激发群众参与的主动性和积极性，那么“共建”则更进一步解决治理“成本”的问题，重在把人民群众的力量从一种“潜在”的力量变成一种“显性”的动力。

在城市建设和农村居住环境的改造中，不同程度地存在经费紧张造成的建设和管理的“盲点”，群众因此产生负面看法。海沧区通过城市治理创新，推行“发展共建”理念，采取“以奖代补”的形式发动群众参与，用市场手段盘活城市与农村资源，让“你我”变成“我们”，构建“政府 + 市场 + 社会”的建设模式，降低建设成本，加快建设速度。海沧公共自行车项目即采用了这种模式，在车道建设中，建设团队深入实地，挨家挨户谈判，动之以情、晓之以理，使施工单位、土地使用人或主动让地或积极配合拆迁。据统计，在项目建设过程，企业、个人共整理用地 1 万余平方米，4000 辆自行车中 2000 辆为企业和个人捐赠，在征集群

① 俞可平:《治理与善治》，社会科学文献出版社 2000 年版，第 329 页。

众意见基础上，仿效台湾“微笑单车”，将之命名为“爱心单车”，100个网站也发动企业冠名“认领”，捐资赠建。在此模式之下，该项目一期从策划到投入使用仅用了三个月时间。

这一模式也同样在海沧湾公园改造提升项目中得到运用，据不完全统计，参与该项目共建的企业、社会团体共51家，认捐金额约115.78万元。通过发动群众参与谋划和建设，公园改造提升仅用了一个月时间，并且大幅降低了成本。按照群众的意愿和“花小钱、办大事”的理念，海沧区政府主要以低成本增设便民设施，完善休闲活动区，提供电源插座、改善灯光、增加坐凳，满足跳广场舞与老年人吹拉弹唱的需求；完善健身区，铺植草格、鹅卵石步道，增加健身器材；增设纳凉点和避雨亭，启用自助式红绿灯、增加移动式环保公厕、4G无线网络全覆盖，让百姓的期待变成了实实在在的福利。

“发展共建”通过发动多元主体参与共建，“以奖代补”模式撬动社会资金投入，2014年全区共实施以奖代补项目93个，计划资金8452万元，带动社会共建资金达3309万元，通过合力共建，强化了居民、企事业等多元主体的责任意识，实现了由“持续观望”到“共同参与”的转变，推动多元共治格局的形成。

3. 建设共管，提升服务质量

参与不仅是自身的目的，而且是在社会群体中分享资源、权利和责任，也是政治资源的整合和系统转型的过程，旨在追求参与者在某公共领域有着休戚相关的利益需求的基础上，形成多主体之间非竞争或非从属的合作关系。[①] 在城市治理创新的探索中，海沧形成建设共管的机制，群众参与作为资源分配监督者和责任承担者的角色，政府从“管理者”向“服务者”转变，并在这条道路上走得更远一步，让各类社会主体共同参与到城市建设的管理之中，让群众实现自我管理、自我服务，同时也推动政府转变方式，更好地服务群众，为破解城市管理的难题提供了一条可借鉴的道路。

“嵩屿路的治理”是“建设共管”的成功案例。嵩屿路是北附小社区一条繁华的街巷，沿街遍布着9个居住社区、2所学校、4家银行、5家

---

① 陈剩勇、赵光勇：《“参与性治理”研究述评》，《教学与研究》2009年第8期。

机关事业单位和40多个沿街店面，现有居民8739人。随着街区的繁华，嵩屿路成为周边居民的主要活动区域，也是流动摊贩的一个主要集节点，占道经营现象十分严重。据统计，嵩屿路占道经营流动摊位最多的时候有200余摊，8米宽的路面几乎被占一半，严重影响了道路交通安全。占道经营产生的垃圾、油烟、噪声等问题给周围的居民和路人带来了困扰，周边居民对嵩屿路“脏、乱、差、丑”问题投诉良多，该路段也成为文明创建的难点路段。海沧区在共同缔造行动中，转变观念，号召多方参与，整治嵩屿路的参与主体由“政府主导”转变为“商家自治”、多元共治，采取“疏、堵、引、清”的方法进行综合治理。

“疏”即社区协调区城管执法局，梳理了与占道经营相关的法律条文，发放宣传材料千余份，并利用微信平台、政务微博等新媒体，广泛宣传、营造氛围，提高流动摊贩的法律意识和文明意识。“堵”即区城管执法局、派出所、社区、文明办等多个部门联合对嵩屿路占道经营开展长达半个月的集中整治，取缔了194家流动摊贩。“引”，即引导搬迁。嵩屿路附近的岭上菜市场管理较为有序、规范，但租金相对较高。为成功引导、解决流动摊贩后顾之忧，海沧街道向岭上菜市场承租了现有的78个摊位和12间临时店铺，由社区组织流动摊贩进行抽签分配摊位，优先照顾原先占道经营的本地农民、渔民和下岗职工，免收半年摊位费，然后再由其他符合条件的摊贩抽签，前三个月租金由区财政和街道共同承担，未取得摊位使用权的摊贩由社区动员其转岗转业。“清”就是充分发挥党员先锋模范作用，50名在职党员挂钩北附小社区，每周末到社区开展清洁家园环境卫生大扫除，并将党员进社区服务的表现作为民主评议、干部提拔晋升和评优评先的重要依据。采取四项举措之后，嵩屿路面貌焕然一新，在社区的推动和引领下，40多家沿街店面店主成立了商家自治协会，制定了商家自律联盟公约。公约规定，商家应自觉负责经营区域的环境与卫生，做好“门前三包”工作（包卫生、包绿化、包秩序），并负有对占道经营者进行劝导的责任。自治协会代表商家实现与社区（政府）理性沟通，同时订立了自治条例，发挥行业自律作用，实现自我管理、自我教育、自我服务和自我监督。

多元主体参与城市建设共管的实践在海沧区还有很多。兴旺社区实行绿地认养制度，海沧湾公园改造提升之后，7家企业、45位居民认养绿地达20495.29平方米，公园所在的海虹社区把常在公园活动的13支文艺队伍的领头人请到“同心合议厅”，共同协商划分活动区域，以“我们使用，我们负责”的理念引导其建立了内部轮值机制，主动承担起了各自活动区域的公共绿化和公共设施的管理工作。

海沧区在推进城市治理改革创新中，引导多元主体参与城市建设共管，进一步激发群众的“主人翁”意识，通过搭建行业协会、群众自治的社会组织平台，让群众自己订立“契约”，实现自我约束和管理、相互监督，减少了摩擦和矛盾，也降低了政府治理的成本。

4. 效果共评，实现持续改进

“效果共评”从形式上让群众参与作为政策效果的回馈者的角色，又回到让群众“动嘴”的阶段，和第一阶段的“决策共谋”表现形式上相似，但是作为“五共”模式的第四个环节，既在时间序列上靠后，同时又是对第一环节“谋划”成果的“修正”和“提升”，而此时多元主体参与的主动性和积极性比在第一阶段时更加高。群众主体意识的觉醒、社会组织的培育和“五共”模式的推衍同步进行，正是引入了“评价机制”让“五共”的多元共治模式实现了回环往复、螺旋式上升的动力。

“嵩屿路环境整治”案例中，在实现建设共管之后，所在社区建立了由区级职能部门、街道、社区、居民四方参与的评估机制，每半年对嵩屿路沿街店面、已登记的151户摊贩组织评估，对“法规遵守好、环境维护好、服务态度好”的商家和摊贩，按“以奖代补”的方式在资金上给予一定的奖励，并将评估结果向社会公开，树立典型，广泛宣传，充分发挥评估的导向、激励、约束和辐射作用。

“效果共评”主要依托社会组织来实现。海沧构建群众参与的“五共”模式中，社会组织培育也取得了卓著成效。根据2014年的统计资料，海沧每万人拥有社会组织数4.6个，达全国平均水平的2倍。农村社区有乡贤理事会，城市社区有同驻共建理事会，还有以各种爱好、特长聚集而成的书法协会、志愿者协会、艺术团等，也有群众互助的“妇女家长里短互助会”“辣妈团”等，这些社会组织既是群众对话的平台，也是政府和社会之间的“缓冲带”“橡皮圈”，群众依托社会组织平台与政府对话，参与到共同缔造项目评价之中，有了共同谋划、共同建设、共同管理三个阶段的铺垫，“你和我”融合成了“我们”，社区的凝聚力和归属感明显增强。

“效果共评”的实施迎合了群众、社会组织迫切的参与需求，公众参与被引入行政过程，开始分享政府对于行政决策的影响力，对政策结果进行更加准确的评价，并通过公民参与和公民自治缓解政府管理的低效之处。参与评价也就成为改进城市建设和管理的途径，社会组织既能够有效聚合、沟通和表达民众的利益诉求，又能够及时将政府的治理意图、政策举措及时吸纳和传递到民众中去，从而能够提供更加准确、便捷、高效的服务，形成了多主体有效互动共治的良好格局。

5. 成果共享，激发参与热情

“共谋、共建、共管、共评”是改革的路径，“共享”则是改革的真正指向。政府、市场、公民等治理主体为了实现治理目标，通过对话、谈判、协商等方式建立起来的资源共享、互通信息、彼此依赖、互惠和相互合作的机制与组织结构，这些机制和机构是以问题解决为导向的、高度弹性化的组织网络。惠及民生、保障民利，促进人民群众共享改革发展的成果，是政府一切工作的出发点和落脚点。促进成果共享是创新社会治理的价值和根本目的所在，是构建服务型政府的最终目标。为此，海沧创新“美好环境与和谐社会共同缔造、经济社会发展与民生保障同步推进、新城建设与老百姓愿望同频共融”的共享理念，通过一系列共同缔造项目，在互动共治中有效突破了共享目标中改善物质生活的基线，从而使居民的生活质量得以优化、生态环境更加健康、文化氛围日益和谐、法治保障逐渐巩固。

“成果共享”着眼于“均等化”，海沧区秉承“经济和社会发展协同”“城乡协同”“新老协同”这三个理念，努力实现经济和社会发展同频共振，弥合城乡差距，逐步实现外来人口的“市民待遇”，通过共同缔造实现了物质文明、精神文明、政治文明以及生态文明的共享，换言之，就是使群众共享经济增长、社会建设以及生态建设的成果。通过成果共享的理念增进了民众对共同缔造的认同，更进一步激发了民众参与的主动性和积极性，让群众从“要我做”转向“我要做”。

东孚镇西山社的美丽蜕变是实现“成果共享”后激发群众参与热情的经典案例。西山社是寨后村的自然村，是海沧区共同缔造的典范村，在推进“美丽厦门共同缔造”试点行动之初，因地处偏远、产业以农为主，是“姑娘不爱嫁”的“猪粪臭、水沟臭、空气臭”的村落，农民人均年收入14000元左右，低于全镇平均水平。开展共同缔造之后，村党支部通过“以奖代补”项目改变“政府包办”模式，把群众组织起来，出钱出力，拆除猪圈建凉亭，让出土地建公园，让村民得到了实实在在的实惠，乡村面貌改变，村民办起农家乐，建设观光农业，成功转型成为“山美、水美、人美”的明星村，从而带动了周边6个自然村村民的积极性。西山社以其不到0.4平方公里的面积撬动了面积达4平方公里的大曦山公园建设，依托背靠国家AAAA级旅游景区天竺山的优势，加快建设公共设施、配套建设旅游休闲基础设施，打造6条各具特色的花乔木道路，建设绿道和公共自行车系统，把7个自然村像串珍珠一样串联起来，同时建立大曦山工作站等行业发展协会，培育了农家乐协会、花卉苗木协会、民俗文化协会、城市菜地协会、青年创业协会等一批自治组织，带动村民共同管理、自我服务、共同致富，成为海沧“百姓富、生态美”的示范村，实现了农民增收，群众幸福指数直线提升。海沧共同缔造带来的丰硕成果共享，有利于进一步促进公民社会的完善发展，以及培育公民参与的精神与能力，进而实现整个社会的宏观目标，增进公共利益。

## 第二节　以分类统筹为手段，形成整体治理的整合机制

整体治理着眼于政府内部机构和部门的整体性运作，主张管理从分散走向集中，从部分走向整体，从破碎走向整合。[①] 因碎片化的分散管理不仅会导致稀缺资源浪费，纷繁复杂的项目设置还会导致公众的困惑，不知该从何处取得服务。而整体性治理强调以“问题的解决”作为政府一切活动的逻辑起点，旨在简化和变革政府机构与公众之间的整个关系。其实质在于政府作为整体性服务者，以信息技术和网络技术为依托，建立协调机制、信任机制并完善组织结构，在各个治理层次、部门之间进行整体性运作，将各个分散部分整合成一个整体，从而整体响应公民需

① 竺乾威：《从新公共管理到整体性治理》，《中国行政管理》2008年第10期。

求并提高治理效果。[①] 在《美丽厦门战略规划》总体部署下，海沧区紧扣“美丽厦门活力海沧”的定位，积极探索新常态下践行党的群众路线、创新社会治理的路径与方法，统一部署、分类指导、梯次展开、突出特色、统筹资源、协调推进，逐步形成整体治理的整合机制，目标在于促进各治理主体协调一致地满足公众需要。

## 一　以分类为基础，为统筹整合做好准备

整体治理以整体主义为思维方式、以“问题的解决”为政府一切活动的逻辑起点，可以构建政府与市场和社会通力合作、运转协调的治理网络。[②] 因此合理分类是基础，分类是了解现状、理清问题、梳理信息的过程，是更好地有序整合的前提。海沧区各社区情况不同、特色各异、基础参差不齐，需要对不同社区按人口构成、群众基础、实施时段进行分类，更有序地掌握现状，有针对性、有计划地开展共同缔造工作。

此外，整体性治理所致力于解决的是棘手性问题，但现有的行政状况是信息往往很难得到充分利用，这就使跨边界的整合举步维艰。所幸信息技术的发展为信息的跨边界流动创造了有利条件，治理主体通过共同缔造平台，各自的信息能够得到共享和交流，打破以往信息不畅将各部门限制于各自“信息孤岛”的情况，这种“只问一次”的运作模式势必大大提高政府的工作效率。在信息共享的基础上，有利于多元参与主体发现挖掘各村居的不同特色，按照结合实际、区分类型、突出特色、打造亮点的思路，开展不同模式的基层社会治理创新工作。

1. 城市新社区

城市新社区一般硬件条件较好，常住人口大多为购房入户家庭和租户，邻里关系比较陌生，基层组织和公共服务难以到达每个住户单元。海沧根据这些特点，以共同缔造理念，重点开展提升社区空间平台、完善公共服务体系、促进邻里交流、培育良好的社区精神等工作。一方面

---

① 陈美：《基于整体性治理的澳大利亚信息政策研究》，《情报理论与实践》2013 年第 4 期。

② 高建华、秦竟芝：《论区域公共管理政府合作整体性治理之合作监督机制构建》，《广西社会》2011 年第 2 期。

充分挖掘、利用“房前屋后”有限空间，为居民休闲娱乐、人际交往提供必备场所，促进邻里交流；另一方面，通过成立居家养老工作站、创办社区居民大学、设立社区图书馆、创办“四点钟学校”等方式，不断满足人民群众的个性化、多样化、专业化需求，把公共文化服务送到百姓家门口，提升群众生活在社区生活的幸福感。城市新社区组织成立各类社会团体组织，定期开展各类文艺活动，促进居民相互认识和友好交往，形成互帮互助的氛围，引导社区社会组织参与社区治理和公共服务。在台胞较多的社区，拓宽交流管道，开展“台胞携手行”等系列活动，发挥社区台胞的“台”特色，发动台胞积极参与社区建设，促进台胞融入社区，形成两岸同胞共建新家园特色。

2. 城市老旧社区

城市老旧社区大多设施较为落后，公共空间较少，邻里之间有一定的往来，同时也会存在一些纠纷矛盾，一些社区还存在无物业的情况，卫生、安全问题较多。政府在这类社区重点发动开展社区环境整治提升、公共空间拓展、社区自治等工作。开展“我爱我楼”等美化社区行动，按照共建共管的理念，发动群众参与公共空间的维护美化，如维修破损道路、更换破损路灯、清理乱堆乱放等，让房前屋后更加美丽。社区改造扩大一批小公园和社区中庭，配备桌椅、照明等便民设施，让小公园成为群众融合、培养精神的大平台。针对无物业社区治安差、卫生差特点，发挥党员骨干带头作用，引导成立社区业委会，制定管理办法，引导社区居民自发参与社区的管理，美化社区环境，提升社区治安状况。通过以奖代补形式引导成立各类社会组织，定期开展文体活动，丰富居民的业余文化生活，提升群众的幸福感。

3. 外来人口集中社区

外来人口集中社区人口密集、人员流动性大，平均文化水平和收入水平相对较低，相互沟通局限于同乡或同事，缺乏人际沟通和文娱活动，对社区缺乏认同感和融入感，公共服务和社会管理“最后一公里”问题较突出。这类社区要重点做好新老厦门人融合工作，建设新厦门人服务综合体，让新厦门人享受同等的公共服务资源，融入新家园，同时探索社区“微治理”“微自治”模式，完善治理体系，治理末梢深入每一个细胞单元。新厦门人服务综合体提供文体教育娱乐服务，引进专业社工机构运营，孵化培育社会组织，开展子女就学、“四点钟学校”、教育培训、文艺活动、鹊桥会等活动，同时开展各类公益志愿活动，为新厦门人提供生活救助、就业援助、生计发展、权益维护等综合性服务，帮助新厦门人融入新家园。通过社区网格化“微自治”，培育社区“微组织”，制定自治章程，开展各类活动，变生人社区为熟人社区，打通服务群众“最后一公里”。

4. 村改居社区

村改居社区居民身份虽然由农民转化为居民，“洗脚上楼”后生产生活方式还没有彻底改变。这类社区重点要引导成立自治组织，发动居民共谋社区事务，传承优良的传统文化，引导居民转变生活方式，帮助失地居民通过自主创业、参加培训掌握技能就业等方式转变生产方式、提高收入水平，同时通过拓展互动空间、开展各类活动，促进居民实现融合。

5. 农村社区

农村社区生态环境优美，是传统的熟人社区，保存了较好的历史文化和习俗，但是农村公共设施较为落后，居民房屋建设杂乱无章，基层组织战斗力参差不齐。开展农村社区共同缔造工作，需要从“城乡规划一体化、基础设施一体化、公共服务一体化”入手，充分发动群众建设美丽乡村，从群众最关心、最直接、最现实的利益入手，坚持“村庄规划我们定，房前屋后家家建，美丽项目户户管，美好环境人人享”原则，通过房前屋后整治、雨污分流、猪舍变凉亭、活泉入池、杆线迁改规整等项目，让居民群众从社区建设中看到变化、见到成效、得到实惠。同时，注重将多方参与作为社区建设的主体力量，努力形成党委、政府、社区组织、社区居民、驻区单位多元主体共同治理的社区建设格局，是推动社区治理现代化的有益探索。挖掘各自然村不同优势，打造不同主题，实现“一村一品”，最终实现“百姓富、生态美”。

## 二　以统筹为中心，形成整体治理的整合机制

加强统筹协调不仅是重要的思想方法，而且是重要的工作方法。抓好统筹协调工作，解决好思想认识问题是基本前提。要会十个手指弹钢琴，强调统筹协调，才能弹奏出美好的乐章。只有统筹好眼前和长远、

局部和全局等关系，着眼长远、抓住重点、兼顾全局，才能保持工作的整体性和连续性。通过通盘筹划，将分散的力量和资源整合成为整体，将各类要素集中分配，协调各部门形成合力，统一筹测（预测）到统一筹划（计划）再到统筹安排（实施）并结合统一运筹（指挥）最后统筹兼顾（掌控），形成完整的计划，按时间计划有序实施，实现将分散的元素整合成为整体。

统筹资源实现整体整合的聚合效应。分散的资源根本无法达到聚合资源的作用效果，是对稀缺资源的极大浪费。而整体性治理致力于追求治理功能的整合，将原本分散在不同碎片中的功能整合起来，以达到有效利用资源的目的。整体治理的主要作用范围就在于政府治理，包括政府对自身的治理以及对外部社会的治理，而政府在这一治理过程中绝对占据了主导地位。因此整体治理的根本组织结构仍是官僚制，权力仍是政府行动的基础。在整体性治理中，各治理主体能否达成集体行动，除了信任，还取决于对垂直的、以等级权威为基础的过程的遵从，需要政府行政权力来引导，所追求的“整合”应该达到1+1>1的效果。

海沧区委、区政府发扬台商投资区解放思想、改革创新精神，以转变发展方式、理顺政府职能、创新社会治理、改善公共服务为重点，创新工作的理念思路、工作机制和手段举措，统筹发挥群众主体作用与部门规划、协调、服务职能，把资金、人才、服务及各种社会资源有效整合、利用和下放。通过治理层级、治理部门和治理功能三个维度的整合，致力于构建一个真正以公众为基础、以服务为基础、以需要为基础的结构框架。通过整合资源，有效形成齐心协力共同缔造的局面。

1. 统筹项目活动

海沧以“问题的解决”作为政府活动的逻辑起点，简化和变革政府机构与公众之间的整个关系。在广泛征求群众需求和意愿的基础上，分阶段推进一批项目和群众性活动。在项目遴选过程中，充分听取群众意见，选取一批群众最关心、最迫切、见效最快的项目，通过共谋、共建、共管、共评与共享，发动群众参与项目建设。同时统筹各类活动，分为文体、公益、民俗、互动交流、便民服务等类别，根据各社区不同特色，开展各类活动。

2. 统筹财政资金

统筹林业、农业、水利、民政、环保、卫生、文体等各级各部门资金，集中安排、统筹使用，并吸引社会资本参与项目建设和经营管理。区政府下拨专项资金，保证有钱办事。同时实行财力共建制度，构建起多元投入体系，启动社会资金参与公共服务。全区建立政府引导、群众主体、市场运作、社会参与的投资机制，吸引社会资本参与“以奖代补”项目建设和经营管理。

3. 统筹人才资源

坚实的人才资源是事业成功的前提和保证。海沧统筹发挥专家、职能部门、基层干部、社区群众作用，更加注重顶层设计，加强与各教研机构合作，争取更多专家指导，通过借智借力，做好思路梳理、项目指导、经验提炼和理论总结。区政府定期举办培训学习活动，培养机关干部和社区工作者成为“共同缔造”骨干队伍，并多方整合人才资源，通过社企同驻共建理事会等载体，让企业共谋社区事务，从企业和社区中寻找环保、安全、财税、法律等社企急需又有丰富专业实践的专业人才，成立专业人才工作组，为居民提供免费的专业咨询服务。各社区整合网格内的社区同驻共建理事会、业委会等组织，积极调动爱心企业、热心人士、专业人才等投身网格自治建设，提升居民自我决策、自我管理、自我服务的能力，搭建居民、社区、社会三方沟通互动的平台。

海沧在开展项目合作的基础上也大力引进台湾本土专业技术人才，探索成立两岸社区工作者协会、两岸家庭教育协会等民间组织，充实到海沧的社会治理改革当中，带动本地社会治理水平的持续提高。依托新厦门人服务综合体等平台，积极引进台湾专业社工组织等社区自治组织的工作骨干，引进先进的社区组织管理理念和模式，带动培养本土人才，实现本地社工组织业务水平的跨越式、竞争性发展。大力发展志愿者组织，壮大志愿者队伍，探索建立各种形式的志愿服务机制，挖掘本社区有专长的人才及利用各类社会志愿者组织，开展有针对性的服务。

4. 统筹服务资源

海沧打破了组织壁垒，形成主动协调而密切合作的服务机制，机构间能更好分享信息，协同作战，汇集服务力量。为提升党组织的服务能力，海沧建立区、街道、社区三级党建联席会议，将分散的党组织资源整合起来；推动“大党委”建设，将机关党组织、“两新”党组织、流动党员与社区党组织共建互联。全区依托信息化平台和网格化管理，主动获知群众服务需要，响应利益诉求，畅通居民服务需求互动管道。建设服务阵地，加大服务阵地资金投入，统筹整合基层党建阵地、文化阵地、服务阵地等功能，建立基层阵地建设长效保障机制。

海沧通过治理层级、治理部门和治理功能三个维度的整合，在各项目活动实施过程中，将原本分散在不同碎片中的功能整合起来，致力于构建一个真正以公众为基础、以服务为基础、以需要为基础的组织框架，以达到有效利用资源的目的。不仅需要统筹整合各方面资源，调动多方参与主体的积极性，协调实施过程中出现的各类矛盾和问题，还需要坚强领导、严密组织、科学调度、化解矛盾，形成完整的领导协调机制，及时发现问题、解决问题，保障各项工作顺利、有序推进。

## 第三节　以项目活动为载体，形成契约治理的激励机制

契约作为提高政府效率的一种工具和手段，是公共权力运行的基础，也是实现公共利益最大化的重要保障。契约治理是通过契约安排，政府与非政府部门协商合作，形成多中心的治理网络体系，共同参与管理公共事务、提供公共服务的过程。[①] 在这里，政府契约治理是通过治理主体的多元化，来改变原有模式中的单一主体格局，从而提高公共服务的供给效率，满足公众的多样化需求。[②] 海沧共同缔造坚持项目带动战略，通过项目建设汇集民力、汇聚民智、会齐民心，以项目活动为载体，形成了群众自愿、村居实施、政府资助、以奖代补的契约治理的激励机制。项目选择上，通过广泛发动群众参与、了解群众需求，城市社区重点推进环境整治、智慧社区、公共空间改造、美丽阳台、公共自行车等项目，

---

① 于正伟：《契约治理：现代政府的治理变革》，《西南交通大学学报》（社会科学版）2009 年第 6 期。

② 沈海军：《政府治理模式演变的新趋势：契约治理》，《汕头大学学报》（人文社会科学版）2011 年第 4 期。

农村社区重点推动美丽乡村建设，实施房前屋后整治、道路改造、雨污分流、生活污水分布式处理、垃圾收集储运处理、绿道建设、美丽庭院、美丽家庭等项目。全区通过一系列项目契约，形成一套有效的激励与约束机制，达到相关利益主体之间的权利、责任和利益的相互制衡，实现效率和公平的合理统一。

## 一　项目管理在契约治理中的激励作用

项目管理是在有限的资源约束下，运用系统的观点、方法和理论，对项目涉及的全部工作进行有效管理，即从项目决策开始到项目结束的全过程进行计划、组织、指挥、协调、控制和评价，以实现项目的目标。项目管理有一个比较固化的流程、合同等，其本质就是一种契约。通过契约明确各自的权利义务和责任，形成主体间彼此约定的、稳定的、持续的合作关系，有了期盼和动力，形成激励作用。项目管理全程包括按需求确定目标、选择项目、制订计划、有序实施直至收尾评估。确定项目后，通过契约在时间、成本、质量、风险、合同、采购、人力资源等各个方面对项目进行全方位的管理，解决复杂问题，提高激励效果并实现更高的效率。完善的契约，可以科学合理地安排项目的进度、有效使用资源、降低项目成本、确保项目按期完成，对项目发起人、受益人、实施团队和项目关系人进行有效的协调，有效实施风险管控，增强项目范围的可控性，及时发现项目中存在的困难并快速解决问题，最后能通过契约形成完整的可推广的模式，并提高参与对象对契约的认识和重视，培育契约精神。共同缔造中的项目管理主要通过以下过程实现激励作用。

### 1. 项目规划

项目规划由群众商定，方案采取“群众需求 + 专业设计”，由专业单位指导设计，通过入户和召开座谈会，收集意见，由群众共商村居“建什么”“谁来建”“怎么建”。

### 2. 项目实施

以村居为主体，由镇街与村居签订协议，明确出资比例、以奖代补等出资方式，同时明确村居的责任义务，充分发动社会力量，形成同筑共建合力。村建项目由镇街委托国有直属公司作为代建单位进行专业指导，由村居通过公开招标确定劳务队负责施工。项目用地由村居发动群众主动让地，同时发挥村居和乡贤理事会等社会组织的作用，发动群众、社会贤达、周边企业共同出资，发动群众参与义务劳动，投劳共建美好家园。

3. 项目管理

项目建设过程中由村居负责监督，乡贤理事会、议事会等社会组织协助监管，监理公司配合作专业监督指导，发现问题及时修正，方案也在实施过程中根据群众实际需求、推进情况进行适当调整。项目建成后的管理也由村居作为主体进行管理维护，引导居民自发开展房前屋后的环境包卫生、包秩序、包绿化的“三包”活动，并组成美丽督导队对“三包”情况进行督导。社区发动村民参与志愿者队伍、义工组织，组建党员义工服务队，对村庄公共区域进行责任认领，主动利用空闲时间，开展保洁绿化，共同维护美好环境。

4. 专案评议

村居引导居民自发组成督导组，对共同缔造项目的工程质量、经费使用等进行监督，听取村民的意见建议，节点项目的命名、用材、功能用途等问题都由村民自行讨论并决定。实施过程中把群众评议贯彻项目始终，设置征求意见栏，持续征求群众意见，适时对项目实施方案进行改进。项目投入使用后，由群众组织参与审核验收，对成效进行评估，并把群众满意度作为确定以奖代补比例的重要指标。社区居委会引导组织道德评议会，对使用过程中的不良习惯进行现场评议，进一步促进群众素质提升。

## 二　以奖代补形成稳定的契约治理激励机制

以奖代补是以奖励代替补贴的财政激励政策，属于事后补助。在“共同缔造”项目中，财政在村居完成项目之后，筛选实施较好的村居，对其进行补助，以促进村居发展，并形成稳定的激励机制。通过制定标准，定期对一段时间中村居共同缔造各项工作进行考核评比，依照各项工作成效量化的原则，按得分情况评选出先进单位，进行表彰奖励。通过以奖代补的项目管理方式，能够形成长期稳定的契约治理机制，达到有效的激励作用。

“以奖代补”是指在开展“美丽厦门共同缔造”活动中以奖励代替补

贴的一种财政激励方式，即项目由原来财政直接进行补助，改为由村(居、场)、企业、社会组织等以出资、出力、让地的方式先行实施（财政可先给予一定的启动资金），待验收合格后再给予一定额度的奖励。《"以奖代补"试点项目操作实施暂行办法》《"以奖代补"试点项目资金管理暂行办法》等正式与非正式契约作为契约治理的核心要素，与政府权力、公共利益之间环环相扣、相辅相成，通过承诺机制、激励机制、透明机制、代理权竞争机制等防范机制，改善治理系统的运行状况，防范道德风险、逆向选择和机会主义行为，提高政府治理的效率。

以奖代补项目由政府资助，社会自愿参与。区政府统筹林业、农业、水利、民政、环保、卫生、文体等部门资金，用于支持"以奖代补"项目建设。海沧通过建立政府引导、群众主体、市场运作、社会参与的投资机制，政府部门与非政府部门共同提供公共服务，形成一套有效的激励与约束机制，来改变原有模式中的单一主体格局，吸引社会资本参与"以奖代补"项目建设和经营管理。"以奖代补"资金优先支持美丽厦门典范村（社区)，改变原来政府一厢情愿全部包办的模式，通过"财政奖一点、村居筹一点、社会捐一点、群众出一点"的方式配套资金，达到相关利益主体之间的权利、责任和利益的相互制衡，激发群众参与建设的热情，实现从"各自管理"到"共同治理"的转变。村居主要通过出资、投工投劳、让地方式出资，出力以每工日折款200元标准折算，让地以所在片区征地拆迁补偿标准折算。

1. 以奖代补项目确定

按照群众参与"决策共谋、发展共建、建设共管、效果共评、成果共享"工作要求，由区缔造办（项目组)、区财政局统一梳理海沧区"美丽厦门共同缔造"的试点项目，把与群众日常生活息息相关、可操作性较强、可以发动群众参与、群众受惠明显的项目作为全区"以奖代补"试点项目，编制项目简介。"以奖代补"试点项目确定后，由区财政局牵头与区缔造办（项目组）制订"以奖代补"项目资金安排方案，统筹确定"以奖代补"项目，编制项目简介和操作指南，向社会进行公布，让群众自行选择。区政府严格依照程序，依据海沧区"以奖代补"项目库、"以奖代补"项目操作实施办法，每年6月、12月各区直部门形成本部门"以奖代补"项目计划，每年1—2月、7—8月组织申报，每年2月、8

月底前完成审批，由群众根据意愿选择组织实施。

2. 以奖代补出资比例

项目投资总额原则上不超过 100 万元（村建类原则上不超过 200 万元）。除村居自行筹资部分以外，试点项目不足资金由镇街先行支付，待项目竣工或实施完成后由项目责任单位组织进行验收考评，并将考评结果报区缔造办确认并统一报送区财政局审核通过后，予以拨付扣除自筹资金和启动资金后的奖补资金。区财政局于年底前结算当年奖补资金。区与镇街按 4∶6 比例承担奖补资金。项目未实施的或项目实施超出计划一年以上的，该项目资金不结转下一年度，且原则上三年内不再安排该社区相关项目。

3. 以奖代补操作办法

村建类项目由所在街镇、区属国有企业作为项目技术指导单位，履行代建单位职责。施工单位由所在街镇、村居研究确定，项目设计费用和技术指导费用（按代建费标准）由所在街镇承担；非村建类项目由所在街镇在牵头区直部门指导下研究确定项目技术指导单位。项目实施完成后，由申报主体逐级向牵头区直部门提出验收申请，由牵头区直部门根据项目类别和内容制定验收办法，设立符合实际、可操作性强的考评指标和条款，并会同区缔造办（项目组）、区财政审核中心或中介机构、群众代表（由村居推荐）对项目进行验收考评。

4. 以奖代补考核体系

村建类项目由财政部门按相应标准梳理建立审核中介机构库，并由所在街（镇）随机抽取中介机构进行据实审核，除验收是否达到相应建设质量技术标准，建设过程组织群众参与以及建成后发动群众共管的情况外，还需做好建设规模的测算；非村建类项目由牵头区直属部门组织验收，主要验收是否达到相应要求、内容、次数、人数，以及组织群众参与及群众受益反响的情况。

通过以奖代补，以制度形成契约关系，按照“干得好可能就多给你，干得不好可能就不给你”的模式，通过激励杠杆，鼓励村居在认识、组织和资金调控上更好地实施共同缔造项目，并吸引社会资金参与投入，将群众参与过程和机制固定化、制度化、规范化，让群众的参与行为在“阳光”下运行，避免公私伙伴关系中的不确定性和机会主义行为，形成契约治理的激励机制。

## 第四节　以奖励优秀为动力，强调绩效治理的评估机制

奖励是为更好地激发动力和鼓励先进的手段，是社会治理过程中不可或缺的环节和活动，奖励优秀可以充分激发全社会参与社会治理的潜在内动力。奖励的前提是需要发现优秀。那么，如何发现优秀、实现绩效治理？评估为奖优罚劣、奖勤罚懒提供直接依据。评估机制是绩效治理的基础工程，是对某项工作状况做比较全面的综合判断。在绩效治理理念指导下，通过构建科学合理的评估机制，探索民众认可的评估新路子，是及时发现“优秀”的有效途径，这样才能让“典型”真正具有代表性，对城市治理才可能达到示范、激励的良好效果。

### 一　奖励优秀在共同缔造中的重要价值

奖励是更好地激发动力和鼓励先进的手段，是城市治理过程中不可或缺的环节和活动，奖励优秀可以充分激发全社会参与城市治理的潜在内动力。有效激励是确保参与积极性的持续动力，创新激励机制重在激发各方活力推动和谐社会建设，因此奖励的手段要灵活多样，要根据不同的工作、不同的人、不同的情况制定出不同的制度，而绝不能是一种制度从一而终。海沧区共同缔造中，坚持把奖励优秀作为激励群众参与“共同缔造”的重要抓手，并针对不同对象、不同社会组织、不同缔造项目，推行不同类型的激励：一是针对性激励。共同缔造试点初期，海沧多采取普惠式激励，参与就给礼物、奖品，缺乏对群众参与“共同缔造”贡献度的衡量。随着“共同缔造”的不断推开，在每次活动中有针对性地选取若干名群众进行重点激励，形成示范作用，效果明显好于“大锅饭”式的普惠激励。二是差异化激励。对于农民、外来务工人员等群体，给予一定的物质激励是较为有效的促进手段；对于一些企业家、社会知名人士、村居贤达等，则采取领导肯定、颁发奖状、立牌树碑等精神激励法，让成功人士感觉到个人价值的实现，激励他们更积极主动投身共同缔造。三是竞争式激励。就是“做得好的多奖励，做得不好的不奖

励”，逐步形成各个社区争相向缔造部门报项目、要项目的格局，以竞争促使共同缔造和城市治理效果的不断优化。

1. 奖励先进让热心参与的群众充满激情

奖励先进的最终目的，就是要充分调动、凝聚社会各方热心参与社会治理的热情和力量。在开展“美丽厦门共同缔造”过程中，海沧区始终坚持通过先进带动群众积极参与共同缔造，通过奖励先进激发群众参与治理热情。除物质奖励、精神奖励外，海沧区注重创新奖励形式，多渠道、多样式表彰奖励各类先进。

海沧通过政府表彰、社会评议、媒体宣传等形式，激发群众参与的积极性和热情。首先，海沧区多次专门召开“共同缔造”的总结表彰会，表彰了多名积极投身“共同缔造”、不图回报、甘于奉献的干部和群众典型，对海虹社区等24个美丽厦门典范村（社区）进行授牌表彰，充分肯定了各类企业、社会组织、文教卫生单位、宗教界、社区居民、外来人员、台胞、环卫工人等社会多元主体积极响应、踊跃参与“共同缔造”。其次，全区陆续推出区级道德模范评议机制、公益模范表彰机制、劳动模范表彰机制。通过对典型的宣传报道，树立起“共同缔造”的浓厚氛围和正面形象，能够起到更好的模范示范作用。

2. 树立标杆让群众在共同缔造过程中学有榜样

海沧区结合群众路线教育实践活动，通过共同缔造开展城市治理创新，敢于学习、勇于创新是共同缔造的题中之意，也是海沧最大的特色。海沧区注重把群众身边的好人好事树为标杆，广泛开展“百姓讲故事，讲百姓故事”活动，将“群众宣讲团”常态化，在机关、街镇和企业、村居中开展巡回宣讲，并根据全市市直部门和各区的需要，前往宣讲。讲身边事，说身边人，话身边理，通过群众的话把身边事传递给身边人，从不同角度宣扬政策理论和共同缔造的内涵，让群众学有榜样。

3. 典型示范引导群众积极参与共同缔造

在推进“共同缔造”工作的过程中，海沧区并不急于单方面地强力推动，而是采取“以点带面、逐步推进”的工作方式，全区梳理了三个梯次33个示范点，通过典型示范引导群众积极参与“共同缔造”。

（1）试点示范。在合理划分社区类型的基础上选择有代表性的社区率先推进改革，积累经验，通过典型带动其他社区共同发展。在“共同缔造”过程中，海沧区按照地理区位、区划规模、人口构成、经济基础、设施条件等情况，将社区划分为五大类型，并在各类社区选择一到两个点开展“共同缔造”试点工作。通过建设若干个试点典型，一方面有利于探索不同村（社）治理的有益经验；另一方面也让其他社区居民看到共同缔造的成效，打消了群众的顾虑，吸引更多居民主动参与到改革进程当中来。

（2）专案示范。项目是海沧推进治理改革的载体，也是改革工作的切入点。海沧区立足群众的内在需要，精心梳理并建设一批“精品项目”“品牌项目”，作为“共同缔造”工作的典范与标杆。

（3）模范示范。海沧陆续推出区级道德模范评议机制、公益模范表彰机制、劳动模范表彰机制，设立评定“共同缔造热心企业”“共同缔造热心组织”“共同缔造热心居民”；通过多次模范评比活动，将“共同缔造”中的积极分子和典型人物遴选出来，并在社区或者社区范围内进行公布表彰，以此调动和激发广大居民积极参与共同缔造。

### 二　建立绩效治理的评估机制，明确奖励对象

奖励的前提是需要发现优秀。那么如何发现优秀、实现绩效治理？评估为奖优罚劣、奖勤罚懒提供直接依据。评估机制是绩效治理的基础工程，是对某项工作状况做比较全面的综合判断。绩效治理理念指导下通过构建科学合理的评估机制，探索民众认可的评估新路子，是及时发现“优秀”的有效途径，这样才能让“典型”真正具有代表性，对社会治理才可能起到示范、激励的良好作用。

绩效治理体系必须有科学的评估体系和合理的奖励机制的支持才能充分发挥作用。当前，我国许多社会矛盾和社会问题，已经明显地集中到与人民群众基本民生问题密切相关的环节。这对各级党委和政府统筹协调各种利益关系、有效化解各种社会矛盾的能力提出了更高要求。海沧区需要不断地创新城市治理的评估和奖励机制，遵循发展为了人民、发展依靠人民、发展成果由人民共享的原则，积极化解各种矛盾纠纷，不断增强人民群众对党委政府的信任，不断巩固党执政的社会基础。只有通过奖励机制不断激发广大人民群众参与社会建设的热情，积极参与、广泛参与，调动一切可以调动的社会力量，为“共同缔造”激发动力。

只有这样，才能更快更好地实现共同缔造的美好愿景。

评估是“共同缔造”下绩效治理的基础工程。评估作为一个了解机制，通过真实有效的评估，可以帮助我们比较全面客观地把握一段时间以来共同缔造过程的相关信息，为落实其他绩效环节、总体提高绩效水平提供依据。评估能推动工作，若不测定效果，就不能辨别成功还是失败。看不到成功，就不能给予奖励；看不到成功，就不能从中学习；看不到失败，就不能纠正失误。通过展示成果，才能赢得公众支持。因此，评估是“共同缔造”中绩效治理的一个关键环节。

评估是推动共同缔造的约束机制。绩效治理的精髓在于落实责任，责任与个人利益、组织利益直接相关，责任需要一定的推动机制。绩效评估本身只是一种工作状况的综合反映，但是，评估与原先设定的管理目标是直接联系的，这样一种纵向对比，可以看出其间的差距。通过横向纵向对比，同样可以发现许多问题。评估与奖励的公开更加剧了工作压强。在“共同缔造”的框架下，把干得最好和最差的对象选出来是有激励作用的。最重要的是，绩效评估与绩效奖惩是直接联系的，“有测评的事情人们才会去做”，通过规范化、制度化的评估工作，鼓励和促进单位之间的竞争，有助于公众的监督，还可以诊断组织中的问题并提出针对性的改进措施。这样可以在很大程度上推动政府对社会、公民的需求及时做出反应，对管理结果负责。

评估可以调适新的目标导向。评估的功能不仅仅在于过去工作的反映，通过评估发现问题、找出差距，可以重新整合资源、调适目标，起承上启下的作用。评估的过程就是组织行为诊断的过程，评估可以为绩效奖惩提供依据。[①] 通过评估，发现共同缔造制度存在的缺漏、时滞，就可以及时采取措施，补充完善。评估既是一个管理过程的结束，又是一个新的发展阶段的开始。评估能够关注具体的输出，合理地调控资源；能够改善控制和责任机制；能够为预算和资源分配提供整理过的绩效信息；确保工作人员了解他们各自的角色以及他们的工作将如何被评估；能够提供关于对共同缔造整体满意度的回馈。

---

① 卓越：《公共部门绩效评估》，中国人民大学出版社 2011 年版。

## 三　实施绩效评估机制，表彰优秀对象

绩效评估是指组织依照预先确定的标准和一定的评价程序，运用科学的评价方法、按照评价的内容和标准对评价对象的工作能力、工作业绩进行定期和不定期的考核和评价。[①] 在推进“美丽厦门共同缔造”实践中，海沧区通过引入绩效评估机制，遵循公开、客观、公正、多层次、多渠道、全方位、制度化的原则，结合绩效考核体系制定出台了《美丽厦门共同缔造指标评估办法》，对全区“共同缔造”推进情况进行评估，从组织管理、工作推进、治理能力、培育发展社会组织等 11 个方面实施量化考核，从工作数量、质量、效率、效果等方面做细化分解，设置相对科学合理的分值，进行量化评价，对一些无法完全量化考核的内容做相对客观全面的定性描述，分档次赋予一定分值，实现与量化考核的衔接。通过定性与定量评价的结合，对全区“共同缔造”做出较为全面的综合评价。

### 1. 科学界定等级

以群众参与公共事务积极性、基层组织建设情况、社会组织培育及发挥作用情况、完整社区建设成效、社区平安创建程度、经济发展成效等方面为依据，分别制定城市社区和农村不同的具体评定标准。通过组织人大代表、政协委员、村（社区）干部、自然村（小区）代表、老党员等开展综合评定，进行基础分类，把全市自然村和社区（视社区范围大小，只有单个小区的社区，则以社区为单位；由多个小区组成的社区，则以小区为单位）分为美丽厦门典范村（社区）、美丽厦门良好村（社区）和美丽厦门基础村（社区）三个等级。2014 年年底在基础分类评定的基础上，海沧区政府制定“决策共谋、发展共建、建设共管、效果共评、成果共享”的群众参与度考核标准，每年年底对自然村（社区或小区）“共同缔造”的群众参与度进行考核，根据考核结果实行动态管理。年度考核采取自然村（社区或小区）自评申报与上级审核评定相结合的办法，实行分级动态管理。在考核中，群众参与程度下降的将降级，群众参与程度提高的将提级。

---

① 卓越：《公共部门绩效评估》，中国人民大学出版社 2011 年版。

2. 明晰考核程序

海沧区制定出台《海沧区自然村、社区（小区）基础分类评定暂行办法》，按照主体自评、街（镇）助评、区审核、市核定的程序开展评定和考核。评定考核可与现有的一些主要评比项目的评比结合进行，以利于数据及表格共享，减轻基层工作负担。评定和考核结果在所在街（镇）、村（社区）、自然村（社区）进行公示，考核和定级后进行命名并颁授牌匾。2014 年 6 月，海沧区完成首批 24 个典范村（居）、137 个良好村（居）和 49 个基础村（居）的评定，"以奖代补"资金向典范村（居）倾斜。

3. 突出群众评议

在各类评比中重视群众的意见建议，加重群众评估的权重。一是组建绩效信息员队伍，每年梳理出一批社会评价意见重点整改目标，建立由考评部门、整改责任单位和公众（新闻媒体、绩效信息员）三方联动的整改工作机制。日常邀请绩效信息员对整改工作进行全过程跟踪，年底组织召开述评会。二是充分整合各大顾问团，形成科学合理的参评代表结构，包括市民代表（绩效信息员）、企业代表、社区居委会、行业协会、民办非企业单位负责人等，有效汇聚起各阶层群众诉求，发挥现有制度的资源优势。三是借智专家和专业机构，提升公众参与的专业化。例如委托专业的第三方评估机构开展专项绩效评估，邀请专家参与公众评议述评会，由绩效评估专家对政府创新项目进行专业评估。

## 第五节　以培育精神为根本，倡导过程治理的引领机制

良性的社会治理，离不开群众精神的培育。精神是城市的灵魂。城市精神譬如一面旗帜，凝聚着一座城市的思想灵魂，代表着一座城市的整体形象，彰显着一座城市的特色风貌，引领着一座城市的未来发展。一座城市没有精神，就没有灵魂，就没有奋勇争先的精神动力源泉。城市精神内涵丰富、元素多面，它是引领发展的"风向标"，是凝聚人心的"吸铁石"，是赶超跨越的"催化剂"，是塑造形象的"展示台"。"共同缔造"以培育精神为根本，运用过程治理的方式，充分调动社会各界力

量，动员群众广泛参与，共同构筑团结奋斗的精神家园。

## 一 精神培育对于共同缔造的重要价值

党的十八大从坚持和发展中国特色社会主义、巩固全党全国人民团结奋斗共同思想基础的高度，明确提出“三个倡导”（倡导富强、民主、文明、和谐，倡导自由、平等、公正、法治，倡导爱国、敬业、诚信、友善），做出积极培育和践行社会主义核心价值观的战略部署。“三个倡导”体现了国家层面、制度层面、公民道德层面的价值取向，涵盖了最广大人民群众的普遍愿望，蕴含着人们对世界、人生、社会等一系列重大问题的价值共识，深刻影响着每个社会成员的思想观念、思维方式、行为规范。对于一个国家、对于一座城市而言，只有树立共同的价值追求，才会形成统一的国家、城市意志。“共识”产生“合力”。实现“中国梦”，实现治理体系和治理能力现代化，必然需要最大可能地引领社会思潮，凝聚社会共识。获得共识的基本路径就是能够将伟大实践、创新理论内化为人们内心的“价值认同”。

共同缔造行动之根本是以物质建设为载体，培育与新时期相适应的社会核心价值观和社会公德。海沧区注重把“四共”理念体现在各项工作中，在改善物质环境的同时，提高人的文明素质，培育广大群众“勤勉自律、互信互助、开放包容、共建共享”的精神，促使精神文明与物质文明共同发展，文明城市与文明市民共同成长。在绿道、和谐宜居村（社区）的建设中，通过组织开展各类群众体验活动、培训教育活动等，引导和培育健康、生态、幸福的生活方式和文明行为，提高群众文明素质。再如，海发社区爱心银行以爱心积分兑换奖励的方式鼓励居民参与到志愿服务中来，利用爱心积分管理办法对志愿者们参与的服务进行量化，并给予奖励，让居民看到参与志愿服务尤其是小的善事并不是一件不值得去做的事，而是一种投入，可以得到相应的回报，今后在自身需要这种服务的时候也可以得到来自其他人的帮助，形成助人互助的良性循环，极大地提升了居民参与志愿服务的积极性，填补了社区志愿服务的缺口，惠及了大部分家庭和老人，受到社区居民的广泛认可和好评。实践证明，共同缔造行动，是构建新时期社会核心价值体系和社会公德、提高群众文明素质、凝聚社会共识、提升社会文明程度、促进社会和谐的新探索。

1. 精神培育的实质是重建社会共同体

社会共同体是人们在共同认同基础上形成的社会组织形式。在城市社会，由于居民缺乏共同认同的地缘、血缘等基础，加之市场经济的不断渗入以及社会发育的相对滞后，城市社会居民大多处于个体化、原子化的状态，“楼上楼下互不认识”。海沧区培育社区精神，其实质就是让居民“走出家门”，让民居在享受公共服务、参与公共活动、参与社区治理等过程中相互熟悉，使居民从陌生人转变为熟人，以此培育共同体认同。

2. 精神培育是城市社区发展的必然阶段

现代都市的兴起与发展，使人类的物质环境得到极大改善，却日益失去了传统意义社区的凝聚力，无法聚合居民，难以自动形成社区共同体。我国现代城市社区建设发展至今，有社区之名，无社区之实。这个现象的出现，主要原因在于我国城市社区建设过程中重视经济、政治发展，而忽略了凝聚居民共识、塑造社区形象和提升社区品位的精神文化建设。海沧积极培育社区精神，塑造社区共同体正是现代城市社区进一步完善的必要内容，也是城市社区发展的必然阶段。

3. 精神培育为城市社会治理现代化奠定思想基础

市场经济体制的确立与发展，使紧密的“单位人”变为零散的“社会人”，中国传统熟人社会瓦解为陌生人社会。与此同时，在市场经济冲击下居民权利意识增强，对政府和社会的要求越来越高，参与意识和责任意识却极为淡薄，导致城市社会治理面临着“政府疲于奔命，群众不满意”的难题。因此，增强居民对社区的认同感、归属感，激发居民责任意识、参与意识，使“城市居民”真正向“城市公民”转变，是城市社会治理体系现代化的基础性工程。海沧区以社区精神培育为先导，为城市社区现代化治理奠定了坚实基础。

## 二　过程治理作为培育精神的重要途径

治理能力现代化是目标，但更是一个过程。过程治理强调的是治理实践的整个过程，强调过程中通过参与和合作形成一种共识或精神，而非仅以实现某项结果为根本出发点和目标。在治理的实践中，过程往往比结果更加具有意义和价值，因为培养起来的参与和合作的精神更加的宝贵。提倡和培育城市精神，也是一个深入、细致、长期、渐进的历史过程，是一项系统的社会工程，必须强化紧抓不放的紧迫性、自觉性，必须发挥政策制度的调节作用。抓好常态化培育，契合新形势的要求，更需要通过过程治理得以实现。

践行社会主义核心价值观和培育精神应贯穿治理全过程。社会主义核心价值观是在社会主义核心价值体系的基础上提炼出来的，二者既有内在一致性，又有不同侧重点。社会主义核心价值体系包括马克思主义指导思想、中国特色社会主义共同理想、民族精神和时代精神、社会主义荣辱观四个方面，有一个系统性、总体性的框架；而社会主义核心价值观倡导的富强、民主、文明、和谐，自由、平等、公正、法治，爱国、敬业、诚信、友善，实际上回答了我们要建设什么样的国家、建设什么样的社会、培育什么样的公民等重大问题，是对社会主义核心价值体系的集中概括和具体展现，反映了社会主义核心价值体系的丰富内涵和实践要求。

结合全面深化改革新的历史条件和推进国家治理现代化的伟大实践，大力培育和践行社会主义核心价值观，是一项重大而紧迫的任务。国家治理现代化是一项复杂、动态的系统工程。推进国家治理体系和治理能力现代化，就是要适应基本国情和时代变化，改革不适应实践发展要求的体制机制、法律法规，使各方面制度更加科学、更加完善，实现党、国家、社会各项事务治理制度化、规范化、程序化，就是要更加注重治理能力建设，增强按制度办事、依法办事意识，善于运用制度和法律治理国家，把各方面的制度优势转化为管理国家的效能。只有适应国家现代化进程，把社会主义核心价值观蕴含的富强、民主、文明、和谐的价值目标，自由、平等、公正、法治的价值取向以及爱国、敬业、诚信、友善的价值准则，贯彻到国家治理体系改革和治理能力建设中，渗透到国家权力运行各环节，纳入经济社会发展总体战略，才能切实提高党科学执政、民主执政、依法执政的水平，不断提高人民群众依法管理国家事务、经济社会文化事务、自身事务的能力，从而使我们的国家治理体系和治理能力能够为实现“两个一百年”的奋斗目标，实现中华民族伟大复兴的中国梦提供有力保障。

培育和弘扬社会主义核心价值观，要坚持求真务实、知行合一，与国家治理现代化相互衔接、协调推进。习近平总书记强调："培育和弘扬核心价值观，有效整合社会意识，是社会系统得以正常运转、社会秩序得以有效维护的重要途径，也是国家治理体系和治理能力的重要方面。"海沧要紧紧围绕坚持和发展中国特色社会主义，紧扣党的十八大提出的"三个倡导"，注重宣传教育、示范引领、实践养成相统一，注重政策保障、制度规范、法律约束相结合，使社会主义核心价值观融入治国理政的方方面面，转化为全体人民的自觉行动。要加强社会主义核心价值观的理论研究和宣传教育，用社会主义核心价值观引导思想舆论、凝聚社会共识。要坚持正确的利益导向和政策导向，使经济建设、政治建设、文化建设、社会建设、生态文明建设以及党的建设等方面的政策措施，都有利于弘扬社会主义核心价值观，防止"两张皮"现象。把核心价值观贯彻到依法治国、依法执政、依法行政实践中，落实到立法、执法、司法、普法各环节，使符合核心价值观的行为得到褒奖，违背核心价值观的行为受到惩戒。按照社会主义核心价值观的基本要求，健全各行各业规章制度，完善市民公约、乡规民约、职工守则、学生守则等行为规范，使社会主义核心价值观深入人心、付诸实践，成为全社会的自觉行动。

### 三 通过活动过程，引领共同缔造精神培育

践行社会主义核心价值观和培育城市精神都不是游离于政治、经济、文化、社会之外的独立工作，必须与党委、政府各项重点工作、中心工作和中长期战略任务紧密结合起来。海沧区以"美丽厦门共同缔造"为平台，通过开展"爱国爱家""勤劳节俭""遵纪守法"系列活动，大力弘扬"创新、实干、改革、爱民、爱党"五种精神，以全方位覆盖和抓重点人群相结合的方式，进学校、进社区、进机关、进企业，开展活动，打造阵地，塑造典型，将社会主义核心价值观，落实、落细、落小，实现道德教化与宪法精神同步推进，传承优秀传统文化和把握时代气息并行不悖，致力改善党风，净化民风、社风。

*1. 开展"爱国爱乡"系列活动，培养爱国爱家精神*

组织"五种精神"大学习、大讨论。将党的十八大、十八届三中全

会、习近平同志系列重要讲话和厦门“五种精神”纳入区委中心组学习内容，并分别组织全区机关干部、在校师生开展各项学习活动，提高各部门、各单位践行社会主义价值观的工作自觉性；由区人大办、区政协办、区缔造办、区委组织部、区委宣传部、区委统战部、团区委等部门分别对接海沧七个顾问团，就如何发扬厦门“创新、实干、改革、爱民、爱党”五种精神召开征求意见座谈会，争取社会各界对厦门“五种精神”和海沧各项工作的支持；各单位、各部门开展“五种精神”大讨论，统一思想认识，明确工作方向，制订工作计划；区直工委、区教育局、街镇等部门结合日常工作，开展面向机关、学校、社区的各项“五种精神”主题活动。

开展“写画讲唱”。区政府借鉴“好记者讲好故事”的做法，围绕爱国爱乡主题，用好“写画讲唱”的载体。写：开展面向全区社会各界青年及学校师生的征文比赛；画：组织全区书画家、书画爱好者及区美术产业协会在各村落、社区进行爱国爱乡主题的油画创作；讲：深化群众宣讲团讲百姓故事活动，以“感动海沧”的典型事迹为主要依托，以讲故事的形式阐述厦门“五种精神”活动；唱：携手杨慕等台湾音乐人，唱响爱国歌曲，创作一批弘扬爱国爱乡的文艺作品，结合文艺下乡活动在社区、企业、学校广泛传唱。

汇编海沧爱国爱乡故事集。海沧整理台商投资区26年、行政区11年以来的发展成绩，收集历史上具有强烈爱国情怀、对故土有特别深厚感情的海沧人事迹以及近期“美丽厦门共同缔造”工作中涌现的先进典型案例，作为社会主义核心价值观学习材料发放各机关单位、学校、社区、企业。

组织系列评比。在区委、区政府年终评选表彰一批社会主义核心价值观示范单位、示范社区、示范学校的基础上，由区委文明办、区经贸局、区工商局、各街镇组织评选“诚信商家”“诚信商业街”和“诚信个人”；由区委宣传部、区委文明办负责，开展“感动两岸事件”评选；由各街镇负责，发动各村居间互选“和谐村”“富强村”“文明村”；组织村民评选“星级文明户”“好媳妇”“最美新厦门人”“道德模范”和“善行义举榜”等先进典型。注重在群众参与的过程中塑造和发挥先进典型的示范引领作用。

2. 开展“勤劳节俭”系列活动，培养勤劳节俭质量

开展“俭以养德”教育实践。海沧广泛开展“俭以养德、向我看齐”教育实践活动，加强节俭思想教育，认真贯彻落实《党政机关厉行节约反对浪费条例》，扎实有效地开展节约型机关的创建活动；在全区学校开展“俭以养德、从小抓起”教育实践活动。把勤俭节约作为校园文化建设的重要内容，让青少年在浓郁的氛围中受到熏陶、得到感染，从小树立节约光荣、浪费可耻的思想观念；深入社区家庭，开展“俭以养德、从我做起”教育实践活动，宣传环境污染和能源短缺的现状，倡导勤俭节约的文明风尚。

深化“文明餐桌”行动。在全区宾馆、饭店、酒店等各类餐饮企业及各类学校、党政机关、企事业团体、食堂推开“文明餐桌”行动。区政府通过群众推荐、实地考察等形式发现典型，通过评选“文明餐桌示范店”“文明餐桌明星服务员”等形式，对落实“文明餐桌行动”较好单位和个人进行表彰，巩固文明餐桌取得的成果，进一步牢固树立节约光荣、浪费可耻的理念，使“文明餐桌行动”深入人心。

开展“勤劳节俭献爱心”行动。在全区开展“节俭节约爱心行动”，倡导机关、企事业单位、学校、家庭收集废旧纸张和书刊等，集中统一售卖，并将所得款项捐献用于救助贫困家庭、贫困学生、救治患病儿童等；由区民政局、各街镇负责，开展“闲置物品共享行动”，提供合适的场地开设跳蚤市场，方便居民买卖和交换闲置的衣服、家具、图书、玩具、家电等，并开通闲置物品发布 QQ 群、微信群，搭建闲置物品网络流通平台；由区教育局、区委文明办、团区委负责，开展“我是小袋鼠垃圾不落地”“两岸义工联盟”“走进低碳生活·缔造美丽海沧”等志愿服务活动。

持续倡导绿色出行。海沧区以公共自行车为载体，定期组织活动，拓宽宣传倡导绿色出行的人群，鼓励广大居民上下班尽可能选择公交车、自行车或步行等低碳绿色的出行方式。

3. 开展“遵纪守法”系列活动，培养遵纪守法品格

开展“遵德·守纪”主题教育。海沧围绕弘扬社会公德、职业道德、家庭美德、个人品德，通过设置“遵纪守礼”提示牌，分别在辖区企业、社区、学校和机关开展“遵纪守礼”系列主题教育。

编写《以案说法》系列丛书。由区委政法委、区综治办、区司法局负责，用通俗、简洁的语言整理海沧区近年来具有典型意义的真实法律案例，汇编成册，分发机关、社区、企业，作为提高机关领导干部法律素养、企业职工守法维权、社区居民学法守法的重要材料和群众宣讲团的故事素材。

开展“法律六进”。区政府通过举办机关法治讲堂、组织法律知识考试、发送普法短信、出版《法治海沧》杂志，深入推进“法律进机关”“法律进单位”；通过“法治第二课堂”、法治夏令营、青少年法治教育基地和普法吉祥物法治宣传活动，深入推进“法律进学校”；通过举办法律知识讲座、开展法律咨询活动等方式，深入推进“法律进企业”；通过深化基层民主法治创建活动、服务换届选举、推行“一村（社区）一律师”工作、赠送法律书籍、编排表演法治文艺节目，深入推进“法律进社区”“法律进农村”。

全方位、立体式营造氛围。区政府将社会主义核心价值观纳入海沧新闻宣传专项内容，结合工作实际，精心组织策划选题，主动引导主流媒体，定期在海沧电视台的重要版面、时段刊发相关新闻；在各主要网站及海沧区政府网站首页推出专题专栏，并通过《海沧发布》《海沧区政府》政务微博、微信及网格信息化、手机终端等平台组织网民互动、跟帖讨论、有奖竞猜等。通过上述形式扩大社会主义核心价值观网上宣传的覆盖面和影响力。充分利用主要道路、公共场所、建筑围挡、户外广告牌、宣传墙、宣传栏、户外展板、公交站牌、路名牌等载体，长期开展社会主义核心价值观、厦门“五种精神”“美丽厦门·共同缔造”的公益广告宣传，营造“无处不有、无时不在”的氛围。在各项中心工作，尤其是征地拆迁、共同缔造等工作的各种形式宣传报道中融入“五种精神”，注重在生动活泼、贴近百姓日常生活的宣传报道中体现引导人们培育和践行社会主义核心价值观。

# 第三章

# 共同缔造的实践论启迪

实践是认识的来源，也是检验认识是否具有真理性的标准。认识和理论是否正确、合理、符合实际需要，应根据实践活动的效果来判定。实践也是认识的最终目的，是将理念和方法通过操作和细化变为现实的过程。如果共同缔造的认识论解决的是“是什么”“为什么”的问题，“共同缔造”的方法论主要解决“应该怎么做”的问题，那么实践论则主要解决的是“做”和“如何做”。共同缔造的认识论和方法论还停留在理念和思路的层面，而实践论已经触及具体的操作与细化，是将共同缔造理论变为现实活动的过程。概括而言，共同缔造的认识论和方法论需要通过实践来检验是否正确，同时共同缔造的实践也是共同缔造理念和方法创新的根本目的，最终目标在于通过共同缔造的实践实现城市治理现代化。

## 第一节　实践探索在共同缔造中的作用

### 一　通过实践实现共同缔造的认识论价值

实践是认识的目的，也是检验认识是否具有真理性的标准。实践是认识的归属，认识的价值是在指导实践、为实践服务的过程中实现的。共同缔造是从实践中产生的，又为实践服务。共同缔造的认识论仅停留在城市治理理念和思路创新层面，最终需要通过指导政府进行城市治理实践的操作和细化，使其由理念和方法的创新转变为现实的成效。同时共同缔造作为一种机制和体制的创新，一项新生事物，这种创新正确与否，必须经过实践的检验，通过实践的效果来判断其是否科学、符合实际。作为一种创新，共同缔造的认识论价值和方法论创新都需要实践来检验与实现，并力图响应和解决海沧发展所面临的现实问题。

实践也是认识发展的动力。通过实践不仅检验了认识的正确与否，而且能够进一步发展和改进认识。透过实践的验证，人们往往可以发现已有的认识中的不足或是新的问题，对认识深化和改进，进而推动实践的深入发展。共同缔造为城市治理体系和治理能力现代化提供认识基础和方法论指导的同时，其实践过程也是社会治理的理论逐步深化、治理体系逐渐形成和完善的过程。海沧关于全面推进"美丽厦门共同缔造"行动的实施方案经历过多次反复修改，治理体系从无到有，从简到繁，由单向到纵横交错，形成了全方位、立体式、可操作的工作机制，这一过程体现了共同缔造理论和方法在实践中不断得以丰富和发展。

## 二　通过以点带面探索共同缔造的方法论

方法用于指导实践，实践则是对方法的具体运用。共同缔造是一项创新，其方法论需要通过实践去运用和落实，并且通过实践进行检验与完善。共同缔造作为一种方法论的创新，具有一定的不确定性，所以共同缔造的实践需要摸着石头过河，需要找试点、以点带面，再全面铺开。因此共同缔造是一项实践探索，在共同缔造中选择试点也是实践探索的一个必经阶段。海沧通过试点总结经验，弥补不足，为全面铺开共同缔造实践打下了坚实基础。

2013 年 7 月，厦门市委制定实施《美丽厦门战略规划》，以"美丽厦门共同缔造"为指引，进行城市治理体系和治理能力的地方探索。海沧区委、区政府立足已有的经验，加快了城市治理创新实践的脚步。海沧区作为全市两个试点之一，严格按照省委常委、市委书记王蒙徽关于"核心在共同、基础在社区"的要求，紧扣"美丽厦门·活力海沧"定位，以群众参与为核心，以培育精神为根本，以奖励优秀为动力，以项目活动为载体，以分类统筹为手段，积极开展"美丽厦门共同缔造"试点工作，探索社会治理创新。

在试点工作中，海沧结合自身实际，针对全区农村社区和城市社区数量约对半、外来务工人员众多、台胞台商聚集等特点，在三个街镇各选择一个具有代表性的社区作为试点，分别是海沧街道的海虹社区、新阳街道的兴旺社区、东孚镇的山边村。海沧街道海虹社区是一个纯城市社区，属于中高档社区，群体构成以企业家、白领、外籍人士为主，居民文化层次较高，服务管理需求多样化；同时，海虹社区也安置了一部分征地拆迁村民，本地安置居民的生活习惯、传统习俗与新居民有着很大的差异，如何让两者和谐共融值得探索。新阳街道兴旺社区位于海沧工业集中区，是位于城乡接合部的城市社区，群体构成主要是在工业区就业的打工族、周边经商的生意人、农民工等。同时，辖区有众多台企，社区也居住着不少台胞，社区90%以上为外来人员，流动性强，与周边的本地村民生活习俗迥异，如何让新老居民和两岸同胞融合值得探索。东孚镇山边村是一个传统的农村社区，近年来大开发大建设，周边盖起了工厂，引来不少外来员工入住，同时也出现了不少失地农民，如何保障失地农民生活，如何提升传统农民的生活水平值得探索。

在试点工作中，海沧以“让群众满意”为出发点，从群众房前屋后的环境整治、群众身边的实事小事切入，组织发动群众参与社区治理，不断改善美化社区居住环境，及时解决社区的各种疑难问题，着力让群众满意。但在具体实践中，海沧区发现由于社区治理涉及建设、规划、治安、资金等方方面面，单靠街镇、社区两个层级开展社区治理工作举步维艰，需要民政、建设、规划等上级部门的联合指导，同时也需要网格、楼栋或片区居民的大力支持。为了解决此问题，海沧区建立了“区—街镇—社区—网格”的四层级治理结构，提出区统筹、街镇治理、社区服务、网格自治，整体性地系统推进社会治理工作。纵向到底的治理机构建立后，社区治理工作有力推进，但随着治理的不断深入，海沧区发现由于群众、社会参与面不够等原因，社区治理成本较高、推进速度较慢。为此，海沧区通过大力培育社会组织、建立以奖代补机制等方式，进一步组织发动群众、社会组织参与社区治理，使“美丽厦门·共同缔造”试点社区工作取得了较好成效。

海沧区在试点探索中逐步形成现代化的城市治理体系。2014年，在试点工作的基础上，“美丽厦门·共同缔造”工作全面铺开，并将前期试点的经验总结并推广到全区进行实践。海沧区在沿用试点工作纵向到底的治理结构、横向到边的治理方式的好做法的同时，注重深化服务，通过建立党建引领共治机制、发动群众参与机制、政府购买服务机制、社会组织培育机制、义工志愿服务机制等，进一步服务保障城市治理工作。同时，海沧区对缔造工作开展以来的情况进行充分回顾总结，形成了“12345”社会治理工作路径，“1”即一个核心，巩固党组织“元治理”主体地位，通过社区建党委、网格建支部、楼栋设党小组，把党的引领服务在群众身边；“2”即解决两岸融合、新老厦门人融合两大问题，培育勤勉自律、互信互助、开放包容、共建共享精神；“3”即强化党群、政府与社会、社会与群众三个互动，密切多元治理主体合作伙伴关系；“4”即推进区统筹、街镇治理、社区服务、自治单元微自治的四级治理结构，实现政府依法行政、街镇依法治理、社区依法自治、社会组织依契约、章程参与，构建整体性治理新体系；“5”即建立完善民主协商、群众自治、市场运作、技术支持、激励带动五大机制，保障社会治理常态长效。同时，海沧形成了“纵向到底、横向到边、纵横交错、互动共治”的社会治理新体系，实现了“党委领导、政府主导、社会协同、群众参与、法治保障”的“多元参与、共同治理”新体系。

## 第二节　纵向到底、横向到边、纵横交错的海沧实践

在“美丽厦门·共同缔造”创新城市治理工作中，海沧区针对传统治理体系存在碎片化治理、治理手段单一、方式落后、治理基础薄弱、单向治理等问题，结合区情实际，构建了“纵向到底，横向到边，纵横交错，互动共治”的现代化治理体系，有效推动了城市治理。

### 一　纵向到底，实现系统治理

创新城市治理是一项系统工程，零星的探索改革无法推进治理体系和治理能力的现代化。海沧区锐意进取，从党建引领、政府服务、上下互动等方面入手，积极贯彻系统理念，实现纵向到底，以体系创新撬动治理创新。

1. 党建引领纵向到底

海沧区全面加强和改进党对城市治理创新工作的核心领导，建立“区委+街（镇）党工委（党委）+社区综合党委（园区非公企业党组

织、社会组织党组织、协会党支部）+网格党支部（人员构成：八大群团组织、城市社区网格物业公司、业主、社会组织、在职党员，农村社区网格乡贤理事会、老人协会、产业协会、合作社）+楼栋党小组（自然村片区党小组）”纵向到底的“五级联动”党建引领新机制，深入贯彻落实系统联动理念，全区上下形成了创新城市治理的共识，有效破解了“上动下不动，下动上不动，动了也白动”的难题，保证城市治理工作的有序推进。坚持从严治党，在区、街镇层面，通过开展治庸问责、整顿软弱涣散基层党组织、开展民主评议党员处置不合格党员、开展“三个建设年”活动等工作，着力破解作风和执行力问题。在社区、网格层面，通过明确综合党委、网格支部职责任务，将党建工作落实、落细，着力解决党组织核心作用虚化、弱化、空化的问题，强化党的核心领导。

2. *政府服务纵向到底*

海沧发挥区级政府的统筹职能，理清各部门、各层级的“职能清单”，依照“人往基层走、钱往基层投、政策往基层倾斜”的服务导向，简政放权，将服务自上而下放到基层一线。区政府向镇街社区放权，强化街道的社会管理职能，并且以实现社区职能回归为着力点，健全以社区为基本单元的便民利民工作架构，将部分基层需要且能够承担的社会管理和公共服务事项下放给镇街和社区。2014年，海沧区按照共同缔造精神，在充分征求社区群众意见建议的基础上，围绕百姓“房前屋后”小事、实事，继续下放27项行政事项；同时为镇街和社区配备相应的人员和资金资源，加强培训指导，确保下放的同时不松懈管理。此外，进一步明晰社区职责、理顺社区关系，减轻社区负担，让社区集中精力抓好公共服务，让群众在家门口就能办成事，真正实现基层有权管事、有人做事、有钱办事，不断激发基层活力，凝聚各方共识。

政府向社会组织放权。海沧区出台《社会组织培育试点项目实施暂行办法》和《志愿者管理办法》等，创新社会组织培育机制，向社会组织放权，积极探索社区社会组织登记与备案相结合的管理制度，采取“先发展、后规范，先备案、后登记”的办法，大力扶持和培育兴趣类、互助类、公益类、维权类及服务类等具有导向作用的社会组织。推进社会组织去行政化和去垄断化改革，推行“一业多会”。同时，区政府加大对社会组织的扶持力度，提供办公场地、办公设备、网络及资金补助等支持，助社会组织发力。海沧对义工个人和公益组织的活动进行信息跟踪，对义工发放义工卡，记载义工参与活动的次数和时间累积的时数。根据义工卡的信息记录，年终以召开感恩派对和表彰大会的形式，对表现突出的义工给予表彰。通过向社会组织放权，激发社会组织参与社会治理的意识，营造政社合作的氛围。

政府向自治组织放权。群众自治组织是社区治理的重要主体，可以弥补居（村）委会管理和服务上的不足，提升社区治理水平，让居民的需求满足在社区、矛盾化解在社区、关系融洽在社区。海沧区坚持“激发群众参与、凝聚群众共识、塑造群众精神”的指导精神，大胆创新，在完成全区三级便民服务体系和网格化管理系统标准化建设后，将政府不该管或管不好的事情依托“网格化·微自治”的创新管理模式，移交给“四民家园”“乡贤理事会”及“同心合议厅”等自治组织操办，通过事权下放激发群众参与共治热情。兴旺社区名仕阁无物管社区探索“自助家园”建设机制，放手让业委会管理社区事务，形成由社区业委会负责自治管理、社区公益组织实施公益服务和社区居委会提供“以奖代补”的“三元治理”机制，居民自我管理、自我服务的意识和能力增强，参与社区治理的活力被激发，为凝聚政社合作打开了局面。

3. 上下互动纵向到底

海沧区通过构建“区网格化、信息化联动中心街（镇）+社会服务联动中心+社区工作室+社区居民（社会组织）自助互助中心+居民手机APP平台（‘968100’热线）”双向互通的信息化联动系统，不仅各类数据信息可以实现一次性录入、三级多部门共享，同时行政服务部门可以实时查看各网格内的各种现场动态情况，居民可以通过平台建立的沟通板块，将周边的大小事及时反映给所属社区的网格员，实现实时指挥调度、实时应对突发事件、实时响应群众需求。在信息平台的支持下，海沧区实现了城市治理纵向到顶到底的目标，居民的个性化、多样化需求可以直达顶层，民众的各类需求也可以逐级得到解决，从而无缝隙互动的理想进入居民的生活。海沧区每个网格的网格员均配备了手机，在入户中广泛听取群众意见、建议，将搜集到的信息及时输入综合信息平台，便于各级领导及时掌握基层动态、群众呼声，及时做出工作决策，切实实现了民众需求的纵向到顶，社会治理的纵向到底。2013年“西马仑”台风来袭时，综合信息平台发挥了重要作用，哪里淹水、井盖上浮，甚至居民家里进水，都可以通过三级信息平台得到反映，指挥中心根据预案进行了高效有序的救援指挥。同时，海沧还通过信息平台让民众参与监督，促进行政服务中心服务质量的提升。依托政务综合体三级便民系统，建立区、镇（街）、村（居）三级投诉网络，与电子监察视频监控系统相结合，实现效能纠风投诉与群众的零距离接触。全区每一位办事的民众都可以通过电子评价系统，足不出户对行政服务中心的群众满意度进行测评，力促窗口工作人员提高服务水平和质量。目前，行政服务中心的满意率月均达95%以上。

## 二　横向到边，实现源头治理

### 1. 区级统筹

（1）以主体功能区建设为引领统筹产业、城区和社会转型。海沧区通过主体功能区规划，落实多规合一、生态红线保护、商事制度改革、自贸区建设等，统筹推进产业转型、城市转型、社会转型和对台先行工作，实现“让该干什么的地方干什么”；推行差异化干部综合考评办法、建立新的区街（镇）财税分成体制，形成“能干什么的人干什么”。

（2）以区委社会治理工作委员会为统筹社会建设和治理。区政府统筹社会建设和“美丽厦门·共同缔造”社会治理创新；统筹各部门面向社区的资金、资源，强化顶层设计，通过制定治理体系框架图理清各层级关系、简政放权，转变政府职能，推动行政纵向到底，处理好政府、企业和居民的关系，推进“以奖代补”项目实施；统筹社会组织培育、政府购买服务等工作；统筹主体功能区建设情况考评和群众满意度考评等工作。

（3）以三网融合为统筹城乡协调发展。全区搭建“网格化”服务平台，以信息化为抓手，构建集基础信息、指挥调度、事项处理、绩效考评“四位一体”的综合信息平台，实现区、街（镇）、村居三级平台联勤联动。区政府全面整合行政机关、党群部门、事业单位等41个部门、600多项行政审批、备案等职权，全部压缩至法定办理时限的35%以内，取消118个行政审批项目。打破信息“孤岛”，推动国家信息消费示范城市的创建工作。

2. 街（镇）治理

各街道通过机构改革，规范镇街的行政职能，弱化经济管理职能，强化社会治理职能。在不改变现有机构编制、领导职数和人员身份的情况下，推行大部制改革，下设党政办、社会事务服务中心、社会综合治理中心，更好地整合资源和人力投入社区治理和服务。新阳街道梳理街道现有154项职能，其中归由街道部门负责110项，协助15项，下放到社区22项，转社会购买7项。

3. 社区服务

社区的服务对象为社区居民，工作目标为改善社区生活。街镇将社区居委会的行政职能剥离，社区居委会主要从事自治和协调服务各网格职能。政府部门下放的服务职能交由社区工作室、网格员等承担，让居民办事不出社区。社区已建立形成以社区综合党委为领导核心，依托“党内民主共治平台、社区自治协商平台、社区自助互助平台、社情民意诉求平台、社区矛盾调处平台”五大平台，多元主体协商共治的模式。

4. 网格（基础单元）自治

海沧按照“规模适度、任务相当、无缝覆盖、动态调整”的原则，按200—300户/格的标准划分，将全区39个社区划分为299个单元网格，在网格内建立以“网格党支部”为领导核心，以“五共”为工作机制的网格自治模式。在城市社区网格内加大对网格内社会组织、理事会、业委会、业主大会、物业服务企业指导和监督力度。农村社区网格内加大对乡贤理事会、老人协会、各类产业合作社、专业协会的协调领导。另外各网格内尝试推行台胞、外籍人士等境外人士参与网格（自然村）选举和民主自治的多种方式和途径。

## 三　纵横交错，实现综合治理

1. 党建引领机制

海沧区政府强化统筹引领，立足“五级联动”纵向到底、“一核多元”横向到边的党建引领新格局，发挥好各级党组织的战斗堡垒作用，通过“一核带多元、一元带多面”的扩散效应，把各类社会组织、广大群众的思想和行动统一到党委政府的决策部署上来，以党的领导统筹“五位一体”全面发展。各级党组织强化组织发动，教育引导广大党员干部在共同缔造中发挥好先锋模范作用，带头做好一线宣讲、献计献策、出工出劳，以及征地拆迁、“两违”整治、平安建设、文明创建等各项工作，以党员的先进性凝聚群众、组织发动群众共同参与。强化服务群众，持续深化在职党员进社区、党建富民强村、“三三制”服务企业、“四个关爱”等特色做法，着力解决社会稳定和群众安居乐业问题，持续提高群众的幸福指数。

2. 发动群众参与机制

海沧探索社区自治章程，规范居民参与社区自治，也统筹社区内部不同主体、形式多样的群众参与机制，如社区居民理事会的参与机制，形成居民参与议事、决策、干事、监督、服务结合一体的运行机制，推动社区自治运转。另外，在村庄范畴内，则凸显治理的自强特征，以村民自治章程规范村民参与机制，统筹村庄乡贤理事会、道德评议会、村民议事会等组织的组建，拓宽村民参与机制的建设。海沧区正是以机制建构，落实广泛民众的参与，居民从“挑毛病”到“出主意”，再到“行动起来”，消除了居民参与无约束、无秩序的难题，一位社区干部感叹道：“过去居委会自作主张做好事不见得讨好，现在让大家一起做，都满意”，所反映的就是居民参与机制建设的成效。

3. 社会组织培育机制

扶持社会组织，放宽登记管理条件，建设社会组织孵化基地，为初创的社会组织提供登记协助、理论指导、启动资金等方面的保障支持。海沧区充分挖掘社会能人，设立环安互助联盟、社企联合调解委员会、家校促进会等多个工作小组，向企业和社会提供免费咨询服务。

4. 奖励优秀机制

海沧区财政资金奖励方面率先出台“以奖代补”项目操作办法，根据群众申报，选取了“西山社房前屋后环境整治”等23个群众参与度高、体现“五共”突出的项目作为首批项目，奖补资金占54%，有效调动基层群众参与积极性。精神荣誉激励方面海沧区于2014年6月率先评定出区级美丽厦门·典范村（社区）24个，对参与共同缔造工作表现突出的社会组织和群众予以表彰宣传。经济效益带动，在西山社房前屋后整治中，居民群众主动拆除鸡舍牛棚猪圈，村居环境大幅改善，来村里旅游的多了，村民发展起了农家乐，增加了经济收入来源；兴旺社区金茗花园社区通过居民参与共建共管，破解了无物业管理的老大难题，环境、卫生、治安等方面都得到明显改善，房价从 2012 年的 4800 元涨到 2014 年的 13000 元，居民真正尝到了甜头。

## 四　互动共治，实现共同治理

### 1. 民主协商，畅通民意输送管道

全区开展党群协商，建立“两代表一委员”工作室、党员干部挂钩联系群众制度等，在 3 个镇街及党代表比较集中的 3 个村居设立 6 个党代表工作室，方便群众零距离向党表达意见。开展政社协商，循序渐进地把部分行政辅助职能让渡给社会。山边村试行低保户民主票决制度，最终有 7 户主动放弃申请，11 户未通过票决，解决了长期以来“应退不退、人情保、关系保”的难题。各社区开展群众协商，建立党领导下的社区联席会、社企理事会、网格理事会、乡贤理事会、发展协会、行业协会等群众参与自治的平台。致公党厦门市委调查数据显示，通过共同缔造，群众之间的互助度达到 84 分。

### 2. 群众自治，激发多元治理活力

全区扶持社会组织，放宽登记管理条件，建设社会组织孵化基地，为初创的社会组织提供登记协助、理论指导、启动资金等方面的保障支持。拓展参与空间，围绕公共空间自治，全面推广轮值、认管、认养，目前已有 800 多人参与维护绿地、休息椅、纳凉点等公共设施。

### 3. 法治保障，推动社区依法自治

海沧区政府统筹全区的共同缔造工作的管理，对社会组织的培育、志愿者管理出台具体的办法，并以制度形式将共建共管共评确立下来。镇街层面在全区的指导下，制定适合自己的相关制度，整合资源，指导社区工作。农村社区订立村民自治章程，建立乡贤理事会、道德评议会、村民议事会等组织制度，持续激发村民自治管理热情。城市社区则探索出台了全国首个社区自治章程，形成了社区管理的“小宪法”——以自治章程为总领，集议事规则、评事规则、监督规则为一体的社区自治管理制度，如《志愿者管理办法》、名仕阁社区的《无物业社区自治条例》等制度。在社会组织管理方面，出台了《培育发展社区社会组织的实施方案》《社会组织分类评定的暂行办法》《社会组织建设发展宣传公示制

度》等，同时帮助社区居民理事会、“四民家园”等社会组织出台自己的组织章程和运行规范，形成激发社区组织活力的有效保障。群众共享到法治、规则带来的有序化管理和常态化制度保障，保持了美丽海沧的长效。

4. 技术支持

海沧区政府以信息技术拓展参与平台，建立“海沧微政务”手机客户端，将政务信息、政府服务与居民手机对接起来，从“面对面”向“键对键”转变。全区推行网格化信息化，打通相关职能部门的信息数据平台，通过信息化、网格化手段把行政服务输送到基层治理的每一个角落，同时形成互动的回路，及时反映和协调群众各种诉求。全区通过建立社区门户网站、QQ 群、微信群等，在兴旺社区、海虹社区设立智慧社区体验屋、社区信息服务云平台，开发家庭使用的“云平台”，与三级网格化系统对接，打通联系群众的“最后一百米”网络，建立政府、企业与居民直接互动的技术通道。

## 第三节　海沧实践的推广价值

### 一　海沧实践具备扎实的基础

海沧是全国设立最早、面积最大的台商投资区，目前实行投资区、行政区、保税港区“三区合一”的管理体制，位于厦门西部，东与厦门本岛隔海相望，西与漳州接壤，在厦门跨岛发展中具有“桥头堡”优势，共同缔造的探索有良好的基础和条件。

海沧源自改革开放总设计师邓小平同志亲自关怀的“901”工程，时任国务院总理李鹏、国务院副总理朱镕基先后担任“901”工程协调领导小组组长；1994 年 6 月 23 日，江泽民同志考察厦门海沧，提出“要把海沧办成吸引台商投资、包括其他国家和地区的投资中心，以高新技术为支柱的重要开发区”，特别指示要加快海沧大桥建设进度，大桥搞起来以后，海沧就火了，就是厦门的浦东；海沧是中央对台“三个凡是有利于”重要论述的源述地，2006 年 1 月 14 日，胡锦涛同志视察海沧，会见在厦台商代表并发表重要讲话：“凡是对台湾同胞有利的事情，凡是对维护台海和平有利的事情，凡是对促进祖国和平统一有利的事情，我们都会尽最大努力做好。”2007年10月,“三个凡是有利于”写入十七大报告,成为对台工作大政方针。2000年,习近平总书记在就职福建省长讲话时,就强调要“办好海沧台商投资区”;2002年,时任福建省省长习近平为推动生态省建设,到厦门进行调研,要求厦门在推进生态建设上做好示范,同时面对“岛内欧洲,岛外非洲”的发展不均衡状况,就厦门市如何由海岛型城市向海湾型城市转变以及如何发挥优势、做好对台工作,提出了“四个结合”的要求,强调岛内外一体化,特别是在要求加快岛外几个中心城区建设时,提出要“积极发展海沧,充实配套杏林,完善提高集美,创造条件拓展同安、刘五店、大嶝岛,把同安和海沧建设成为城市发展的次区域中心”。可以说,中央和省市对海沧寄予了对外开放、先行先试的殷切重托。

2011年,海沧已经进入跨越发展阶段,继续探索和丰富“三新”内涵,确立了“东南国际航运中心、海西先进制造业基地、厦门健康生态新城区、对台交流合作先行区”的“四个定位”发展目标,一方面赋予了“三新”更加明确的定位,另一方面更加突出台商投资区的“对台”特色。海沧区综合实力从2012年的“全国百强县区”第24名,进而上升到2013年的第20名、2014年的第15名,形成了“四大特点”:最大的特色是对台、最大的优势是港口、最大的产业是工业、受惠最多的是人民群众。

海沧作为厦门发展的“桥头堡”,具有良好的经济基础。统计数据显示,2014年全区实现地区生产总值483.13亿元,按可比价格计算,比上年(下同)增长13.1%。其中,第一产业增加值为1.36亿元,下降9%;第二产业增加值为313.9亿元,增长10.5%;第三产业增加值为167.86亿元,增长20.4%。三次产业增加值的比重为0.28∶64.97∶34.75。区级财政总收入155.69亿元,增长17.2%;区级财政收入25.1亿元,增长23.1%。区级财政支出38.53亿元,增长8.39%。全区农村居民人均可支配收入20525元,增长10.1%,人均生活消费支出19863元,增长8.1%;城镇居民人均可支配收入35801元,增长10.5%,人均生活消费支出27015元,增长6.6%,人均GDP已经赶超台湾地区平均水平。海沧已经从一个偏僻的小渔村蜕变成一座“类似岛内、胜似岛内”的现代化活力新城区。

## 二　海沧实践具备完整的可操作化机制

通过共同缔造的实践探索，海沧初步形成了一套全方位、立体式、可操作的工作机制和方法，具备可复制和可推广的基本特征。

1. 注重长效，创新工作机制

建构新型的基层社会治理体系是一项长期而又复杂的系统工程，需要持久着力、持续推进，这就需要创新工作机制，充分发挥政府的主体作用，以体制机制建设确保共同缔造工作走得远、走得好。海沧区在共同缔造过程中，注重通过实行“一线工作”机制、联动协调机制、考核评价机制和监督检查机制，提高工作效能，形成工作合力，全面推进共同缔造工作。

（1）实行“一线工作”机制。要想发动群众参与，必须先走进群众、动员群众。海沧区各级领导干部努力践行“一线工作法”，眼睛向下、关口前移，通过“情况到一线了解，问题到一线解决，项目到一线推动，课题到一线调研，工作到一线落实”五个“到一线”，及时跟进试点进展情况，沟通解决遇到的问题，推动共同缔造工作深入开展。试点开始后，海沧区组建试点工作指导小组，分别进驻试点社区，摸清底数、找准问题，研究对策、制订方案。各机关事业单位的党员干部深入网格，走访企业、全区38个村居、基层群众，协调解决各类问题。“一线工作法”把干群关系“接”起来，营造了干事创业的良好氛围。

（2）构建联动协调机制。共同缔造是一项系统工程，涉及面广、综合性强，需要不同部门联动协调、密切配合。为此，海沧区着力完善上下联动、部门协作的协调机制，形成纵横关联的行动合力，确保共同缔造行动有序高效运转。充分发挥现有基层党组织、工青妇和老龄委等基层组织的力量，通过街道片区大党委、社区大党委等载体将职能部门、辖区机关、社会组织、商家企业和社区居民等凝聚发动起来，强化横向联动。同时，海沧区建立“区统筹、镇（街）组织、村（居）主体”的工作体系，强化上下联动。社区积极与挂钩区领导、区缔造办、区直部门对接沟通，主动汇报工作推进情况，上下联动，有力保证了共同缔造工作的开展。

①民主协商机制。海沧积极搭建台胞、外籍人员、外来人员参与的

平台，通过建立“两代表一委员”工作室、党员干部挂钩联系群众制度，建立党领导下的社企理事会、发展协会、行业协会等群众参与自治的平台等方式，循序渐进地把部分行政辅助职能让渡给社会。

②群众自治机制。海沧区不断完善重大决策社会稳定风险评估机制，建立畅通有序的诉求表达、心理干预、矛盾调处、权益保障机制，有效预防和化解社会矛盾。将自治单位下沉到居住社区，依托业主委员会、自治理事会、自治小组等打造以社区为单位的“微单元”自治。深入挖掘、广泛吸纳分布在各个村居的基层“经济能人”“社会能人”“文化能人”，倾听能人意见建议，集中能人聪明才智，动员能人出钱出力，不断扩大“能人治村”“能人治居”的正面效应。

③法治保障机制。海沧一方面强化规则意识、倡导契约精神、弘扬公序良俗，发挥村规民约、乡规民约、团体章程等社会规范在社会治理中的积极作用，形成社区自治“微法典”，推进群众契约性自治；另一方面，探索借鉴台湾地区“人民观审”制度（随机邀请若干民众担任观审员，全程参与案件审理），推动设立涉台法院和家事法庭。不断深化“水木”“万再”个人调解工作室和“一村（社区）一律师”等品牌，发挥人民调解“第一道防线”作用；运用“网格化”系统，加强网格员队伍法律知识培训，让网格员成为法律“宣传员、调解员、监督员”，发动社会参与，实现平安稳定。

（3）创新考核评价机制。考核评价机制是一根指挥棒，具有导向、鞭策作用和激励作用。海沧区创新考核评价机制，科学设置了区、镇（街）、村（居）三级工作考核评价体系，将“美丽厦门·共同缔造”行动纳入全区考核评估范围。各单位将美丽厦门战略部署及任务分解落实到本单位的指针体系中，协同区委、区政府相关部门制定考评办法，通过考核指针的导向作用，确保工作落到实处、干部履职到位。为了充分发挥社区在共同缔造中的基础作用，海沧将社区及干部、网格员等推动共同缔造工作的情况纳入考核范围，成立由上级部门、群众代表、社区社会组织代表等组成的考评小组，采取灵活多样的方式，定期对社区推动情况进行考评。同时，把考评结果与行政问责、评先评优、奖励惩戒等有机结合起来，鼓励先进、勉励后进，给职能部门、社区增加压力和动力，调动工作的积极性和主动性，为共同缔造注入活力。

建立奖励优秀制度。海沧通过分类指导、制定标准，在全市率先出台《厦门市海沧区自然村、社区（小区）基础分类评定暂行办法》，2014年完成首批24个典范村（居）、137个良好村（居）和49个基础村（居），将资金向典范村（居）倾斜，授予了100个“共同缔造热心企业”“共同缔造热心组织”“共同缔造热心居民”等荣誉称号；出台《“以奖代补”试点项目操作实施暂行办法》《“以奖代补”试点项目资金管理暂行办法》，生成、储备一批“以奖代补”项目，广泛发动村（居）、企业、社会组织申报项目。2014年已实施79个“以奖代补”项目，区财政已下拨“以奖代补”资金1200万元，有效地调动了群众参与的积极性。

（4）完善监督检查机制。做好监督检查工作，既是保证共同工作落到实处的有力举措，也是确保共同缔造工作取得成效的重要途径。海沧区着力完善督查检查机制，创新监督检查方式方法，监督关口前移、全程跟进，确保共同缔造工作持续推进。由海沧区纪委牵头，区“两办”、区委组织部成立联合督查小组，加强对共同缔造工作部署的贯彻落实情况进行督促检查，对各镇（街）的工作质量进行巡回督查，运用测评排队机制把落后干部“逼”出来，及时对共同缔造工作开展不力的单位进行通报批评，并督促改进。同时，海沧区创新监督检查的工作方法，注重把监督检查与推进共同缔造工作工作相结合，把监督检查的过程变成推进共同缔造工作的过程。此外，海沧区推行“现场工作法”，采取直接深入项目建设一线、掌握一手数据的方式开展督查督办，对工作进度滞后的项目进行调研督查，协助解决问题，确保重大项目按照时序进度推进，确保工作有力开展。

2. 建章立制，扎实做好制度保障

任何一项改革的成功，都离不开全面的保障措施。创新社会治理的复杂性、系统性和整体性对保障工作提出了更高的要求。在共同缔造过程中，海沧区通过建章立制，打造高效、专业的缔造干部队伍，邀请行业精英共同参与，构建多元投入体系，建立党建引领机制，激发基层组织活力，为推进共同缔造行动提供人力、物力和组织保障。

（1）建立人力保障制度。坚实的人力保障是事业成功的前提和保证。海沧区加强对干部队伍的培训力度，定期举办业务培训班，组织干部外出学习考察，全面提升干部队伍的整体素质，着力打造一支素质高、能力强、效率高的缔造干部队伍。全区先后派出多批宣讲骨干参加市委培训；邀请专家分别为各级领导及宣讲骨干授课；以镇街为单位，对大学生村干部、村居干部、网格员、社工义工、志愿者骨干开展培训。同时，为了提高各级工作人员的效能，海沧区建立起“马上就办、雷厉风行、实干实效、办就办好”的高效机制，着力打造一支“敬业加专业”的干部队伍。其次，通过多方邀请行业精英共同参与，海沧区组建了专家、民主党派、社会、媒体、网络、青年干部、台商、博士俱乐部等八个顾问团，通过召开座谈会等形式，广泛向社会各界借脑、借智。整合参与力量，集中聪明才智，吸纳意见建议，接受评价指导，充分发挥社会能人和行业精英的正面效应。

（2）推行财力保障制度。共同缔造离不开扎实的财力保障。为了保证共同缔造工作顺利启动，海沧区下拨专项资金，作为启动经费。在加大财力投入的同时，海沧区改变以往大包大揽的社会建设模式，实行财力共建制度，构建起多元投入体系，为共同缔造工作提供扎实的财力保障。这样既可以提高政府财政资金使用效益，又可以调动社会组织、商家企业、居民个人参与提供政府公共服务，构建起多元化的投入体系，启动社会资金参与公共服务。海沧区实行“以奖代补”制度，对群众参与度高、满意度高、成效好的社区建设类项目、公共活动类项目以及公共服务类项目，以“以奖代补”的形式给予资金补助，从而极大地激发了居民、社会组织和企业参与共同缔造的热情。

（3）完善组织保障制度。基层党组织是共同缔造工作的执行主体，强有力的基层党组织是做好共同缔造工作的前提。海沧区大力开展“美丽厦门·党建保障行动”，建立党建引领机制，激发基层组织活力。

①党建引领共治制度。通过基层党建充分发挥党组织的引领、带动作用。10 个城市社区设置网格党支部 35 个，29 个村（村改居）设置网格党支部 117 个。社区综合党委、支部，与社会组织、物业、业主委员会、乡贤理事会、老人协会、合作社、产业协会等，采取双向进入、交叉任职。

②社会组织培育制度。在共同缔造行动中，城市社区分别成立道德评议会、乡贤理事会、同心合议厅等自治组织和组织章程，发挥征集居

民意见、汇聚居民力量、化解居民矛盾等方面的作用；农村社区建立形成了党组织核心引领，乡贤理事会、监事会、老人会三个自治组织协调运作，多种类型自治共同参与的“1+3+N”自治模式。

### 三　海沧实践取得阶段性成效

海沧区作为共同缔造的试点区和先行区，按照“核心在共同、基础在社区，关键在激发群众参与、凝聚群众共识、塑造群众精神，根本在让群众满意、让群众幸福”的要求，树立依靠群众共治共享理念，积极探索激发群众共治共享方法，大胆创新共治共享的社会治理机制，取得了初步成效。共同缔造的海沧实践促进了居民的融合，增强了居民对社区、对厦门的认同感和归属感，激发了社会活力、增进了社会融合、提高了群众满意度；培育了居民的参与意识、责任意识和义务观念；密切了群众和政府的关系，转变了政府角色和干部作风，有效凝聚了社会治理的合力；干部的群众意识得到进一步增强，百姓的满意度、幸福感得到较大提升。

1. 综合实力上新台阶

2014年，全区实现地区生产总值483.13亿元，区级财政总收入155.69亿元，增长17.2%，完成固定资产投资296.12亿元，增长21.7%，房地产开发完成投资143亿元，经济社会呈现了持续平稳健康发展的良好态势。海沧综合实力从“全国百强区”2013年的第24名，到2013年的第20名，再到2014年的第15名，实现了“一年一级高”。

2. 转型升级有新进展

海沧坚持产业转型、城市转型、社会转型相结合。产业结构持续优化，生物医药等新兴产业迅速发展，石化产业占工业产值比重从鼎盛期的七成降低至不到四成。高新技术产值占全区工业产值比重超过60%。第三产业比重由2011年年初的25.9%逐渐提高到目前的33.9%。城市转型加快推进，通过国家级生态区验收，获评省级生态区，植树造林全省“四连冠”，被确定为全市唯一的宜居环境建设示范创建区、被推荐为全市唯一的省城乡环境综合整治优秀示范区，宜居环境得到广泛认同，近三年成为海沧人气提升最快的三年，常住人口增加了约15万，增速为岛外各区最高。

3. 群众满意度有新提升

区政府始终把保障和改善民生作为一切工作的出发点和落脚点，不断强化以人为本的执政理念，干部群众对区委干部选拔任用工作的总体评价满意率从2010年的93.5%提升到2013年的96.1%；2013年省委巡视组检查海沧，区委班子测评满意率达到97.1%，全省最高。海沧以“美丽厦门共同缔造”践行群众路线，遵循“共谋共建共管共评共享”原则，把对城的治理和为人的服务相统一，努力实现“百姓富、生态美”，群众满意程度进一步提高。在群众路线教育实践活动开始和结束时的两次测评中，群众对党委政府满意度从原来的96.5%上升到100%。根据致公党在海沧海虹、兴旺、西山、海兴等社区进行的群众满意率问卷调查，居民对邻里互助互动的满意度高达94.5%，对村居委会工作满意度达89.2%，充分体现了居民之间从流动性、分散性向归属感、凝聚力的转化。2014年，全区信访维稳保持“三个零”（即零非正常上访，零群体性事件，全国“两会”等重要活动期间零赴省进京）。

4. 干部作风有新成效

海沧区依托强大的干部队伍推动了改革，也在改革平台上锤炼了作风、锻炼了队伍。“干部就是干事”成为全区共识，“敬业+专业”成为作风标准，广大干部“对结果负责、对成果负责”的责任意识不断增强，在全市乃至全省形成了提起海沧干部必谈“作风过硬”的口碑，形成了“能干事者有舞台、干成事者得发展”的用人导向。在省委组织部、市委的关心下，海沧不少干部获得了成长，造就了“海沧出好干部”的美名。同时，借助“读无字书俱乐部”平台，赋予年轻干部更多施展才华的机会，更多改革一线、基层一线的年轻干部得到锻炼，三年来共提拔30名“80后”干部到科级领导干部，29名“70后”干部到处级领导岗位，促进了干部队伍的年轻化，大大激发了干部队伍活力。

5. 体制机制有新突破

厦门市委王书记在2014年4月30日全市拉练总结会上强调，“要着力解决体制机制问题”。作为厦门“特区中的特区”，海沧始终牢记改革使命，新形势下持续探索体制机制改革创新，尤其是在厦门推进城市治理现代化的改革大潮中，不断创新主体功能区建设、实施“多规合一”、社会治理等体制机制，取得了显著成绩。海沧区先后开展十个领域专项改革、“十一大突破”，在深化改革中释放发展新活力。尤其是在转变政府职能方面，先后设立“五个中心”的政务综合体，在全市经济体制改革、民主法治领域改革、文化体制改革、社会事业体制改革、平安建设、共同缔造、城乡统筹和生态文明体制改革、对外开放体制改革、厦台交流合作领域改革、行政管理体制改革、党建制度改革、纪检体制改革率先实行“一表制、一窗口”模式，率先全市在具体项目上落地“多规合一”；创新了一系列有利于工作的体制机制，开展“五盯五促”工作法，得到市委领导充分肯定，并号召全市向海沧学习，“6 + X”8 联合督查机制受到广泛好评。

## 四　海沧实践赢得社会广泛赞誉

在“美丽厦门共同缔造”的推动下，海沧区实现了开放的公共管理与广泛的公众参与，“纵向到底、横向到边、纵横交错、互动共治”的社会治理新格局得以初步建立，实现了政府治理和社会自我调节、居民自治的良性互动。海沧实践作为全国城市治理的一个创新，获得各级领导、学界和社会舆论的高度评价。

海沧从“管理型”社会向“治理型”社会转变，得到了中央、省部各级领导以及专家学者的一致赞誉，认为“美丽厦门共同缔造”与党的十八届三中全会精神高度契合，与中央关于深化社会体制改革的方向高度一致，与广大社区居民最直接、最关心、最现实的利益需求高度吻合，对于贯彻党的十八届三中全会精神具有引领意义。中央政治局常委、全国政协主席俞正声，民政部部长李立国等中央省部委领导先后至海沧考察，均对海沧以共同缔造推进社会治理创新工作表示充分肯定。2014 年 6 月，十届全国政协副主席、致公党中央原主席罗豪才在海沧区西山社、兴旺社区调研时，也对海沧区创新社会治理体制的探索、实践工作和取得的成绩给予了充分肯定。此外中央编译局厦门调研基地、中国行政文化委员会全国首个地方教研基地先后落户海沧。海沧区“政务综合体”荣获 2013 年“中国地方政府创新奖提名奖”；荣获多项国家级荣誉社区“微自治”项目获“2013 年度中国社区治理十大创新成果”；“社区网格化治理服务标准化项目”被国家标准化管理委员会确定为全国唯一一个社区网格化试点；海沧区获评“全国和谐社区建设示范城区”；入选全省唯一“民政部救急难平台试点单位”、全省民政综合改革发展两个试点单位之一；代表厦门参加第一届中国地方政府改革创新新闻发布会，“美丽厦门共同缔造”的社会治理创新范本在全国推广。以海沧为样本的学术著作《海沧跨越：在共同缔造中提升社会治理》《中国城市居民自治有效实现形式研究：海沧会议成果》即将出版。

共同缔造以来，社会舆论对海沧的实践也多次予以正面评价和报道。中央、省市各大媒体、网络等多次宣传报道了海沧区共同缔造和社会治理的先进集体、先进个人及经验做法，对海沧共同缔造实践予以肯定。2014 年度中央、省市媒体刊播海沧区共同缔造的宣传内容原创稿件达 1500 多篇。仅青礁院前社，自 2014 年 10 月以来，《中国青年报》《光明日报》、福建电视台、厦门电视台及各大网络就对其进行了累计 100 多篇次的宣传报道。新闻媒体对海沧区共同缔造实践的正面报道凸显了社会治理探索实践的典型意义。

# 第　二　篇

## 共同缔造：构建城市治理现代化的完整体系

本书开篇从价值层面深刻论述了海沧区“共同缔造”缘何而为的问题。继而针对海沧区“共同缔造”何以可为的追问，从制度层面细致阐发了该问题的破题之道——构建城市治理现代化的完整体系。

所谓体系，是由若干相互联系的系统按照一定的秩序所构成的具有特定功能的有机整体。习近平总书记在《切实把思想统一到党的十八届三中全会精神上来》的重要讲话中指出：“国家治理体系是在党领导下管理国家的制度体系，包括经济、政治、文化、社会、生态文明和党的建设等各领域体制机制、法律法规安排，也就是一整套紧密相连、相互协调的国家制度。[①]”对于国家治理现代化而言，构建国家治理现代化体系是对我国在现代化进程新的发展阶段所面临各种严峻挑战的主动回应[②]，“治理体系现代化”既是实现“治理能力现代化”的重要基础和前提[③]，同时，也是实现“国家治理现代化”的体制性“硬件”。治理体系的重要性不言而喻，对于城市治理现代化而言，城市治理体系的地位与作用同样如此。由此，城市治理要实现真正意义上的治理现代化，首要任务即建立健全一套完整、合法、有效的治理体系。

在治理体系总体框架的构建上，城市治理体系作为国家治理体系的子系统，顾名思义，应与国家治理体系相一致，具有共性特征。基于此，厦门市海沧区的城市治理体系即重视加强战略部署、统筹规划，全面涵盖经济、政治、文化、社会、生

---

① 习近平：《切实把思想统一到党的十八届三中全会精神上来》，新华网，2013-12-31，http://news.xinhuanet.com/politics/2013-12/31/c_118787463.htm。

② 《衡量国家治理体系现代化的基本标准——关于推进“国家治理体系和治理能力的现代化”的思考》，《北京日报》2013年12月9日。

③ 陶希东：《国家治理体系应包括五大基本内容》，中国共产党新闻网，2013-12-30，http://theory.people.com.cn/n/2013/1230/c40531-23975236.html。

态文明建设等各领域内容，通过“共同缔造”实践将“五位一体”各领域工作结合起来，并将社区作为“五位一体”的基本载体，各项工作均由社区作为平台基点展开推进；各系统间打破碎片孤立状态，互联互通，形成有机统一、相互协调、联动高效的运行体系，从总体上建构起系统、整体、协同的治理格局。

在此基础上，城市治理体系作为国家治理体系在地方的具体实践，在有效对接国家治理体系关键内核的同时，还应充分融入城市治理的特殊要素，凸显地域市情，从而为城市治理现代化完整体系的设计提供系统优化与升级。在推进“共同缔造”的实践探索中，海沧区即以结构—功能分析方法作为架构指导，构建形成富有海沧特色的城市治理现代化体系。

根据结构—功能分析方法，结构所指的主要是体系的构成要素以及各要素间、要素与整体间的联结方式，而城市治理体系在本质上就是一整套规范经济社会运行的制度体系，因此，城市治理体系在结构框架上集中体现为制度的建构问题，其关联方式则围绕城市治理的各个主体，针对当前经济社会发展的主要矛盾和问题，通过重点把握、理顺并协调城市治理过程中政府与市场、社会间的关系以及政府自身的关系，从而建立相应的制度安排。换言之，“治理体系现代化”主要就是指处理好政府、市场、社会的关系。[①] 据此，为了厘清政府与市场的关系，加快转变经济发展方式、深化经济体制改革、实现城市全面转型升级，海沧区作出“以主体功能区为统筹，促进产业转型与城市转型”的重要决策部署；为了重塑政府与社会的关系，创新社会治理体制，优化社会治理格局，海沧区积极推进“以社区治理为基础，促进社会转型”的实践进程；为了完善政府自身建设，海沧区着力开展多项制度改革，不断“深化政府治理结构”。除了在一般意义上处理好以上三对关系，海沧

① 《治理体系和治理能力如何实现现代化——专家解读“全面深化改革的总目标”》，中国共产党新闻网，2013-12-04，http：//cpc. people. com. cn/n/2013/1204/c368480-23738377. html。

区在城市治理现代化体系构建中还充分凸显其城市特色与区位特色。一方面，从20多年前的小渔村到如今经济社会快速发展的新城区，海沧的城市化进程伴随着外来人口的大量涌入，大大超过户籍人口，对于海沧这一新城区而言，加强新老厦门人融合问题尤为迫切；另一方面，海沧因台而起、因台而兴，作为全国设立最早、面积最大的台商投资区，海沧一直以来都是两岸经贸合作、交流交往的前沿窗口，促进两岸融合亦成为海沧城市建设发展的重要使命。基于此，海沧区以“加强两个融合为引领，重构社区共同体，打造两岸新家园”成为海沧城市治理现代化体系的亮点与创新。通过以上四个版块结构的制度体系设计，处理好三种关系、体现两大特色，使政府、市场和社会在参与治理的实践过程中充分发挥各自作用并协同互动，共同促进海沧城市治理的现代化体系实现良性运转。

另外，在功能框架上，功能所指的是对体系整体与其构成要素所产生的作用及影响，其建构方式主要通过主题进行呈现。党的十八届四中全会明确要在法治轨道上推进国家治理体系和治理能力现代化，法治作为引导、推动治理体系现代化的基石①，能够为规范有序实施不同领域改革、实现现代化治理目标提供重要的制度保障，为此，海沧的城市治理现代化体系将“法治”作为功能框架上的体系设计，将法治体系作为城市治理现代化体系的基础工程，始终贯穿并渗透于城市治理体系整体及其各版块结构，为整个治理体系发挥基础保障作用，正是对时代诉求的一种积极回应。

在大量“共同缔造”的理论指导与实践推动下，海沧区逐步构建形成以问题为导向，以民生为焦点，以社区为基础，以功能区为统筹，以城市为覆盖，五位一体、搭载“三个转型”“两个融合”“政府治理”和“法治保障”等内容的城市治理现

① 李龙:《建构法治体系是推进国家治理现代化的基础工程》,《现代法学》2014年第3期。

代化体系，纵观海沧区的“共同缔造”实践，正是构建城市治理现代化完整体系的生动样本。依托这一现代化治理体系，海沧城市治理的成效得到显著提升。

# 第四章

## 以主体功能区为统筹，在产业与城市转型中建设城市治理现代化体系

深化经济体制改革、实现城市全面转型升级是当前城市治理向现代化转型的重要任务。为加快实现城市现代化治理目标，海沧区立足打造“美丽厦门·活力海沧”的定位，积极落实中央、省委和市委关于加快转变经济发展方式、推进社会治理体系和治理能力现代化的决策部署，以主体功能区为统筹推动城区转型与产业转型，实现遵循经济规律的科学发展、遵循自然规律的可持续发展和遵循社会规律的包容性发展。

通过发挥主体功能区的统筹作用，整合各类社会资源，实现各要素互融共促，根据功能定位调整并完善区域政策和绩效评价，规范空间开发秩序，形成科学合理的区域发展格局，构建起海沧产业发展与城市发展既统筹协调又差异互补的良性局面；在处理好政府与市场关系的基础上，实现政府和市场功能的准确定位，区分层次和领域范围，充分发挥各自作用，进一步实现资源和要素的优化配置；与此同时，在促进产业转型、城市转型的过程中，充分融入多元社会主体的参与，积极创新城市治理机制，加强治理主体间的互动协商、合作共治，形成全面开放的治理格局，进而从整体上实现协调推进，对于加快转变经济发展方式、优化产业结构布局、实现区域协调发展、促进城市现代化发展进程无疑具有重要意义，成为构建海沧城市治理现代化体系的重要制度安排。

# 第一节　发挥主体功能区在治理体系中的统筹作用

作为空间规划体系的核心思想，主体功能区规划通过构建科学、合理、可持续的空间规划格局，以满足城市实现生态发展、经济发展和社会发展等多重需求。海沧区主体功能区的建设一方面鼓励了劳动力向经济发达、就业机会多的区域转移，另一方面也从政策上鼓励了资金、技术和产业向资源环境承载能力高、开发密度适宜和具有较高发展潜力的欠发达区域转移；特别是限制开发区和禁止开发区里经济欠发达、不适宜进行大规模经济建设的区域向重点开发区及部分条件好的优化开发区流动，实现经济力量分布与人口分布相协调。根据海沧城市发展的自身条件和特点，以主体功能区规划统筹社会资源和要素的更优配置，优化生产力空间布局，形成合理的国土开发格局，是实现城乡协调发展、城市治理转型的重要内容之一，对充分发挥主体功能区在海沧城市治理体系中的统筹作用具有重要的战略意义。

## 一　主体功能区的实践构想

### 1. 主体功能区提出的背景

过去，粗放资源型发展方式的无序开放，不顾区域资源环境承载力，导致产业发展和区域错位，带来严重的环境污染和生态破坏，严重制约了经济社会的发展。2011 年 6 月 8 日，国务院颁布《全国主体功能区规划》，规划明确提出“推进形成主体功能区，就是要根据不同区域的资源环境承载能力、现有开发强度和发展潜力，统筹谋划人口分布、经济布局、国土利用和城镇化格局，确定不同区域的主体功能，并据此明确开发方向，完善开发政策，控制开发强度，规范开发秩序，逐步形成人口、经济、资源环境相协调的国土空间开发格局”。根据主体功能区的概念和类别，主体功能区划的一个重要着眼点即“不同区域的资源环境承载力”，同时主体功能区的建成目的是“形成人口、经济、资源环境相协调的国土空间开发格局”。

2. 主体功能区的定位特征

主体功能区规划首先着眼于统筹区域内部人与自然的关系，并在此基础上引导资源的合理流动。根据不同区域的资源环境承载能力、现有开发强度和发展潜力，统筹谋划人口分布、经济布局、国土利用和城镇化格局，确定不同区域的主体功能，并据此明确开发方向，完善开发政策，控制开发强度，规范开发秩序，逐步形成人口、经济、资源环境相协调的国土空间开发格局。在本质上就是转变经济发展方式，协调区域资源环境与经济发展的关系。主体功能区划提出从资源环境承载力出发谋划区域开发方向和强度，其背后的经济生态本意就是区域发展必须与人类世界生态现状相符合。

## 二　主体功能区在促进"两个转型"中的统筹作用

通过主体功能区规划，即可确定哪些区域适宜优化开发和重点开发，哪些区域应当限制开发和禁止开发。确定各区域的主体功能定位，并按照功能定位调整和完善区域政策和绩效评价，规范空间开发秩序，形成合理的区域发展格局。通过运用这一思路对海沧区区域规划和产业布局进行新一轮调整，使区划和布局更具针对性，进一步实现资源和要素的优化配置，促进海沧区科学发展、跨越发展取得新突破。

1. 主体功能区规划对城市发展进行创新管理

在区域划分上，主体功能区规划在区划理念的主导思想方面强调人文意识，并将全国层面的生态环境保护理念引入区域规划中。区级主体功能区划由优化提升区、重点发展区、协调发展区、生态保护区四类功能区综合叠加形成。在开发强度上，着重提高优化提升区的增长质量和效益，提升经济发展的层次和综合竞争力，优化和改善空间结构，创造良好的人居环境，防止经济过度集聚，将人的可持续发展放在首先考虑的位置；鉴于各类退耕还林区、天然林保护区、重要水源保护地区和自然保护区都关系到全区范围内生态安全的区域，将这些区域列为生态保护区，将有效保障国家生态安全，缓解人与自然的紧张状况。

主体功能区规划划分四类主体功能区，明确四类区域在区域发展和布局中承担的不同分工和定位，配套实施差别化的区域政策和绩效考核标准，将逐步打破行政区划分割，改善政府空间管理的方式和机制，这是市场经济条件下政府职能转变在区域管理方面的探索和体现，在区域开发体制和机制中具有前沿性地位。

2. 主体功能区规划为发展模式提供基本依据

主体功能区划编制完成后，划定为优化开发区的区域，区域经济的成熟度、生产要素的通达状况、产业的发育程度都位于全区前列，产城发展较为成熟，着力布局高端产业、龙头项目；划定为重点发展区的区域，上述指标可能处于全区的中上水平，将重点开发产业园区，形成产业规模；对于划定为协调发展区和生态保护区的区域，因其区域生态环境脆弱、不具备大规模开发的条件，只适宜发展该区域自然资源环境可承载的特色产业。

基于国土空间的资源禀赋、环境容量、现有开发强度、未来发展潜力等因素对于国土空间开发的分工定位和布局，是宏观层面制定产业转型和城市转型发展战略和规划的基础，也是微观层面进行项目布局、城镇建设和人口分布的基础，可以说主体功能区规划在区域规划中具有基础性地位。

3. 主体功能区规划为区域产业优化发展布局

主体功能区要求产业的转移从资源环境承载条件差的区域向资源环境承载条件好的区域转移，从不适于发展经济的区域向承担经济发展重任的区域转移。优化提升区内资源环境负荷重的产业将向重点发展区转移；协调开发区内资源环境负荷重的产业将向重点开发区和优化提升区转移；生态保护区内与区域功能定位不符的产业向重点发展区和优化提升区转移，通过产业转移，实现一定区域的资源条件和经济人口规模相适应，区域内的经济和人口活动不超过该区域的环境容量，在不改变或者尽可能少地改变自然生态系统的情况下，使人口分布、经济分布与自然相适应，以达到经济、人口与资源环境的动态空间均衡，从而实现生产力的合理布局。主体功能区规划关注国土空间的长远发展布局，区域的主体功能定位在长时期内将保持稳定，一经确定就会长期发挥作用。在此基础上，主体功能区规划通过明确的有效期限，确定分阶段的目标、任务和工作重点，并且在主体功能区规划完成后，具体制定四类主体功能区分类的发展规划。这一规划的制定过程将伴随海沧区推动科学发展跨越发展的整个进程，对于保障海沧区打造美丽中国典范城市先行区具有重要的战略意义，在区域规划中具有战略性地位。

## 三　深化主体功能区拓展的海沧实践

海沧区在积极配合全市开展“三规合一”实现“一张图纸干到底”的工作基础上，依托“两湾两城依两山”的天然格局，统筹“产业空间、城区空间、公共空间”三大功能空间，将全区划分为八大区域，力争实现“山、湾、城、产”各要素互融共促，打造“山湾相映、产城互动”的良性格局。通过明晰区域的主体功能定位，实施不同的发展战略，让“该干什么的地方干什么”，形成合理的区域经济结构和分工结构，构建既统筹协调又差异互补的发展格局。

1. 区级主体功能区划

由优化提升区、重点发展区、协调发展区、生态保护区等四类功能区综合叠加形成。具体为：优化提升区即现状已经基本建成并定位清晰的区域，面积约4406.97公顷。包括海沧新城片区、海沧港区（含保税港区）、新阳工业区、东孚新城已建部分和东孚工业区。重点发展区即未来发展潜力的重要片区，面积约3926.43公顷。包括海沧南部临港新城（含原PX用地）、海沧港区后方配套用地、马銮湾新城片区、一农工业区、东孚新城未建部分和前场物流园海沧部分。协调发展区即区内控制发展规模和较大规模的保留村庄，面积约965.98公顷。包括福厦高速公路北侧非生态保护区部分、一农工业区厦成高速西侧与海沧角美交界之间部分、新垵村、霞阳村和鳌冠村。生态保护区即林地、农地、水源保护地等生态脆弱、资源环境承载力较弱，禁止开发，重点防止对自然资源和环境造成破坏的区域，面积约9146.30公顷。主要是生态控制线内用地。

2. 区级空间格局划分

通过对海沧区城市功能、产业发展和空间结构的引导和统筹，划分为八大区域，分别是：

（1）天竺山休闲旅游区。位于沈海高速以北区域，大约39.65平方公里。以天竺山森林公园为基础，以“大美曦山”为主题，坚持“生态优先、突出特色、协调发展”，结合美丽乡村建设，依托自然田园风光，推进大曦山公园建设，打造集都市农业体验、休闲旅游、科普娱乐等功能为一体、“望得见山、看得到水、记得住乡愁”的休闲区，成为大健康产业体系中健康环境的重要组成部分。

（2）东孚产城推进区（东孚新型城镇化片区）。位于沈海高速公路以南、厦深铁路以北、西至漳州角美、东至集美灌口，面积约11.07平方公里。针对背靠天竺山休闲旅游区的特点，重点加快西部“传统产业区”的转型升级和东部物流中心的开发建设，中部3平方公里作为核心区域，突出为居民服务、为游客服务、为东西两片产业区服务，重点完善城市配套功能。

（3）“大健康”产城相融区（马銮湾片区）。位于厦深铁路以南、蔡尖尾山以北，西至漳州角美、东至集美灌口，约为63.57平方公里。该区域以孚莲路为界，西部为生物医药港，重点发展大健康产业体系中的研发、制造项目；以新阳大道为界，南部现状为新阳工业区和保留的三大村庄，重点是抓好工业区提升、部分区域“退二进三”和三大村庄“城中村”改造，加强配套功能。在孚莲路以东和新阳大道以北为待开发区域，已经由卡尔索普完成概念性规划，重点强化三大功能：一是作为生物医药港和新阳工业区两大产业区的配套区，建设城市功能区；二是作为第三产业发展的集聚区，包括发展大健康产业体系中的健康管理、软件信息、医疗服务以及金融、商贸、酒店、会展等生产性和生活性服务业；三是作为承接岛内人口转移的高端居住社区。

（4）蔡尖尾山郊野公园区。位于马銮湾新城以南、马青路以北，西至漳州角美、东至厦门海域，大约31.09平方公里。发挥该区域衔接岛内、绿色本底的生态地理优势，规划建设郊野旅游公园，为都市民众提供在邻近市区的地方即可享受郊野康乐的休闲胜地。同时，依托青礁慈济宫、石峰岩寺、石室禅院等旅游景区和文化资源，植入文旅要素，低密度配套旅游等设施，打造一个以生态保育、郊野休闲为主，与旅游相结合的公共空间。

（5）海沧湾滨水区。位于海沧大道以东、厦门西海域组成部分，约为11.06平方公里。在海沧湾5.8公里沿线规划城市观景平台、休闲广场、亲水平台等，打造集休闲健身娱乐于一体的综合公园；科学利用优质海洋生态景观，适当开发无人岛景观生态功能，配套公共旅游码头，与对岸鹭江道片区、鼓浪屿相衬相融，为民众提供海洋科普、休闲观光等公共空间。

(6) 海沧湾城区。位于马青路以南、兴港路以东、海沧大道以西，隔海沧湾与本岛相望，面积约10.98平方公里。依托业已形成的城市功能区，加快培育都市商圈，建设以服务港区为主要功能的生产性总部经济区；配套完善酒店、会议中心、歌剧院、购物中心、儿童公园、文化体育公共设施，商贸、休闲等生活性服务设施，打造宜居城市、美丽厦门的样板城区。

(7) 临港片区。位于马青路以南、角嵩路以北、西至漳州角美镇、东至兴港路，面积约12平方公里。现状为保税港区和出口加工区及配套区，原规划的石化产业区和保留村庄（龟山片区），目前出口加工区及其配套区已基本成型，重点开发区域将集中在角嵩路以北、马青路以南、芦澳路以西区域，面积约8.65平方公里。一是加快临港新城开发建设，以承载港区拆迁安置和青礁慈济宫旅游景区综合配套为主要功能方向。二是海新路以东、南海一路以西原石化产业区，既作为海沧南部城区的拓展空间，也作为与城区相融的产业聚集区，重点发展信息消费和数字产业，商贸、文化以及总部类企业，满足角嵩路以南港区的配套需求，以及本区域产业发展的配套需求。三是稳步推进翔鹭系石化退出，按区域功能定位转型开发。

(8) 港口航运物流区。位于角嵩路以南、兴港路以西、西至漳州角美镇、东至厦门西海域，面积约24.34平方公里。以加快承接东渡港区转移为主线，发挥核心港区和保税港区政策优势，全力打造“国际物流中心、全球贸易平台”。一是加快拆迁规划和实施，为港区发展提供空间保障。二是加快推进港区集疏运体系项目，提升港区的承载能力。三是继续推进南港区等码头项目建设，提高码头靠泊能力和作业能力。四是以培育国际航线、内支线、水水中转为重点，强化核心港区支撑力。五是加强保税港区运营，优化口岸通关环境，创新业态模式，拓展业务领域。

## 第二节　以产业转型加快升级城市治理现代化体系

实施主体功能区战略，是深入贯彻落实科学发展观、大力推进生态文明建设的重大举措。“十二五”规划纲要将主体功能区规划提升到了国家战略层面。党的十八大进一步提出，大力推进生态文明建设，加快实施主体功能区战略，构建科学合理的城镇化格局、农业发展格局、生态安全格局。根据党的十八大会议精神和“十二五”规划纲要要求，如何实施主体功能区战略，将海沧产业发展的立足点切实转到提高质量和效益上来，着力解决产业集群发展存在的不平衡、不协调和不可持续问题，是当前海沧城市治理中一个亟待研究的重要课题。立足于产业集群与主体功能区的共生机制，来探讨海沧区以主体功能区为统筹促进产业集群转型发展的路径和举措，具有重要的理论价值和实践意义。

## 一　城市治理现代化体系中的产业转型

### 1. 产业转型的含义

在全球化时代各国积极寻求经济增长方式转变的大背景下，产业转型升级主要包括以下两个层面的含义。

首先，促进产业微观要素配置结构从低级形态演变到高级形态，实现产业升级。即在必要的劳动力、土地等初级要素和资本要素投入的基础上，不断增加技术、信息、知识、网络等高级要素的投入，使高级要素在产业微观要素配置结构中占据大部分比重。这就要求弱化基本以简单劳动力、资源等传统比较优势促进制造业升级的演化路径，向以技术、知识、信息等高级要素的自主创新培育制造业核心竞争力并实现不断升级的路径转变，持续提升产业在产业分工体系中的地位。这又分为两种升级形式：一是产业间升级，即新兴主导产业适应这种转化不断出现，主要体现在高新技术产业、战略性新兴产业在制造业或经济总量中比重的提升；二是产业内或产品内升级，即现有传统制造业为避免过早衰退而进行的技术创新、产品更新和组织革新等，主要体现在产业加工程度高度化、新产品不断推出、产品附加价值或在全球价值链中位置的提升。

其次，以资源集约利用和环境友好为导向，在制造业的发展中突出节能环保、绿色低碳要求，实现产业的绿色转型。制造业绿色转型是突破日益紧张的资源、环境和气候变化约束，实现经济社会可持续发展的紧迫要求，已成为重要共识。不仅如此，它还关系着海沧区生态文明建设这一战略任务能否得以顺利实现。这一转型主要体现在制造业在生产及其前后过程中降低能源消耗，从源头上控制和减少污染排放及温室气体排放，并尽可能通过发展循环经济提高资源利用率，获得经济效益和环境效益的双赢。需要注意的是，发展高新技术产业或者通过产业技术创新进步，提高产品质量和档次，是促进产业绿色转型的重要基础，但也并非绿色转型的全部内容，更非“万验灵药”。其原因在于：如果不注意绿色发展的要求，一些高新、先进技术的产品对环境还可能构成威胁。因此，制造业应在绿色转型的过程中实现升级。

2. 产业转型的内容

海沧按照强“二进三”的思路，强化创新驱动，重点围绕提升传统产业、培育新兴产业、繁荣三产商贸，加快产业转型升级步伐。

（1）打造六大千亿产业链群

①港铁物流及临港产业。紧抓自贸区建设发展机遇，推进传统临港工业转型，引进新业态龙头项目。推进东南国际铁路物流中心一期建成投用，加快一批仓储物流项目顺利建成投产，拓展港区后方陆域、加快航运物流要素聚集。争取到2018年港口货物吞吐量突破1.2亿吨、集装箱吞吐量1000万标箱，港铁物流及临港产业总收入（产值）达到1000亿元。②石油贸易产业。打造国内石油化工行业的交易中心、信息中心、金融中心和物流中心，成为海峡西岸最大的石油交易区。着力引进具有行业影响力的企业集团总部入驻。③高新技术产业。探索高新技术项目市场支持与保护机制，为高新技术企业创造市场空间，扶持企业发展扩大。优先在电子信息、生物医药、新能源与新材料等领域构建产业技术创新战略联盟，全面打造高新技术产业集群。④信息消费和数字产业。形成由信息生产应用到信息消费服务产业的集聚效应，打造国家级的信息消费产业聚集区。加快信息消费产业园区规划建设和招商、软件园四期规划建设，完善园区载体。实施龙头企业带动战略。推进产业向消费领域拓展，电子商务产业发展初见成效，联强国际计算机软硬件研发、移动互联创新创业园、海沧电子商务产业园等项目建设顺利推进。大力扶持电子信息工业做强做大。⑤生物医药产业。按照拓展“大健康”产业发展规划要求，全面加快生物医药产业园区建设，强化健康研发、健康制造优势。发挥厦门生物医药协同创新中心、海洋生物产业化中试技术研发平台转化作用，拓展壮大上游原料药、下游医疗器械等领域，不

断完善产业链。⑥建筑现代化产业。以住宅产业现代化为切入点、以住宅产业现代化示范园区为载体，重点引进研发、生产、施工安装等大型企业，以发展产业联盟的方式形成产业聚集。建成住宅产业园区总部大厦，完善配套服务。发挥产业园区示范引领作用，形成“一园多基地”发展模式。

（2）促进传统产业转型升级

推进工业企业结构调整和搬迁改造，实现存量资产调整，优化工业产业结构和布局，提高竞争力。盘活存量工业用地、推进产业转型升级。强化科技创新驱动，引导技术创新要素向企业聚集。推动不符合海沧区产业导向的企业外迁。

（3）培育壮大现代服务业

①繁荣发展商贸产业。建成海西龙郡、东孚商业街二期等商业项目，完善商贸配套设施。持续举办购物节、市民节等节庆品牌，提升人气、商气汇聚能力。扶持推动油画、玛瑙、汽车等专业市场发展。②加速提升旅游产业。发挥“山、海、湖、岛、湾、城”优势景观要素，打造成集宗教旅游、康体度假、滨海休闲与海岛度假于一体的旅游产业集中区。③有序发展健康服务业。以推进马銮湾“大健康”产业核心区为重点，依托生物医药港研发制造优势及长庚医院等优质资源，推进“智慧养老”项目，建成三级网络指挥平台提供全方位居家养老个性化需求服务；推动政府购买养老服务，全面提升社会养老服务，营造良好的尊老、爱老、敬老、为老的社会氛围。

（4）大力推进农业现代化

①新型农业不断做精做优。全面推进大曦山休闲旅游公园建设，推动农家乐规范运营，改造民居、发展民宿，打造集郊外野趣、农耕农作、观光休闲、健体养生为一体的都市休闲农业。加快推进现代智慧型都市农业示范基地建设，大力推广智能温室大棚、节水灌溉等智能化设施农业。②新型经营主体逐步壮大。引进龙头企业，以“公司＋农户”的形式发展高端种植业，增加农产品附加值。在古楼农场、过坂社区试点的基础上，深化农村土地承包经营权确认登记及颁证工作，促进土地流转。指导和扶持辖区农民专业合作社健康发展，推进城市菜地项目成立股份合作社，鼓励合作社等股份化企业租用农民分散的土地，实行生产规模

化，重点扶持市、区示范社以及特色合作社发展。注重行业协会作用，提供联合营销、培训交流、信息咨询等服务，促进产业发展。

3. 产业转型与城市治理现代化

产业转型是实现城市治理现代化的前提和基础。总体上说，在工业化、城市化过程中，产业发展要经历三次产业间的比重转换与主体产业的升级过程。在工业化、城市化前期推动经济增长的主体产业是轻工业，中期是重化工业，后期是高技术产业、新兴产业和生产性服务业。从人均 GDP 水平与经济增长动力结构变动来看，目前海沧区已处于工业化、城市化中后期，推动地区经济发展的主要产业载体已逐渐从重化工业转向高技术产业、战略性新兴产业和生产性服务业。完善城市现代化治理，同时应完善产业体系化，围绕重点企业和核心技术，完善产业体系，提高产业整体竞争力，提升地区工业化水平。同时，城市之间的分工趋势日益明显，传统的单一中心城市向网络化多中心城市转化的趋势明显。城市的定位不能超然于其所处的城市群之外，要注意同城市群内其他城市的分工协作，以增强整个城市群的竞争力。城市职能的分工，有利于大都市区内部各城市、镇之间的有机联系，有利于形成扁平的、网络化的区域空间，使各主要城市根据自身的基础和特色承担不同的职能，在分工合作、优势互补的基础上，共同发挥出整体集聚优势。

## 二　产业转型助力城市治理现代化体系的升级路径

1. 夯实制度运行基础，优化治理环境

全球化的经济发展对现代社会的公民民主提出了新的需求与挑战，公民迫切需要通过多种方式与手段参与政府公共职能的履行与完善。海沧区以民主协商、多元参与、公开听证等多种方式完善公民有效参与政府社会治理与公共服务，避免了因暗箱操作所导致的重要社会资源的不公平、不公开、不公正配置。

（1）坚持民主集中制。海沧区深入落实依法治国基本方略，严格贯彻落实重大事项决策、重要项目安排、大额资金使用必须经集体讨论的制度，规范政府重大行政决策行为、健全重大行政决策规则，制定出台“重大行政决策听取意见制度、听证制度、合法性审查制度、集体讨论制度、实施情况后评价制度和责任追究制度”六项制度，进一步推进行政决策科学化、民主化、法制化、规范化。同时，建立完善财税、应急、建设、项目、审批、民生六个区政府“三人小组”相应决策、执行工作制度，有效推动各项工作提速增效。

（2）优化决策参与机制。在决策运行规则上，海沧区摒弃了传统的“封闭—管理式”的精英治理方式，实行开放式决策，采取“开放—参与式”的合作治理模式，既可以回应公众的民主参与诉求，又可以集中多方民智，实现政府与公众的互动、协商和合作，共同致力于公共事务治理。海沧区自“美丽厦门·共同缔造”行动实施以来，向社会公开征集为民办实事项目方案，接受市民投票的各种建议和意见，允许媒体通过现场采访、网络直播、网络互动等方式，良性参与社会公共事务治理，做到决策民主化、开放化。政府对开放式决策中收到的意见予以研究、采纳和公开回应。政府决策依托公众有效参与，不仅接受公众的监督，还实现了与公众的良性互动，有利于政府后期顺利推进各项政策的贯彻与落实。

2. 拓展协商互动空间，创造政治机会

政治机会是制度与角色互动的公共空间，政治机会的多少与政治系统的开放度和透明度有着密切关联，而政治参与主体可以通过一定的方式来制造政治机会。目前，人大、政协以及职能部门调研就是很好的公民与政府互动的政治机会。此外，新闻媒体、政府网站、社团组织、开咨询会等也是公民与政府互动的政治机会。

（1）“三三制”企业服务机制。海沧区重点企业服务小组强化服务企业理念，由区领导、中层干部、联系人各一人组成三人服务小组，挂钩企业，并坚持“有问题解决问题，无问题加强沟通”，真正下沉到具体项目中，建立问题台账，对存在问题紧盯不放、一盯到底，直到问题解决。紧盯服务质量，建立联席会议制度，定期倾听企业诉求，根据企业提出在运营过程中遇到的制度障碍与规范问题，进行良性沟通互动，有效整改在为企业服务过程中出现的不合理制度障碍与冗余审批问题，为企业提供全方位“保姆式”服务。积极鼓励、引导企业建立党支部，积极鼓励企业员工通过入党参政议政，为自身所在党支部利益发言，为政企互动提供充分的政治机会。

（2）法律顾问互动机制。海沧区政府聘任6家律师事务所的10名资深律师组成政府法律顾问团，并出台《海沧区人民政府顾问团工作规则》。首次聘任台籍律师，力求为台商、台企、台胞等提供更为全面周到的涉台法律服务。通过把产业转型发展方向列入重要的日常行政管理事务，结合律师自身专业特长，建立了律师挂钩联系法律事务制度。法律顾问团协助草拟重大经济项目法律文书，参与重要行政决策的法律论证，解答有关部门行政事务的法律咨询等工作，切实发挥依法行政参谋助手作用。

（3）民主监督机制。海沧区政府在具体工作中自觉接受区人大的依法监督和区政协的民主监督，虚心听取各民主党派、人民团体、社会各界人士和新闻媒体的意见，广泛接受社会监督。在进行重大公共事务决策过程中严格履行"开放—参与式"的合作治理模式，认真倾听群众呼声，着实考虑群众利益，保障群众有效参与，实现政府与公民的互动、协商和合作，共同致力于公共事务治理。同时，坚持走群众路线，深入企业开展调查研究，倾听企业呼声。

3. 增加产业集群效应，实现利益共赢

产业转型也是产业集群实现互动共赢的一种有效途径，具体而言，可以通过以下路径助力产业现代化的升级：

（1）产生溢出效应。区域内产业集群成员通过人员、产品以及专利的流动和交流，促进知识、技能、技术等信息以更快、更方便的形式传播，从而使一个企业独享的信息很快为其他集群成员所享有并受益，产生巨大的溢出效应。

（2）壮大规模经济。区域内集群成员可以通过合资、合作研发或建立技术联盟等方式进行共同开发生产和销售。

（3）形成范围经济。一方面，专门化生产有助于企业专有技术的开发和核心竞争优势的形成，提高企业生产率，降低产品单位成本；另一方面，大量企业集中于一地，便于企业发挥自身技术专长，结合其他企业资源进行同心多样化生产，这些专门化的企业联合起来进行多样化的技术开发和产品生产，即实现了创新企业的范围经济。

（4）提高创新效率。产业集群的正外部效应一方面使每个成员受益，提高集群成员在国内外市场中的竞争地位；另一方面，外部效应所带来的知识高度流动性，也使集群成员之间的竞争更加透明和激烈，这将刺激企业不断创新，降低成本或实行产品的差异化，从而提高创新效率。

## 第三节　以城市转型推动完善城市治理现代化体系

城市转型既是促进经济繁荣的过程，也是提升公众福利水平的过程，同时还是有力推动城市现代化发展的过程，城市转型与地方政府的治理转型紧密联系、相辅相成。经由城市转型进程，地方政府可以实现对现有治理体制机制的超越与创新，从而为顺利推进城市化进程、推动实现现代化治应收账款理目标创造有利条件。从具体内容来看，根据城乡一体化要求，地方政府首先应突破传统体制束缚，建设并完善公平的公共服务与社会福利体系，确保失地农民、进城务工人员等所有社会成员享有平等的社会权利，并以此缓解社会矛盾和问题；创新社会治理机制，发挥市场与社会在公共服务与社会治理等方面的积极作用，拓宽社会成员参与公共事务治理的空间，搭建政府、社会与居民等各主体间的协调平台，促使各主体在参与治理中实现城市社会的互动融合。通过一系列促进城市转型的实践，切实推动完善海沧城市治理的现代化体系。

### 一　城市治理现代化体系中的城市转型

1. 城市转型的含义

一是高起点规划引领城市发展。强化规划的龙头地位和刚性约束力，统筹城乡发展必须有超前的总体规划、重大专项规划和控制性详细规划，要从国家生态城市、卫生城市、园林城市等高标准、高水平出发，规划设计城市的建设布局。按照城乡一体化和新农村建设的新形势、新要求，修编和完善城乡一体化规划纲要、空间布局规划及乡镇总体规划；编制完成重点镇镇区控制性详细规划；结合当地实际，尊重农民意愿，按照利于农民生产生活的原则，突出一村一品，编制或修编完成美丽乡村建设示范点详细规划。

二是统筹城乡发展，积极推进城镇化。在城镇化的进程中实现城乡统筹，实现人口、劳动力在城乡经济、社会结构方面的转移和调整，促进和加快城市的发展步伐。在统筹城乡发展进程中，立足做好新港口、新产业、新城区、新家园、新机制五篇文章，促进农业用地向规模经营集中、工业企业向规划区集中、商贸流通向园区集中、农民居住向城镇和新型社区集中，实现资源优化配置、产业集聚和效益最大化，激发出前所未有的蓬勃生机。

三是统筹城乡基础设施建设，提升城市承载能力。加快发展覆盖城乡的社会事业，促进公共设施向农村延伸，公共服务向农村覆盖，构建城乡一体的公共服务体系，逐步实现城乡社会统筹管理和基本公共服务均等化。加快城乡一体化发展步伐，加强农村基础设施建设，在城乡规划、产业布局、基础设施建设、公共服务和社会管理一体化方面取得突破，逐步实现城乡一体化发展新格局。大力发展现代农业，调整农业结构，提升农业综合生产能力，推进农业产业化经营，多渠道增加农民收入。

四是发展成果城乡共享，保障和改善民生，加强社会建设，推进和谐发展。大力推动全民创业、自主创业，创造条件增加群众财产性收入和工资性收入。加强职业培训，实施更加积极的就业政策，完善就业援助制度，完善城乡社会保障和社会救助体系，健全城镇职工和居民养老保险制度，实现新型农村养老保险和城乡社会救助全覆盖。加大保障性安居工程建设力度。

2. 城市转型的内容

（1）完善城市基础设施。完善交通体系。辖区“四纵六横”交通体系基本成型，厦漳大桥建成通车，海沧大桥完成翻修，翁角路完成拓宽改造，钟林路实现贯通，建成翁角路（厦成高速—厦漳界段）及海翔大道（东埔村—角美段）等同城化项目并投用，启动沧虹路、沧林路一批城市断头路建设。海沧湾清淤基本完成，海沧隧道海沧端接线工程正式动工，建成海沧新城综合交通枢纽并投用，初步建成公交、出租车，长短途运输等（预留轨道交通接口）换乘体系；基本建成嵩屿旅游码头；建成海沧湖市民公园、区政务服务中心停车场和海沧实验中学初中部、海沧实验幼儿园地下停车场等。完善市政设施。完成部分清洁楼、公厕、环卫工作站、环卫公寓建设，完善环卫工人配套设施；推进一批污水工程及配套设施建设，推进污水处理厂改建工程、马銮污水泵站等项目，海沧水厂二期、海沧湖污水截流工程顺利完成。加大易涝点防洪防涝系统改造，配套建设市政道路雨水管（涵）；过芸溪流域率先全市完成整治任务、水质基本达标。

（2）提升政府公共服务。公共财政支出超八成用于民生事业。社会事业繁荣，获评全国科技进步考核先进县（市）；率先全市完成义务教育标准化学校建设，特级教师数量全市最多，教师交流、教育信息化和课程改革等工作全省领先，跻身全省首批教育强区，以全省第三名的成绩通过“义务教育发展基本均衡区”国家验收；全市率先获评国家级慢性非传染性疾病综合防控示范区、省级社区中医药工作先进区，石塘、海沧社区卫生服务中心获评全国首批示范中心，海沧医院正式独立并启动二期工程建设；通过国家公共文化服务体系示范区验收。社会保障稳固，农民人均纯收入实现全省“九连冠”，城镇居民人均可支配收入达到中等发达国家水平。建立覆盖城乡的社会保障体系，率先全省实现农村居民零缴费参保和社保、医保基本全覆盖，率先实现养老保险和医疗保险城乡一体化，城乡居民医疗保险财政补贴全省最高，低保生活补助水平全市最高，城乡居民养老保险参保率达100%；被征地农民和海域退养农渔民未就业人数厦门岛外最少、比例最低。

（3）优化宜居生活环境。注重生态建设，连续三年在全市率先启动造林绿化工作，海沧区造林绿化进度获得全省“四连冠”，绿化考评取得全市“六连冠”，成为全省“样板中的样板”，率先获评省级生态区，通过国家级生态区预验收；率先开展“点、线、面”整治，获评全市唯一的省级城乡环境综合整治优秀示范区、被确定为全市唯一的宜居环境建设示范创建区。提升文明、办事、安全“三大环境”。省级文明城区创建三年实现“三级跳”，从2011年全省第八名跃至2014年预计全省第一名，未成年人思想道德建设连续三年全省第一名；建成全省面积最大、窗口最多、审批服务事项最多、功能最齐全、服务最温馨、信息化程度最高的区级行政服务中心，在市对区绩效管理考核中首次取得全市第一名；平安建设知晓率连续九年位居全市第一，综治考评排名全市第一，获评全市唯一的省“平安先进区”。繁荣城区人气。启动建设温德姆、希尔顿、万豪、洲际等五星级酒店，在厦门岛外率先引进沃尔玛、天虹、星巴克等知名商家，举办两岸特色庙会等商贸活动，吸引“大黄鸭”安家海沧，三产占GDP比重由2010年年底的26.17%提高到2014年年底的

34.75%，海沧成为岛外人口增长最快的区。

（4）推动城乡一体化。城乡规划一体化。海沧在编制总体规划时，注重城乡发展的协调性，在突出围绕“四个定位”（即东南国际航运中心、海西先进制造业基地、厦门健康生态新城区和对台交流合作先行区）和“高起点、高标准、高层次、高水平”要求建设海沧新城，优化“两城两山依两湾”空间布局，形成层次分明、对接无缝、覆盖全区、有机融合的规划体系的同时，注重抓好城镇化过程中的辖区村庄建设规划编制工作。城乡建设一体化。加快推进海沧新城建设，城市面貌“一年一个样、三年大变样”，原来的老旧城区、偏僻渔村形象已全然改观。随着城市环境的不断提升、城市配套的不断完善，海沧新城的吸引力也不断增强，自2010年海沧新城启动建设以来，两年内海沧新城新增人口超过15万人，成为厦门岛外人气提升最快的区域。同步投入大量人力、物力、财力推动农村建设工作，实施了东孚小城镇建设、农村环境整治等一系列工作，切实保持了与自然生态环境的和谐，初步建成了生活环境优美、基础配套设施齐全的宜居小城镇。积极开展旧村改造新村建设、“金包银”、点线面环境综合整治等工作，着力改善农村人居环境。城乡产业发展一体化。立足于海沧多年发展形成的大港口、大产业基础，积极引导城乡产业布局调整优化，引导农村发展为港口物流、产业经济配套的服务业，以城带乡、以乡促城，推动城乡产业发展一体化。注重加强区域内的产业分工合作，在大力发展工业区先进制造业、港区临港仓储物流业的同时，增强这些主导产业对农村产业的带动效应，引导农村产业升级。建设了温厝通用厂房、新垵商贸楼、霞阳阳云外口公寓、山边“金包银”外口公寓等配套服务项目。扶持培育一批产业特色明显、经营规模较大、带动能力较强的农村专业合作社，重视发展农村集体经济，有力带动了生态休闲旅游业、商贸零售业等第三产业的蓬勃发展。

3. 城市转型与城市治理现代化

在城市转型的过程中，政府作为参与式治理的组织者，以“决策共谋、发展共建、建设共管、效果共评、成果共享”为实现方式，积极发挥公民社会的作用，强调自下而上的参与，积极创新治理机制、培育公民社会、提升治理能力，让各类治理主体在城市转型的过程中充分发声，社会活力被大大激发，社会矛盾与冲突得到逐步消解，形成社会治理良性互动、共融共生的新格局，有力推动了城市治理的现代化进程。

## 二　城市转型助推城市治理现代化体系的优化机制

1. 吸纳多元主体

一是城乡共建主体多元化。“共同缔造”要求多元主体在城市转型的过程中具有“主人翁”意识，协力建设美丽和谐的共同家园。多元主体齐力推动城市转型改变了过去政府主观命令、强势推进的工作方法，突出多元主体主动参与的作用，让各方主体真正尝到了“共同缔造”的甜头。首先，无论是企业还是社会组织，积极主动成为城乡建设的主体就是其自身发展的一种形式和表现，特别是对于城乡居民，更是培育了他们的公民意识和自主意识。其次，共同建设的过程中充分发挥不同主体的特点和优势，形成合力，使城乡建设的效果更为显著。最后，不同主体成为海沧区城市转型推动者的同时，也是城市转型的受益者。

二是公共服务供给主体多元化。首先，公共服务供给主体之一是居民个人，城乡居民是社区公共服务的重要主体，海沧区创造性地实行社区居家养老服务、医疗卫生、公共文化等内容的自我管理和自我服务。其次，企业则是通过政府购买公共服务的方式成为公共服务供给的关键主体，例如，文化传播公司下乡送电影、海沧农客公司负责城乡学生校车安全等。最后，社会团体也发挥自身优势，为城乡居民提供公共服务，例如，海沧区鑫春兰芗剧团在海沧辖区各村（居）开展“送歌仔戏下乡”巡回演出等。不同主体在公共服务供给过程中相互合作，提升了公共服务供给的质量，实现了政府公共服务的职能，但同时各主体对公共服务产生了不同影响。通过市场机制引进私人参与公共服务的供给，能够发挥市场竞争性的优势，实现服务资源的有效配置，提升公共服务供给的效率。引导不同社会团体和社会组织提供公共服务，一方面丰富了公共服务的形式和内容，另一方面有利于政府转变职能，更好实现政府公共服务的职能。而居民个人自我服务作为公共服务供给的一种补充方式，则有利于提升城乡居民城市转型的积极性和创造性。

三是城乡公共事务共管主体多元化。海沧区除了发挥传统基层自治组织的社会管理作用，还积极建设城乡社区组织作为社会管理的重要主体。社区社会组织是社区居民自我治理、自我服务的重要体现，推动了城乡社区的进一步发展。多元主体共管社会公共事务是自组织参与的治理形式，是涉及居民基于自身环境中的日常事务需要解决而自发形成的参与方式，这一参与式治理的形式一方面有利于广泛集中民意，及时了解城乡社会动向，从而保证需求表达通道的畅通；另一方面更加符合民主原则，了解社会事务涉及的利益关系，确保社会治理过程符合绝大多数群体的要求，从而切实维护城乡居民利益，实现了利益相关者的合作治理。此外，海沧区在探索社会事务管理主体多元化的过程中，形成城乡居民参与社会事务管理的成功模式，即"四民家园"的模式，作为全省首个居民自治"孵化器"，这一模式已在海沧城乡社区全面推广，必将带动海沧区城乡社区事务管理实现进一步突破。

2. 拓宽多样途径

一是利益诉求渠道多样性。"共同缔造"背景下的海沧区城市转型要求多元主体共同建设，从城乡发展的实际和城乡居民的愿望出发，实现"政府要做"到"群众想做"的转变。海沧区城乡居民需求表达的方式包括：城乡社区网格管理员入户征求意见和召开座谈会，召开座谈会获取意见，利用信息技术打造涵盖政务微博、社区 QQ 在内的信息参与平台和信息反馈平台。多样化的需求表达方式，是参与式治理的基本条件，体现了海沧区城市转型的服务理念和民意导向，保证了海沧区政府与广大城乡居民等主体实现及时有效的沟通，对城市转型产生积极的作用。首先，多种需求表达方式实际上就是各主体参与海沧区城市转型的各种方式，是参与式治理的体现。其次，城乡居民通过多种手段进行需求表达，也为城市转型献计献策，保证海沧区城市转型的正确方向，提升了公众满意度。

二是决策共谋途径多样化。海沧区积极拓展群众参与公共事务决策的途径，既通过在城乡人流量密集处设置意见征集点获取群众对公共项目的意见，也采用群众直接决策并建设，再由政府验收的"以奖代补"模式。群众的事由群众自己决策，实现由"政府拍板"变为"群众决策"。城乡群众参与公共事务决策的各种途径具有不同的特点和适用范围，当该公共事务涉及范围比较大，超过社区范围，可能是全区性的公共事务时，那就通过征求并统一城乡居民的广泛意见，做出最终的决策，例如海沧区全区实施公共自行车项目；当该公共事务涉及的范围比较小，仅在一个或几个社区范围内，通过群众“共谋、共建、共管”可以完成时，就采用“以奖代补”途径激励群众自我组织、参与决策；当该公共事务范围很小，也相对比较容易时，则由社区社会组织组织部分居民进行商讨决策。海沧区多样化的决策参与途径保证群众能够选择合适的途径参与到城市转型的过程中，实现了参与式治理的真正要义。

三是成效共评渠道多样化。海沧区一改政府作为城乡各项事业发展的唯一考核主体，实行多渠道考评的方式，将政府责任考评、专业考评以及包括乡贤理事会成员、老人会代表、村民代表在内的多主体考评结合起来，将年中、年终定期考核与不定期的评议活动、检查相结合，对城市转型的项目进行监督评议，促进整改完善，实现由“单一主体、单一渠道”考评变为“多元主体、多渠道”共评。多渠道的考评能够保证对城乡一体化考评过程的准确性和完整性，多主体考评的方式增强了群众参与性，实现了城乡一体化考评过程的客观公正，也是对参与式治理的发展，提高了城市转型的透明度和公开性，是治理透明性的必然要求。

3. 丰富多向进程

一是自上而下：政府引导，公众参与。自上而下的城市转型进程，就是“政府搭台、公众唱戏”，由政府引导公众有序参与城市转型。在自上而下的进程中，政府的主导作用体现在规划、资源调配、利益协调和社会动员等方面，因此对政府的组织、协调、动员等多方面的能力都有较高要求，而社会与群众往往仅是参与主体。基于政府在社会治理中的主导地位和“元治理”的作用，同时由于自上而下进程能够明确目标，引导公众有效参与，行动迅速，具有高效性，自上而下的参与进程有着极其重要、不可取代的作用。

二是自下而上：公众自发，政府支持。自下而上的城市转型进程是由政府培育的公民社会发起的城市转型。自下而上的城市转型进程，最大的特点是公民社会扮演“主角”并主动“唱戏”，是一种更高层次的参与式治理，而实现自下而上进程的条件则是成熟的公民社会和群众的自主意识，同时，自上而下进程运行得是否流畅则是检验条件是否具备的重要标准。在自下而上进程中，也不可忽视政府在这一治理过程中作为“元治理”角色所起到的规范和矫正作用。因此，海沧区自下而上的城市转型进程既体现了海沧区公民社会的较快发展和积极参与，也体现了政府促进公民社会发展的成效。海沧区城市转型中，城乡参与主体的多元化、参与途径的多样化以及参与进程的多向化，体现了政府与公民社会的合作治理，体现了城乡群众在一体化建设中的权利和责任，通过参与形成了共同治理、协作治理的社会局面，也是社会治理创新的重要内容。

4. 创新治理机制

一是城乡公共事务协商治理机制。协商治理，是政治主体基于政治组织和公民的政治权利，以协商与对话的程序和形式达成共识或者协调分歧，以实现国家和公共治理利益目标的特定政治机制。城乡公共事务涉及城乡居民的切身利益，而协商治理强调了公民理性参与在公共事务管理中的重要作用，该种治理是一种基于公民理性参与的治理。海沧区政府在共同缔造实践中积极构建城乡公共事务协商治理机制。其协商治理模式既包括城乡居民之间协商治理，也包括政府与城乡居民之间协商治理。而政府与城乡居民的协商互动则包括三个方面：其一，关于民生，问需于民。海沧区政府立足信息化平台，通过城乡社区微博、QQ 群等公众平台，同时辅之以入户等方式，积极了解城乡居民意见，从而提高群众对政府的认同感。其二，广借民智，问计于民。海沧区作为“美丽厦门·共同缔造”的试点单位先后在城乡人群密集场所建立 20 多个意见征集点，先后组织召开城乡群众座谈会 50 多场，并利用政府网页、政务微博、小区微信平台宣传“美丽厦门”战略规划，广泛征求意见建议。其三，力践民主，问政于民。试点以来，通过各级协商中心的平台建设，实现了群众对公共事务的有效参与，为城乡居民参与公共事务决策和治理提供了有效的对话与沟通平台。

二是多元治理主体协同治理机制。协同治理是指处于同一治理网络中的多元主体间通过协调合作，形成彼此啮合、相互依存、共同行动、共担风险的局面，产生有序的治理结构，以促进公共利益的实现。在这一理论指导下，海沧区致力于通过政府购买公共服务机制、“以奖代补”机制、村企和社企共建机制的构建实现多元主体良性互动。协同治理机制的构建有利于提升社会主体的积极性，为社会多元主体融入海沧区城市转型提供了机制保障。

5. 提升治理能力

一是信息治理能力。海沧区城市转型是在信息化迅速发展的大浪潮下进行的，政府致力于利用信息社会提供的开发、参与的环境，实现政府与公众之间的有效沟通和良性互动，着力解决信息社会发展过程中出现的各种不利于社会健康发展的问题。以信息技术为基础建立街道网格化社会服务联动中心平台信息系统为依托，充分发挥基础实施层、数据资源层、应用支撑层、应用层和表现层五个层面的作用，随时掌握全区的信息和情况，及时解决城乡社区的突发状况，通过“平台信息化”实现“责任网格化、管理精细化和服务人性化”，形成城乡“全联动”信息治理模式。

二是整体治理能力。海沧区在城市转型中通过网格化实现信息的整合、人力资源与治理主体的整合、协调机制的整合。其一，信息的整合。海沧区政府建立服务管理指挥中心、社区微博、政务微博、小区微信等沟通平台，完善各部门、社区之间、城乡之间的信息相互沟通制度，实现信息的整合，从而加强各治理主体在合作中的信息沟通，为采取整体治理行动提供信息支持，这在海沧区城市转型中显得尤为突出。其二，治理主体的整合。网格化治理模式不仅涉及综治、司法等诸多政府部门，还可以围绕诸多职能部门的各种管理问题构筑全方位、立体化的管理空间，较好地解决了过去“纵向充分利用、横向协同不足”的问题，使治理部门多元化并实现更好的整合。更为重要的是，在网格化建设前农村往往处于边缘化的境地，城乡社区网格化后通过治理主体整合使农村社区能够获得相同的治理和服务效果。其三，协调机制的整合。通过区、街道（镇）和社区（村）的诸多主体构成了整体治理的网络，海沧区实现了协调机制的整合。根据不同的城乡公共事务，协调所需资源和治理主体，构成不同的协调机制，并对协调机制加强流程管理，保证协调机制整合的同时也使整体治理过程更加规范化和标准化。

6. 培育公共精神

一是培育公民理念。培育成熟的公民社会的首要任务就是公民理念的培育，这也是在海沧区城市转型中政府培育农村公民社会的首要任务。海沧区通过农村公共事务的共谋，使农村居民获得更广泛的参与度；通过农村社区事务的共建，提升了农村居民的自我管理、自我服务以及合作精神；对城市转型成效进行共评也促使农村居民更具有责任意识；而农村基层民主自治则让农村居民的民主意识、平等意识以及规则意识获得巩固。总的来说，海沧区农村居民积极参与到城乡一体化建设的“共谋、共建、共管、共评、共享”的实践过程，实质上也是政府对农村居民进行公民意识和理念教育的过程。农村居民公民意识和理念的形成，为农村公民社会的形成打下基础，促进了城乡公民社会的均衡发展，也为基于社会治理创新的海沧区城市转型提供了思想条件。

二是培育公民社会主体。公民社会参与式治理的基础是成熟的公民社会，而培育公民社会中的主体便是培育公民社会的核心内容。对于农村社会组织的发展，一方面政策扶持，降低准入门槛，简化登记程序，为农村社会组织发展创造良好环境；另一方面推广城市社会组织的成熟模式；最后根据统一标准评估管理城乡社区组织。对于企业，则是以政府购买城乡公共服务、村企共建等形式构建“政府—企业”伙伴合作关系。对于农村居民，以基层自治和公共事务的共管、共谋等途径培养参与农村发展的能力。海沧区通过对主体的培育促进了农村公民社会的发展，加强了各主体积极主动参与城市转型的创造性和能力，激发了农村的社会力量。在这一过程中，拓宽了公民、企业、社会组织参与农村建设的渠道，实质上则是政府还权于民、还权于社会的过程，而伴随这一培育过程的是政府职能的转变，为公民社会主体的培育营造了参与式治理的社会环境和行政环境。而这也正是政府在城市转型中的重要任务。

# 第五章

## 以社区治理为基础，在社会转型中完善城市治理现代化体系

社会转型是传统社会向现代社会的整体性转变，包括政治、经济、文化和体制、观念等各方面的深刻变化。当前，我国正处于从传统社会向现代社会的转型过程中，社会转型成为当代最为深刻的时代特征。[①] 而社区作为构成社会的基本单元，社区治理在治理体系中具有基础性地位和作用；在社会的现代化转型过程中，社区治理的现代化转型作为整体社会转型的微观基础，即体现出明显的社会底色，其发展困境正是社会现代化发展矛盾的缩影与折射，因此，以社区治理为基础，破解社会转型在基层战线的困境与障碍，对于有力促进社会转型、推动社会现代化的总体进程具有重要意义。

随着厦门岛内外一体化建设的不断推进，海沧在经济、政治、文化等方面均出现了巨大的发展，带来了海沧整体社会的逐步转型；在海沧实现社会转型的过程中，一方面带来了社会职能的日渐分化，另一方面也使大量的社会问题沉淀在社区，海沧社区凸显出一系列新的变化。针对这些新变化，海沧充分发挥社区作为社会治理基本单位和“前沿阵地”的作用，以社区作为治理基点，将社区作为基层社会整合和重构的重要载体，为更好地推进全面深化改革，加快社会转型发展，海沧着力构建多元化的治理格局、建设高效互动的社区组织体系、重塑现代社区权威、促进政府角色转型、培育社区居民公共精神等，以社区“微治理”实践

① 韩兴雨、孙其昂：《现代化语境中城市社区治理转型之路》，《江苏社会科学》2012 年第 1 期。

努力搭建社会共治的平台载体，培育共同缔造和公民参与社会治理的组织机构，形成创新社会治理的体制机制，实现决策共谋、发展共建、建设共管、效果共评、成果共享，无疑是破解城市治理向现代化转型现实困境、重塑政府与社会关系的关键思路，对于构建并完善海沧城市治理的现代化完整体系发挥着重要的基础性作用。

## 第一节　发挥社区治理促进社会转型的基础作用

当前，海沧的社会转型已进入一个重要阶段，在经济社会快速发展的同时，也面临着社会分化加剧、利益主体多元分化等带来的一系列矛盾冲突和社会问题，这就需要在城市治理的过程中持续推进社会转型，由此，如何面对社会转型时期的各种新变化，加强和推进社会转型方式的创新，是当前海沧城市治理中面临的严峻形势。作为社会转型的基础，抓好社区治理显得尤其关键，而社区治理主要依托社区服务推进实施，通过大力发展社区服务，在服务中实施管理，在管理中体现服务，依托社区服务优化社会治理格局，充分发挥社区治理的基础功能促进社会转型进程，成为海沧城市治理创新的努力方向。

### 一　社会转型的现实困境

#### 1. 社会转型的动因与诉求

随着改革开放的全面推进，城市社区建设问题也被列入了各个城市的重要议事日程，成为推进城市管理体制改革的重要内容。其直接的原因是社会转型，具体来说主要来自两个方面：首先是政府职能转变和“单位体制”解体引发了新的功能性需求；其次是体制转轨和结构分化使大量社会矛盾积聚，党和政府维护社会稳定的任务加重。这两个方面实质上统一在现代化变革的同一进程之中。第一，伴随着计划经济体制向市场经济体制的转轨，越来越多的上级单位开始对下级单位“断奶”，不同级别与种类的单位都开始改变“企业办社会”的状况，将原来承担的保障功能推向社会。第二，随着市场经济的发展和经济类型的多元化，个体、私营从业人员越来越多；成千上万离土又离乡的进城农民遍布城市的各个角落。如何对这些人群进行有效的服务与管理，是新时期面临的一项重要任务。第三，城镇小康型生活方式的来临，使居民对于居住环境和社会服务有了更高的需求与期待。第四，随着经济发展，城市化速度明显加快，大规模的城市旧区改造、新区建设和城市文明观念的传播，都会带来动员、安置居民搬迁、处理有关纠纷等种种难题。社会转型带来的这些问题，导致了城市社会公共事务剧增。由于政府对这些方面的宏观管理机制尚不完善，同时政府职能也正在面临转变，这些新增事务尚无相应的机制来承担。因此，一方面，这些问题自然而然地向城市的基层社会沉淀；另一方面，沿着政府层级的“漏斗”，最终落到了最为基层的街道办事处和居委会身上。因此，要求必须利用和开展社区建设解决这些问题，促进社会的转型过程。

2. 海沧区社会转型面临的问题

社区是构成城市的基本单位，抓好社区建设是确保构建和谐社会的基础性工作。近年来，海沧区以“争创投资区社区建设一流水平”为目标，全面加强海沧区社区工作，努力建设管理有序、服务完善、环境优美、文明祥和的新型和谐社区。但在以社区治理推动社会转型的过程中还是存在以下一些问题：

（1）社会治理主体单一，各方力量参与不足。目前海沧区的社会转型中，政府仍然居于主导地位，但是，过于重视和强调政府的主导作用，忽视甚至是压制非政府主体的发展，导致社会性力量参与不足，成为转型期迫切需要解决的难题。由于参与转型中的社区居民可能来自不同领域、不同社会阶层，陌生的人文环境使居民的社区归属感和参与转型的热情都会有所减弱。群体差异明显，观念上的误区导致社区管理者没有真正把吸收公民参与决策看成是一种责任和义务，作为优化决策、民主行政的必由之路来对待，在他们眼里，公众只是被管理的对象，只能绝对接受和服从政府的行政决策而不能参与。因此，单纯依赖政府处理所有社会管理事务，不可能实现社会转型，甚至可能会加剧社会矛盾而出现转型与管理相反的效果。

（2）各种社会矛盾和不稳定因素长期存在。党内的腐败现象不断蔓延，社会上的不正之风久禁不止，海沧传销人员猖獗，已引起社区居民的不满。征地拆迁、重点工程建设、劳动纠纷、医患纠纷、消费纠纷、商业纠纷等矛盾问题依然存在，这些群体对现状萌生不满乃至敌视情绪，进而给社会和政府都施加压力，而社区和基层又难以在短时间内解决这些问题。因此，不满情绪增加，群体性的上访事件增多，长期问题得不到有效解决，一些地区的群众对问题在基层解决失去了信心，一定程度上影响了社区的稳定，也给社会转型带来了困难。

（3）外来人口迅速膨胀，社会转型面临挑战。随着海沧工业化、城镇化进程的加快，近年来海沧人口剧增，从 2003 年区划调整时常住人口数不足 13 万，到 2013 年常住人口猛增到 45 万，其中流动人口近 30 万。新厦门人对城区的认同感、归属感较低，参与管理的自觉性、主动性亟须引导，需要政府对社会管理及时作出转型措施，以适应海沧人口膨胀的变化。

## 二　社会转型需要发挥社区治理的基础作用

### 1. 经济发展不平衡迫切需要加强社区基层建设

海沧是厦门岛外的新城区，也是全国最大的台商投资区所在地。自投资区建立以来，区域经济政策长期坚持效率导向，在新城区地区基础好、投资效益高的情况下，实行了向新城区倾斜的区域经济政策，促进了区域经济的不断高涨。然而，在海沧大开发大建设时期，城乡经济差距加大加剧了城乡矛盾，广大农村居民的消费能力进一步萎缩，对于构建内生型经济增长方式、扩大消费需求无益，不利于加快城市化进程。在社会保障体系尚不健全的情况下，居民收入差距不合理扩大也使一部分低收入者的生存成为问题，直接影响社会稳定。可以说，当前，经济发展区域不平衡问题，已经成为困扰海沧区经济持续快速健康发展的突出社会问题。鉴于此，迫切需要改变现状，通过社会转型来化解发展不平衡的矛盾，以优化社区治理为基础，从区域性的改变进而逐步扩大到整个社会的转型。

### 2. 社区发展起步晚要求巩固社区治理基础

海沧大部分社区建设起步晚、基础薄，总体水平还比较低，与城市规模快速扩张对社区提出的要求相比，还有许多不和谐、不适应的地方。一是社区经费不足、设施不全。由于社区经费投入少，导致社区服务设施不全，致使一些社区服务质量不高，开展优质服务比较困难。这已成为影响社区建设快速发展的瓶颈。二是缺乏相关人才以及相关基层经验。在探索如何能更好地为居民提供优质服务的工作中，需要工作人员有扎实的理论基础和与实际相结合的工作能力，在不断发展变化的工作需求中，做好本职工作，不断创新，而海沧这方面的人才比较匮乏。三是社区工作运行机制不顺畅。由于政府职能转变不到位，各职能部门、单位将本属于自身业务工作范围内的常规工作“转嫁”到社区，造成社区负担过重，大量的行政性工作流入社区，社区干部相当多的时间和精力被大量的行政工作占用，服务于社区居民的时间大量减少，效果也明显降低，导致社区服务性工作不能扎实开展。四是社区治理类型单一，不能适应各社区的不同情况。由于海沧处于城中村地区，经济发展水平、征地拆迁、流动人口多等情况，各社区差异还比较大，社区治理模式相对单一，几乎还未形成其他成熟的社区治理机构。因此，对于促进社会转型而言，社区治理工作成效不足成为当前一大制约因素，进一步巩固社区治理基础、提升社区治理能力显得愈加重要。

3. 社会主体多元化需要以社区作为治理基层单位加强和谐共融

20世纪90年代以来，随着工业化、城镇化高速推进，30多万外来人口涌入海沧，与9万多本土居民毗邻而居，让海沧这个曾经的闽南小渔村一跃成为人均GDP超过台湾的现代化国际工业大港，特别是2003年行政区成立以来，社区从无到有、从有到多，海沧也拥有了一张由新物业小区、老旧无物业小区、城中村社区、村改居社区、纯农村社区、境外人士聚居小区等各种类型社区共同绘成的“五彩脸谱”。但同时，在步入中等收入社会的新时期大背景下，人的流动性、个体碎片化、社会阶层分化等趋势不断加剧，让海沧和全国其他地区一样，遇到了党在基层微单元的引领作用偏弱、社区内部互动性和凝聚力缺乏、群众日益增长导致多元化需求难以得到满足等一系列共性问题，以及两个个性的困惑：一是新、老厦门人的融合，特别是如何让30万外来人员把海沧当成“故乡”；二是两岸的融合，如何促进在海沧工作、生活的1万多台胞的文化生活和心灵融合，让海沧成为台胞第二生活圈。这些深层次的矛盾衍生出了治安、卫生、环境等一系列外在表象问题，日益成为这个年轻城区高飞的屏障，更对社会转型提出了新的难题，而解决问题的关键同样在社区，加强社区治理，以基层的和谐共融促进社会和谐进步成为推进社会转型的重要举措。

4. *城乡结合城区复杂性要求以社区作为基层单位加强社会治理*

由于同时受到城市与乡村经济的双向折射，城乡接合部经济发展具有明显的多样化特点，经济发展对城市的依附性不断加强，城市性产业及城市需求导向产业在增加。正是上述过渡性特征使城乡接合部社区的社会管理具有特殊性，给这一地带的规划、开发、建设、管理等带来了极大难度。鉴于城乡接合部与老城区在就业和子女教育方面的巨大反差，城里的动迁户凡是牵涉就业和子女教育的，多数保持人户分离；而农村动迁户则鉴于经济利益的考虑，也不愿意农转非，增加了户籍管理的难度。在城乡部由于其优越的区位、廉价的租屋，加上管理较薄弱，使大量外来人口在此集聚，虽然给这一过渡带的经济发展增添了活力，但同时带来环卫、治安、计划生育等许多社会问题。在城乡接合部，由于房地产的大规模开发而出现了众多的住宅小区，由于一些物业管理公司管理不到位或不规范，引发新迁居民的不满，增加了城乡接合部社区管理的复杂性。因此，只有进一步加强基层社区建设，切实解决基层单位社会管理中的种种问题，在社区中努力营造良性的社会治理环境，方能为促进整体社会的优化转型奠定坚实基础。

## 第二节　以社区治理为基础促进社会转型的海沧实践

近年来，海沧区深入贯彻落实党的十八大关于“加强和创新社会治理”、十八届三中全会关于“推进国家治理体系和治理能力现代化”的会议精神，坚持高起点谋划、高标准建设，统筹城乡社区建设，着力破解社会治理中的“最后一公里”现象，积极推进社会治理创新。以社区治理为基础，大力发展基层政府面向社区的公共服务，着力保障民生，增加公共服务项目，提升公共服务水平，努力实现基本公共服务均等化；发展群众性互助和社区志愿服务，增强社会服务功能，解决社区成员的多元化需求；大力发展便民利民的社区服务产业，方便群众生活，构建人性化的社会服务体系。通过一系列创新实践，真正构建了多元参与、和谐互动的社区共治新格局，为促进海沧社会转型打开了良好局面。

## 一　顶层设计，健全社区建设组织领导

### 1. 强化组织领导

海沧将社区建设工作列为区委、区政府重要议事日程，纳入《海沧区十二五规划》，与经济发展同步规划，科学制定社区建设三年发展规划和实施方案、指导思想、目标任务。按照“一级规划、二级管理、三级落实”，“以块为主、条块结合”的社区管理机制，成立投资区党工委副书记（正厅）为组长，区委、区政府分管领导为副组长的社区建设工作领导小组，并下设办公室，专人负责社区建设工作，每年定期下拨专项工作经费，定期研究部署、一线推动落实，统一协调社区建设工作，形成了党委政府领导、民政部门牵头、有关部门配合、社会各方支持、群众广泛参与的组织网络。

### 2. 坚持共同缔造

2013 年 7 月，海沧区成为“美丽厦门 · 共同缔造”行动试点区。一年多来，海沧区坚持把共同缔造作为新形势下践行党的群众路线、创新基层治理模式的认识论和方法论，统筹推进各项工作，构建共同缔造、群众路线教育实践活动、社区建设工作“三位一体”的工作态势，以“美丽厦门要坚持以人为本”“核心在共同、基础在社区，不求全面求实效、群众满意为标准”的要求为主线，进一步健全以基层群众自治为基础的新型社区管理体制机制，不断提高基层治理水平。

### 3. 完善体系建设

一是推动社区服务下沉。指导新阳街道率先完成社区工作权力清单梳理，其中行政事项清单 129 项、协助事项清单 6 项、自治事项清单 23 项、社会购买服务建议清单 16 项。街道便民服务中心全面下沉至社区工作站，做到“机构下沉、服务下沉、人员下沉”。二是强化组织建设。把支部建在网格上、党小组设在楼栋里，充分发挥基层党员的带头参与作用，全面推进在职党员进社区活动，实现规模以上企业党组织覆盖率 100%，并以党群服务中心为平台，开展文化讲座、心理咨询等大型集体活动。三是理清职能框架。建立区统筹、街镇治理、社区服务、微单元自治的四级框架，在街镇实行“大部制”改革，逐步剥离经济职责，回归到社会事务管理中来。强化社区服务，通过“社区服务清单”设立职

能准入门槛，构建出一套党组织、居委会、社区工作站、社会组织等多元参与的社区治理体系。

## 二　措施到位，推进社区管理服务提升

### 1. 夯实基础，筑牢“民生保障安全网”

（1）劳动就业措施到位。出台促进就业《十大措施》，两年来共举办专场招聘会30场，提供岗位近1.5万个，达成就业意向近3000个；挖掘社区周边的就业资源，如餐饮、超市、工厂等，社区保证每周提供5个工作岗位，有效促进社区失业和就业困难人员劳动就业；积极协助居民做好就业困难认定申请、灵活就业认定等工作，并帮助做好小额贷款、灵活就业社保补贴，以“1+1群”创业培训班等全力推动创业促就业工作，被征地农民和海域退养渔民未就业人数岛外最少、比例最低。

（2）社会保障措施到位。落实社保相关政策，加大参保补贴力度，及时审核支付社保各项待遇。落实被征地人员养老保险政策，实行城乡养老保险个人零缴费参保，实行政府为残疾人、低保等特殊群体缴交最低缴费标准的养老保险费，全面开展城乡居民社会养老保险，给予参保补贴，全部实现社会化发放。落实城乡居民医疗保险政策，城乡居民医疗筹资模式由财政、集体、个人三方共同负担。两年多来，海沧区城乡居民医疗保险参保人数逐年稳步提升，城乡养老参保率和城乡医疗参保率均达100%，100%村卫生所（服务站）实现医保刷卡和基本药物零差率、比例全市最高。

（3）社区社会服务到位。率先全市开展低保民主评议制度，实行低保工作规范化管理及动态管理，实现“应保尽保”。两年来共为全区低保对象发放各类补贴1400多万元，发放医疗救助金393.7万元，落实发放保障性生活补贴政策4271万元。建立自然灾害救助机制，为全区农户统一投保农村住房保险，居民投保自然灾害公众责任保险。全面贯彻落实各项老年优待政策，养老服务机构布局合理，老年人床位拥有率达36‰。针对外来人员、困难家庭、弱势群体、社区矫正、戒毒刑释解教等特殊人群，深入开展“朝阳行动”“四个关爱”等活动，对全区所有1017户困难户进行挂钩帮扶，目前已帮助近150户困难户实现脱贫。

2. 拓展服务，打造“十五分钟生活圈”

（1）社区卫生服务到位。全区已有各级各类医院3个和社区卫生服务中心3所、社区卫生服务站和村卫生所30间，建立居民健康档案284789份，建档率91.82%。各社区卫生服务中心、卫生院与厦门市第一医院、仙岳医院等建立双向转诊关系，指导患者合理转诊，并提供相应便利服务。社区卫生服务覆盖面达到100%。2家社区卫生服务中心获评“全国示范社区卫生服务中心”，获评“国家级慢性非传染性疾病综合防治示范区”。

（2）社区文体建设到位。坚持以区文化中心、体育中心等区公共文化体育设施为龙头，街镇文体活动场所为中心，社区和生活区文体设施为主体，学校、机关、企事业单位文体设施向社会开放为配套补充，逐步建设形成功能完善、层次分明、布局合理的长效性创建保障机制。全区已建成6个群众文化活动示范点、36个村（居）文化活动室、92个文化活动广场，免费开放率达100%。海沧区文化馆被评为国家“一级馆”，各镇（街）、村（居）100%建成公共电子阅览室和全国文化信息资源共享工程基层服务点。

（3）便民利民服务到位。深入建设智慧社区体验屋、社区信息服务云平台，打造智慧家庭，开发家庭使用的“云平台”，与三级网格化系统对接，打通联系群众的“最后一百米”网路，下放83项社会管理和公共服务事项到街镇、社区，让公共管理和服务进到群众家中，让基层社区有权管事、有人做事、有钱办事，让群众在家中就能办成事。积极规划实施社区商业布局，大力引进包含早餐店、菜市场、便利超市等在内的各类社区服务业态，构建新城社区服务新体系，全面提升服务效率和便捷程度。

3. 营造环境，建设平安文明和美社区

（1）营造平安社区环境。结合“平安创建”，以“平安村居”“无讼社区”“平安家庭”为创建平台，依托三级网格化联动信息平台，实现辖区人口、房屋、单位和企业档案的信息化处理、动态化管理，实现矛盾纠纷排查、化解、稳控、督办“四位一体”，做到“小事不出网格、大事不出社区”。落实多元化纠纷解决机制，建立各类调解委员会72个，其中区级调解中心1个，镇（街）调委会3个，村（社区）调委会36个，警民联合调委会6个，行业性、专业性调委会24个。连续五年实现零赴省进京集体上访；连续八年在全国、省“两会”以及党代会等重要节点实现了零进京赴省上访，到市上访总量全市最少。

（2）营造优美社区环境。植树造林进度连续四年位居全省第一、绿化考评连续六年位居厦门第一，被省林业厅誉为“样板中的样板”；森林覆盖率超43.6%、城镇人均公共绿地面积12.13平方米；城市绿地率、绿化覆盖率、人均公园绿地面积等各项生态指标均位于福建省前列；市容环境舒适、市政设施完善，被确定为全市唯一宜居环境建设示范创建区、全市唯一省城乡环境综合整治优秀示范区；城乡环卫一体化水平位居全国前列，被住建部评为全国首批实现垃圾治理全覆盖县区之一。

（3）营造文明志愿环境。依托各级党组织、文明单位（学校）、社区成立学雷锋志愿服务队伍，全区90家文明单位（学校）、41个党支部、13个村居都按要求成立了志愿服务队伍，志愿者注册人数达4万多人。2013年12月在全省率先出台《海沧区志愿服务管理试行办法》，探索志愿服务制度化建设。海发社区志愿服务站“爱心银行”“我是小袋鼠、垃圾不落地”“保护红树林”志愿服务基地等形成特色志愿品牌，“两岸义工联盟”项目获评“政府创新中国十佳经验”。“无围墙无门槛”型服老志愿者服务项目获评“全国优秀志愿服务项目与志愿者工作案例”三等奖。文明城区创建实现三年三级跳，从2011年的全省第八位到2012年全省第四位，2013年跃居全省第二位。

## 三 加强保障，确保社区建设有效开展

### 1. 完善服务设施保障

积极践行“把最好的场所和环境留给百姓”的为民理念，原行政中心附楼办公的所有单位克服种种困难，在最短的时间内迁至临时过渡场所办公，腾出办公室建成全省面积最大、功能最齐全的区级行政服务中心，实施规范化建设，全面推行“一站式”服务，社区执行“五站六室一中心”的功能设定标准，3个镇街、36个城乡社区均建设有网格化服务中心、便民服务中心，并建有社区学校1所。社区综合服务场所面积每百户平均超过30平方米。三级网格化联动系统中的各级平台特别是社区公共服务综合信息平台均实现政务管理、社会事务、党员服务一体化。

秉着“以人文本、为人民群众办实事”的原则，2014 年 6 月开始，海沧区在全市率先开展村（居）两委办公用房清理腾退工作。全区 37 个村（居）共清理不符合标准办公用房共 100 间，腾退面积 5000 平方米。兴旺社区将腾退出来的办公用房作为健康小屋，海翔社区将腾退出来的办公用房用作图书室、小精灵成长俱乐部，洪塘村将腾退出来的办公用房作为社会组织“言和堂”工作点等，实现“办公用房最小化、服务场所最大化、社会效益最优化”。

2. 强化组织队伍保障

形成以党组织为核心，社会多方参与“一核多元”社区组织队伍模式。充分发挥社区党组织的作用，强化社区居委会对业委会的指导；结合群众路线教育实践活动，进一步强化基层组织建设，设置党代表工作室和党群服务窗口，实现规模以上非公企业党组织覆盖率 100%。社区“两委”结构呈现“一低三高”新特点，即平均年龄降低（41 岁）、文化素质提高（大专以上占 25.1%）、女性比例提高（占 24.3%）、“一肩挑”比例提高（占 23%）。社区工作者 100% 为大专及以上学历。关心激励社区工作者成长，统一社区工作者、农村在职干部、城乡网格员的工资福利待遇，近两年从社区工作者选任事业干部 2 名。

3. 三级网格联动保障

以社区公共服务综合信息平台建设为核心，把全区划分为 39 个城乡社区级网格，299 个城乡单元网格，在全省率先实现城乡社区“责任网格化、平台信息化、管理精细化、服务人性化”的四化管理全覆盖，构建“纵向到底、横向到边、纵横交错”的社会治理新体系，实现以“小网格”服务“大民生”。2013 年 8 月，海沧区在全省率先实现城乡网格化建设全覆盖，区、镇（街）、村（居）三级网格化服务管理综合信息平台实现联网联动。2014 年 9 月，海沧区在全省率先完成三级网格化信息平台升级改造，打造“一个网络、一个终端、一个入口”的升级版“社区公共服务综合信息平台”，实现三级网格化平台互通互联、信息共享、业务协同。

4. 加大社区经费保障

对社区人员经费、社区办公活动经费、社区基础设施建设经费、新建社区开办费、社区工作项目经费五大类进行“分类预算”，社区建设经费每年增幅都在20%左右。两年多来，共投入1.9亿元用于推进社区办公用房及基础设施等配套建设、三级综合信息平台建设，统一社区工作者的工资待遇，城乡社区工作者工资标准达到甚至部分超出厦门市年度社平工资标准。通过“以奖代补”机制，社区工作者工资水平最高达到5400元，接近大学助教水平，系全市最高。

## 四　多元参与，构建和谐社区互动共治新格局

### 1. 创新多元参与机制

一是建立党代表、人大代表和政协委员在社区联系居民、开展工作制度，完善《重大行政决策听证制度》，开放机关事业单位公共服务设施，打造“无围墙政府”；邀请居民群众代表担任效能监督员、行风评议代表，对机关事业单位开展监督评议。二是出台《“以奖代补”项目操作实施办法》、“以奖代补”项目库等操作细则，找准群众需求，通过“以奖代补”的方式，先后推进了公共自行车系统、海沧湾公园等项目建设，立足社区房前屋后的小事，生成、储备一批“以奖代补”项目，广泛发动村（居）、企业、社会组织申报项目，共梳理出绿道与慢行系统等12大类160余个项目，其中民政项目18个，选准社会关注热点和群众所期所盼，激发群众共建共管。三是开展社区“微自治”。农村社区突出自然村的治理，城市社区突出小区的治理，外来人口集中区突出出租房的治理，整合村居委员会、物业、居民、外来人口等多元主体成立议事协商平台；以楼栋、自然村为单位，开展“我爱我楼”“我爱我村”等微单元自治，提升群众自我服务、自我管理能力。

### 2. 培育社区自治精神

把社会主义核心价值体系的教育贯穿和谐社区建设全过程，激发群众的主人翁意识。广泛开展“我爱社区”“我爱我楼”等自治行动，将社区自治下沉至单元楼栋，建立楼栋自治小组，由居民骨干、积极分子等组成，按照自己的事情自己议、自己管、自己办的原则，不断提升社区的自治能力与水平。通过“百姓讲故事、讲百姓故事”等写画讲唱系列活动，让群众自我教育、自我提升，培育勤勉自律、互信互助、开放包容、共建共享的精神。激发群众共建共管热情，让群众自己能办的事自己办。

3. 激发社会组织活力

不断加大社会组织培育发展力度，积极推动政府购买服务工作，引导社会组织力量积极参与社区管理服务工作。一是完善机制建设。出台《关于成立社区发展协会的指导意见（试行）》和《关于加快社会组织培育和发展的实施意见》，鼓励各村（居）整合资源，探索培育海沧区社区发展协会，凝聚各方力量，引导村（居）民参与自治。二是推动平台建设。建立“新厦门人社会组织孵化基地”和区级社会组织孵化基地，为入驻社会组织提供个性化辅导和培训，在项目申报、策划、活动举办、财务托管等方面给予协助。三是探索公益创投。全市首批 6 个公益创投项目在新阳街道正式签约，第二批 15 个公益创投也得到社区能人贤士积极认捐；区民宗局发动宗教慈善团体积极认捐 9 个项目；新厦门人子女的快乐暑假公益项目等获得与会 20 多家爱心企业的强烈关注，以社区公益活动项目为载体，引导辖区企业和社会力量参与社区公益事业。

4. 促进两岸社区融合

一是借鉴台湾“社区营造”理念。与财团法人台湾大学建筑与城乡研究发展基金会、中山大学、厦门大学合作，打造“两居两村”为主体的两岸社区缔造。通过两岸合作和台湾社区共同缔造元素为社会创新治理和共同缔造工作，建立新的城乡连带发展模式。二是建立两岸社区共同缔造例会制度。在“每周一次例会”的基础上，在全区增加“每月月例会”“每季季度会”，交流两岸社区共同缔造工作情况，及时反馈信息，听取工作进度报告，积极交流。三是持续增加两岸氛围。在兴旺社区、海虹社区增加海虹社区开设台胞义工国学讲堂，山后社借助戏台落成之际开展“山后之夜”活动，院前村通过结合“保生慈济文化”“开台文化”等对台文化特色开展“院前之夜”活动。四是涉台司法在率先全国聘请台胞担任人民陪审员和检察联络员、设立涉台海事审判庭、设立基层法院涉台法庭的基础上，再次在全国率先设立首个涉台检察室。五是与市台商协会签订《共同缔造美丽厦门协议书》，邀请台胞担任社区业委会主任和社区居民大学的荣誉校长，聘请台商台胞担任社区建设顾问团顾问。

# 第三节　以社区治理为基础促进社会转型的实践成效

在“共同缔造”的实践推动下，海沧区在探索社会转型的过程中，实现了开放的公共管理与广泛的公众参与，“纵向到底、横向到边、纵横交错、互动共治”的社会治理新格局得以初步建立，实现了政府治理和社会自我调节、居民自治的良性互动，激发了基层社会治理创新的活力。中共中央政治局常委、全国政协主席俞正声，十届全国政协副主席、致公党中央原主席罗豪才，国台办、民政部等中央部委领导先后到海沧考察，对海沧创新社会治理的探索与转型给予高度肯定。而更重要也是最大的收获在于：“你”和“我”变成了“我们”。

## 一　社会转型理念更加深入人心

海沧区以社区治理为基础积极推进社会转型的过程中，社会转型的理念更加成熟，街镇主抓社会转型的举措更加有力，在发动群众参与、创新社会治理方面形成一定的机制体制，群众参与社区治理的积极性明显增强，2014 年度群众投工投劳 3840 个工作日，捐地让地 50078 平方米，房前屋后环境整治等原来一批难点问题得到破解；各部门运用共同缔造理念推动中心工作亮点频出，在文明城市创建过程中老党员义务当起了绿色网吧监督员，“我是小袋鼠、垃圾不落地”活动凝聚起政府、社会、学校、企业等多方合力，石塘卫生服务中心、延奎小学、井延红色教育基地等一批新亮点获得群众称赞，文明创建、平安建设、城市管理等工作与共同缔造结合更加紧密。同时，海沧区仍不断强化社会转型理念引导，2014 年度区一级的讲座、培训、外出参观学习数场、受训人次达 1200 余人次，每个月至少组织一次骨干到先进地区及其他兄弟区学习典型，为社会转型培育更多、更专业的人才。

## 二　以“法治化”打造服务型政府，转变了作风和民风

明确了“什么该放、什么该管”，通过推行权力清单、制定治理体系框架图等一系列举措，转变政府职能，实现行政公共服务纵向到底。共

同缔造实践后，干部晒黑了，群众脸笑了，一些群众形象地说“干部脚沾土、群众心不堵”，通过群众房前屋后、身边小事的项目活动，群众的主体意识得到重塑，“生人社区”变成了“熟人社区”，“他乡”变成了“家乡”，群众口中的“你们政府”也变成了“我们政府”，实现了从“政府独唱”到“政府领唱、社会合唱”的转变。海沧区“政务综合体”荣获 2013 年“中国地方政府创新奖提名奖”；2013 年度海沧综治考评跃居全市第一、获评全市唯一省级平安先进区；政府绩效考评跃居全市第一、文明城区考评跃居全省第二。

### 三　以“软治理”搭建起治理平台，形成了共建和共享

将共同缔造作为一种软治理，搭建起集结群众智慧、参与热情和塑造主人翁精神的治理平台，形成群众参与长效机制，以共同利益为基础，培育出同驻共建理事会、诚信促进会等近百个社会组织，倡导多类型、多层次的群众自治，实现了自治横向到边。政府职能和社区自治的边界逐渐清晰，政府购买服务、企业公益创投等公共服务市场化的创新不断涌现，社区企业、居民参与公共设施的认捐、认养渐成风尚，志愿服务成为很多市民业余时间的优先选择。特别是“以奖代补”的激励作用，形成了群众、企业和社会组织共同参与社会治理的良性循环，为促进社会转型创造了良好的局面。

### 四　以“微自治”催生治理内动力，激发了自治和自强

“微自治”将社区自治内容进行了极大扩展，从绿地认养、房前屋后环境整治等小事到低保户认定、公共服务设施兴建等大事，社区自治已经融入居民生活的方方面面，破解了“居民只讲需求而不讲贡献，社区做得越多被骂的也越多”的困境，群众得到了实惠，基层自治的热情和作用交替上升。同时，通过“百姓讲故事、讲百姓故事”等写画讲唱系列活动，使群众自我教育、自我提升，培育了勤勉自律、互信互助、开放包容、共建共享的精神。社区“微自治”项目获“2013 年度中国社区治理十大创新成果”，“社区网格化治理服务标准化项目”被国家标准化管理委员会确定为全国唯一一个社区网格化试点，也是海沧区社会转型的一大亮点工程。

经过多年来的努力，海沧区的社区管理已经基本覆盖全区，社会转型之路已越走越近，社区硬件设施建设、服务体系建设、工作队伍建设不断完善和加强，市民关注社区建设、参与社区管理的积极性明显提高，也对社会转型给予了大力支持，为全面推进海沧区的社会转型之路奠定了坚实基础。

# 第六章

## 以深化政府治理结构为抓手，优化城市治理现代化体系

政府治理与市场治理、社会治理共同构成了现代国家治理体系中三个最为重要的次级体系①，就政府而言，其作为国家治理体系中唯一具有合法性的强制主体，能够为整个社会创建一个基本的制度环境，保证各项经济和社会政策有效执行②。可以说，有效的政府治理不仅对于全面深化改革、实现治理现代化至关重要，亦能对市场治理和社会治理发挥极大的保障与促进作用。随着改革的不断深入和市场经济体制的逐步完善，经济社会各领域发生了巨大变化，社会转型经历着社会利益不断分化、调整和重新整合的过程，改革过程中各种问题和深层矛盾凸显，执政难度和执政考验不断加大，传统的管理手段和方法已经难以适应新的发展要求，政府治理面临着前所未有的挑战。党的十八届三中全会《决定》提出“国家治理体系和治理能力现代化”这一核心理念，回应了当前改革发展的现实诉求，要解决这些矛盾和问题，需要不断完善国家治理体系、提升国家治理能力。因此，从传统“管理”走向现代“治理”，是基于现实的理性选择，也意味着我国的治国理政方式将面临深刻变化，而在这个过程中，政府无疑扮演着决定性的角色，其自身的改革转变成为能否实现有效治理的关键所在。③

---

① 俞可平：《推进国家治理体系和治理能力现代化》，《前线》2014 年第 1 期。

② 俞大军、范晓丽：《论国家治理体系现代化的实现路径》，《人民论坛》2014 年第 12 期。

③ 洪都：《有效的政府治理是实现国家治理体系和治理能力现代化的关键》，《中国机构改革与管理》2014 年第 5 期。

作为城市治理体系的重要部分，政府治理同市场治理与社会治理一样，被放在了治理体系的突出位置，加强政府治理亦成为地方政府全面深化改革的重要目标任务。海沧区在经历了工业化、城镇化进程后，经济社会发展迅速，但社会管理条块分割的碎片化格局同时导致了职能混乱、政府成本增加、群众办事不便、服务效能降低等问题，社会公众对于加强政府治理的呼声与诉求日益高涨，深化政府治理结构亦随之被提上议事日程。针对经济社会发展的新形势和全面深化改革的新目标，在"共同缔造"的实践中，海沧区即以优化行政流程、拓展平台载体、创新管理机制作为主要路径，为深化政府治理结构进行了多项制度改革，通过树立新的治理理念、运用新的技术手段，明晰职能定位、调整体制机制、规范政府行为，推进管理创新，进一步完善了公共权力和权威的运行机制，优化了政府履行职能和实施公共政策的运作方式。通过深化政府治理结构，发挥政府"元治理"的作用，不仅大力提升了政府自身的治理能力，而且以此为基础，也更好地推动了社会治理，对于提升海沧的城市现代化治理水平发挥了重要作用。重视深化政府治理结构，形成高效的政府治理创新机制，由此成为海沧构建并优化城市治理现代化完整体系的应有之义。

## 第一节　深化政府治理结构，推动完善城市治理现代化体系

党的十八届三中全会对全面深化改革作出重要的战略部署，进一步深化行政体制改革，切实推动政府职能转变，创新政府管理机制，有力提升政府治理水平和能力，使政府尽快适应治理环境和发展方式的变化，增强政府公信力和执行力，建设法治政府和服务型政府，是改革的重要任务。深化政府治理结构，既关注政府职能配置和机构设置的合法性、合理性，同时也考虑政府运作过程的优化与政府行为的规范化，注重运用新的治理工具与技术。因此，有必要将深化政府治理结构作为一项重要的改革议程，并将其纳入整体改革布局中，做到制度与过程并重、体制改革与机制调整并进，全面推动海沧城市治理现代化体系的完善。

## 一　深化政府治理结构在城市治理体系中的重要意义

### 1. 政府治理是城市现代化治理体系的重要部分

在党的十八届三中全会《决定》中，“治理”是关键性概念，从国家治理、政府治理、社会治理、市场治理，到事业单位法人治理、公司法人治理、学校内部治理、社区治理，“治理”概念在《决定》中被明确直接提及24次之多，“治理”成为时代发展的主题。与此同时，国家治理现代化被确定为全面深化改革的总目标，而政府治理、社会治理、市场治理等则成为《决定》所确定和阐发的重要改革内容。可以说，政府治理、社会治理、市场治理等共同构成了国家治理现代化体系的组成部分。对于地方层面而言，政府治理、社会治理、市场治理等则相应构成了城市治理现代化体系的组成部分。

在市场经济条件下，市场活动和运行机制的复杂化，社会结构和社会矛盾的多样化，要求政府治理实现合理化和高效化，由此要求政府治理在国家与社会、政府与市场、政府与公民的关系中予以清晰定位。基于此，政府通过加强对自身的内部管理，优化政府组织结构，改进政府运行方式和流程，强化政府治理能力，从而使政府全面正确履行职能，提高政府行政管理的科学性、民主性和有效性，推动实现现代化治理目标，正是其作为城市治理现代化体系重要部分的题中应有之义。根据十八届三中全会《决定》，在新的历史时期，政府自身的治理优化，就是要建设法治政府与服务型政府。

### 2. 深化政府治理结构有助于推动社会治理

政府治理与社会治理二者为国家治理的分支范畴和子领域，属于并列关系，并在一定框架内存在交集联系。在我国，社会治理是指在执政党领导下，由政府组织主导，吸纳社会组织等多方面治理主体参与，对社会公共事务进行的治理活动，是“以实现和维护群众权利为核心，发挥多元治理主体的作用，针对国家治理中的社会问题，完善社会福利、保障改善民生，化解社会矛盾，促进社会公平，推动社会有序和谐发展的过程”。按照党的十八大报告，我国的社会治理是在“党委领导、政府负责、社会协同、公众参与、法治保障”的总体格局下运行的中国特色社会主义社会管理。十八届三中全会的《决定》在全面深化改革的意义上进一步指出，我国的社会治理主要关节点在于“四个坚持”，即“坚持系统治理，加强党委领导，发挥政府主导作用，鼓励和支持社会各方面参与，实现政府治理和社会自我调节、居民自治良性互动。坚持依法治理，加强法治保障，运用法治思维和法治方式化解社会矛盾。坚持综合治理，强化道德约束，规范社会行为，调节利益关系，协调社会关系，解决社会问题。坚持源头治理，标本兼治、重在治本，以网格化管理、社会化服务为方向，健全基层综合服务管理平台，及时反映和协调人民群众各方面各层次利益诉求”。由此体现了社会治理中党和政府的公共权力与社会组织和公民权利之间的协调合作与和谐平衡。

在社会治理中，政府对于社会公共事务的管理，是政府治理的重要内容，而维护保障公民社会权利，完善社会福利，改善社会民生，化解社会矛盾，促进社会公平正义，推动社会有序和谐发展，则是政府治理中社会职能的集中体现。另外，社会治理呈现三种基本状态，即政府对于社会的治理、政府与社会组织和公民的合作共同治理、社会自治。在这其中，政府对于社会的治理，实则是社会治理的主体形态和主要内容。而政府与社会组织和公民的合作共治、社会自治，在广义上，也是政府治理的紧密相关内容，需要政府在改革进程中，“正确处理政府和社会关系，加快实施政社分开，推进社会组织明确权责、依法自治、发挥作用”。与此同时，加强对于社会组织的领导和引导。而为了更好地推动社会治理，政府加强对内部的治理则成为重要前提，政府只有在治理好自身的基础上，才能够更好地推动社会治理，为实现善治目标提供基础与保障作用。因此，在新时期新形势下，深化政府治理结构对于完善城市治理现代化体系而言同样具有重要意义。

## 二　海沧区深化政府治理结构的架构设计

在行政改革创新的环境下，海沧区政府主体基于各级政务服务平台，在有限的能动空间内，强调社会客体的实际感官体验，以体系内个体的自发创新为基础，以行政流程、行政服务、行政效率等的局部改善为手段，渐进式深化政府治理结构。并以此为基础，增强政府自身的能动作用，以改善行政体系末端微循环为突破，更好地回应社会客体的具体诉求，提升政府的行政效率和行政能力，从而最终为构建城市治理现代化的完整体系作出有益探索。

就海沧区深化政府治理结构的架构设计而言，分别围绕“优化行政流程”“拓展平台载体”和“创新管理机制”三条路径展开，重点关注行政过程及其具体环节、政府治理工具与技术、政府管理机制等，既包括对多项现行制度的改革与完善，也包括根据区情实际因地制宜、推陈出新的尝试与探索，凸显了海沧区深化政府治理的革新性与创造性。具体来说，呈现出以下几个方面的特点：

一是注重优化制度安排。通过信息公开、政务公开、制定权力清单，推行行政审批、商事制度改革等一系列制度安排，加强了对政府的激励和约束，提高了政府管理运行的效率。

二是注重完善治理机制。通过各种平台途径倡导参与式、协商式治理，鼓励公众积极参与政府治理过程特别是参与决策过程，建立政府与公民及社会组织的合作、协商和伙伴关系，增加公民在决策过程中的发言权和问责度，进一步完善治理机制。

三是注重革新治理技术。海沧在政府改革过程中广泛采用了技术手段和信息通信技术等新技术对政府治理进行“流程再造”，提高了政府治理的绩效。在政府治理过程中引入信息技术，改造政府的组织结构、权力和责任配置结构及工作流程，实行电子政务并最终走向电子化治理。电子化治理已经成为海沧区进行政府治理的一种重要的新形态。政府治理技术的革新和新技术的采用在促进海沧深化政府治理变革方面正发挥着越来越重要的作用。

## 第二节　优化行政流程，提高运行效率

衡量政府治理水平和治理能力的标准，一是政府是不是管了自己应该管的事；二是政府是不是管好了自己应该管的事。前者是政府职能科学定位的问题，后者则涉及政府效能问题。[①] 海沧区通过清理精简下放行政审批项目，优化行政审批流程，推行“一站式”服务，行政审批制度

① 洪都：《有效的政府治理是实现国家治理体系和治理能力现代化的关键》，《中国机构改革与管理》2014 年第 5 期。

改革取得新进展；推进商事制度改革，发挥市场在资源配置中的决定性作用和更好发挥政府作用，通过明确政府治理边界、转变政府职能激发了工商改革领域的新活力，从而真正实现了管理并管好该管的事，政府的行政运行效率得到极大提升。

## 一　深化审批制度改革，重新解构行政管理流程

行政管理流程指的是行政主体进行行政管理所经历的各个环节，是行政主体行使行政权力，进行行政行为所应遵循的方式、步骤、顺序和期间的总和。行政管理流程能否适应新环境、新要求是社会客体满意与否的基础。海沧区纵向政府间关系的一个重要特征是职责同构，即不同层级的政府在纵向间职能、职责和机构设置上高度统一，这是政府职能转变不到位、科层体制矛盾缺陷突出等一系列重要问题难以解决的主要原因。现阶段，海沧区还不具备全面调整政府权力结构和重新配置职责的前提，在此情况下，对行政管理流程进行调整重构，既不使正常行政流程受到大的冲击，又可以在一定程度上缓解当前的矛盾，不失为一个可行的方案。

深化行政审批制度，打造行政运行机制创新工程是海沧区重构行政管理流程的重要举措。认真清理各项行政审批事项，压缩行政许可事项办理时限，通过区政府审核上网公开发布，促进行政权力的透明运行，主动接受社会监督。在行政审批事项物理整合的基础上，积极推进网上审批和电子监察工作，尽可能实现“一站式”的审批服务。拓展网上服务平台，充分运用科学管理办法和现代科技手段，推广网上办公、并联审批、电子政务等便民新举措，全面推进所有审批事项的网上审批和电子监察。同时，结合行政服务中心标准化建设契机，推动有条件的部门集中审批职能成立审批科整建制进驻，实现充分授权，减少内部环节。做好审批事项的梳理，减少不必要环节。一是重建行政作业标准。摒弃不必要的行政事务和流程。在此基础上，以统一的政府服务项目服务结果来整合同类型行政产品的各项要求，完善标准的统一化，形成强制各相关部门认可的标准化、格式化的作业标准，并通过政务信息公开等渠道向社会发布。二是调整行政操作程序。现行行政操作程序的各个环节是线性串联的，行政客体获取资格审批的过程更多是一种重复跑各部门、

重复提交各种资料的无谓消耗。通过建立完善的政府相关部门内部沟通和信息共享机制，将行政操作流程的各个环节转变为非线性并联式，从而避免重复性工作。三是改进行政服务窗口。行政服务窗口是行政管理流程的直观表现方式，行政服务窗口改进的目的是使重新构筑的行政管理流程所取得的成果得以充分利用，通过实体窗口（集成多职能部门的一站式服务大厅）和虚拟窗口（政务网络服务平台）直接改善行政客体对政府行政服务环境的感官，并通过创新受理反馈以及编码标记的方式等来持续改进行政客体的感官体验。

## 二　推行商事制度改革，厘清政府市场治理边界

市场经济本质上是市场决定资源配置的经济。对政府来说，实现有效治理，首先要遵循“市场在资源配置中起决定性作用”这一基本规律，正确处理政府与市场的关系，清晰定位政府的职责和作用。长期以来，政府对自身职责的认识不清，政府在经济活动和公共治理中处于强势地位，在一定程度上抑制了市场的生机和活力。要实现“市场在资源配置中起决定性作用和更好发挥政府作用”，关键在于政府能否将自己的职能定位清晰。

海沧区政府推进商事制度改革，深化行政审批创新，由“先证后照”改为“先照后证”、实行“一照多址、一址多照”、改注册资本实缴制度为注册资本认缴制度，商事登记办理时限由5—7个工作日缩短至3个工作日。率先全市开设区级企业设立并联审批，为拟登记注册资本1000万元人民币（含1000万元）以上的新设内资公司、新设外资公司（不设限），以及其他列入市、区重点招商项目的新设公司三类企业提供办理工商营业执照、公章刻制、组织机构代码证、税务登记证等审批服务项目的并联审批服务，实行“一表申报、一口受理”服务模式，企业设立所需办理的证照手续由30天的审批流程压缩至4天办结，压缩率达86%。推行容缺审批，压缩审批时限。深化简政放权，精简行政审批服务事项118项，精简率达31.38%；下放95项基层需要且能够承担的社会管理和公共服务事项至镇街和社区。海沧区全面正确履行政府职能，保持宏观经济稳定，加强和优化公共服务，提供公共产品，保障公平竞争，加强市场监管，维护市场秩序，推动可持续发展，促进共同富裕，弥补市场

失灵，积极探索政府行为和市场功能的最佳结合点，政府行为在调节经济、弥补市场功能失灵的同时，避免和克服自身的缺位、越位、错位，其管理和调控的范围、力度不能超过维持市场机制正常运行的合理需要，政府治理取得了成效，为市场的有效运行创造了良好的发展环境，真正发挥了政府应有的功能。

## 第三节　拓展平台载体，改善服务效果

政府实施行政管理与服务需要依托一定的平台载体进行，通过搭建有效的平台载体、创新管理手段与服务方式，能够帮助政府更好地提供公共服务、改善服务效果。海沧区通过建立行政服务中心，实现了政府与社会的无缝对接，大大提升了管理服务的精细化程度；通过建立双月座谈机制，改变传统的管理模式，构建起政府与社会、公民间新型的合作协商关系；同时，重视发挥技术的作用，通过在三级网格化体系中加强新技术、新媒体的运用，海沧区更好地实现了电子化治理，帮助政府决策更加科学化、有预见性，并进一步使公共服务的提供更趋智能化、人性化。

### 一　建立行政服务中心，打造行政管理精细化服务

政府行政行为的目的主要是为经济发展提供保障和更好地为社会公众提供服务。随着社会管理创新在各级政府的有效推进，行政控制正逐步淡出政府对社会领域的管理，越来越多的服务理念被注入各级政府的行政行为中，但基层政府要真正转变为服务型政府，还需进一步推进行政管理和服务的精细化，通过有序的管理和优质的服务，增强行政客体对政府的信任度，从而使现实中的行政治理行为更好地呼应权力的委托关系。用技术创新方式来实现行政管理服务的精细化，就是要不断通过微小的管理手段和服务方式的创新，提高行政管理的精确度和有效性，改善行政服务的覆盖度和满意度。

基于这一理念，海沧区在全省率先建成面积最大、功能最全的县（区）级行政服务中心。同时也是审批服务事项最多、信息化程度最高的县（区）级行政服务中心。中心设置 92 个窗口，囊括 600 项审批服务项

目，实现“一个窗口受理、一站式审批、一条龙服务、一个窗口收费”，架设全省行政服务中心首个移动4G网络并免费开放，设置岛外首个、全市群众办事窗口首个母婴哺乳室。行政服务中心的设立，具有重要意义：一是创新了行政管理服务的沟通方式，实现政府与社会的无缝对接。通过建设基于地理信息系统、人口信息系统的虚拟管理网络，一站式服务的集成网络办事平台，特色鲜明的电子政务平台等，充分实现行政资源与社会资源的有效互动、联动与反馈，不断扫除政府行政管理和服务的盲点，不断缩小政府和社会之间的距离，使行政客体能够真正感受到政府的诚意。二是提升了行政管理服务的精细程度，转概括性管理为实时细致的关注与服务。通过建设开放式的行政管理系统，将政府内部各部门的行政管理触角延伸到各自领域的最底端，全面了解领域内的实际情况和精确数据，整合第一手信息资源，及时更新、分析，以提升行政决策的针对性、准确性、前瞻性，更加契合行政客体的实时需求。

## 二　创建三级网格化体系，运用新技术改善治理成效

政府行政管理和服务不能故步自封，必须与时俱进，不断吸收、借鉴和运用在其他领域已经取得成功经验的技术和媒体加以提升，继而整合创新政务的受理和传播模式，推动政府政务技术水平的不断革新。推动新技术、新媒体在政务上的综合利用，就是要通过推行统一的介入标准和便捷的介入方式，为政府的行政管理与服务提供便利。

为此，海沧区在全省率先建成三级网格化系统。构建“纵向到底”的社会管理体系，建立了全省首个区—镇（街）—村（居）三级网格化联动系统。在“美丽厦门·共同缔造”实践中，充分发挥三级网格化平台的作用，双向推进“自上而下”宣传动员与“自下而上”意见收集工作。同时，创造性地将区级网格化指挥中心与区级政务服务中心联合设置，将“五个中心”纳入其中，实现了从行政事项审批到居民应急求助的全方位服务。一是实现了电子政务的统一化和综合化。以改善行政客体的感官满意度为目的，致力于创新设置跨部门、跨系统的电子政务接入标准，逐步提升电子政务系统的连通度和开放度，以完善的技术标准来破解物理间隔、职能壁垒，将各分散的行政环节整合到一个电子政务平台中来。二是运用新技术破解了传统政务的传播困境和空间障碍。通

过逐步利用新技术来改善政务的接入方式，把握当前现代移动互联终端不断智能化这一现状，利用诸如手机政务应用程序等技术手段，构建便捷的政务信息传输、处理、反馈系统，为行政客体提供一个无缝、实时的便捷政务服务网络。三是实现了前沿技术在政务领域的快速导入。改善行政客体对政府行政感官的新技术、新媒体都能快速纳入并应用于政务领域。如利用网络新闻、微博等渠道实现政务情报的捕捉和搜索，利用云计算、大数据技术等从巨量的数据信息中解析出行政客体的行为特点和趋势等。使新技术、新媒体能够促进政务技术的不断发展与进步，以技术应用消除决策迷雾和治理困境。

### 三　开展双月座谈，四下基层，构建治理主体合作协商平台

治理是各种公共的或私人的机构管理其共同事务的诸多方式的总和，是一种调和不同利益主体之间冲突和利益，并促使其联合行动的持续过程。治理强调多元化、民主、合作的公共管理，强调政府与社会的互动。在海沧区，政府、社会、公众的合作共治已成为重要的政府治理模式。海沧区建立了台商双月座谈会机制，通过定期座谈，充分了解台商的投资意愿和利益诉求，为实现治理主体的合作协商构建了平台。

通过改变传统的管理模式，建立起政府与社会、市场、公民个人之间的新型合作关系，从而使政府从全方位服务提供者的角色中解脱出来，变“划桨式”政府为“导航式”政府。政府与社会组织、企事业单位、社区以及个人等不同的行为主体，通过平等的协商合作，依法、民主、科学地对地方的经济政治社会文化等事务进行规范和管理，鼓励不同主体发挥自身优势，形成政府、社会、公众共治共管的局面。

在市场化、城市化、信息化与网络化、公众权利意识增强这四种力量的推动下，资本、个人、社会组织等正逐步成为地方治理中的活跃分子，传统的单中心、单一回路且具有强烈强制色彩的单边治理结构已难以适应行政客体的需要，不能为深化改革提供强有力的动力，这就需要构建行政治理的多边结构，将除了政府之外的市场、民众、社会等主体纳入行政治理范畴，进一步形成多元主体带来的多元思维、多元资源和多元表达，最终通过博弈、协商等多边治理方式形成体现不同利益主体需要的行政治理方案，推动政府治理走向善治。

在各个治理领域中导入其治理的“参与者”，通过逐步完善沟通渠道和参与渠道，使隐藏在复杂社会背景中的具体诉求规范化显现出来，进而逐步改善决策过程，使决策能够在政府主持的协商平台上，在理解和融合之后再决策，从而形成一个自律、持久、稳定的多边治理关系。其中应注意把握以下四个关键点：一是妥善处理政府、市场、公众、社会等主体之间的关系；二是强化各主体之间的沟通和互动；三是更好地体现各主体的利益诉求；四是提升行政过程的透明度。

## 第四节　创新管理机制，提升行政能力

创新政府管理机制，规范政府行为，实现政府职能、行政运行机制和管理方式的根本转变，增强政府公信力和执行力，建设法治政府和服务型政府，是海沧区深化政府治理结构的又一重要举措。实施多规合一，保护生态红线，加强政务公开，制定权力清单，坚持了法制、制度和程序优先的原则，使权力的运行纳入法制化、制度化、程序化轨道，保证按照法定权限和程序行使权力、履行职责。改革干部考评制度，严格规范和限制领导干部的职责权限，完善绩效评价体系，形成正确的干部行为导向机制。深化财税制度改革，使财税政策更加符合科学发展需要，为海沧的城市现代化治理提供了良好制度保障。

### 一　实施多规合一，保护生态红线，提升法治化治理水平

实现有效治理最重要的途径就是将治理纳入法治轨道，运用法治思维和法律制度推进治理实践。国内外大量实践证明，依法治理和依法行政，是治理体系和治理能力建设的重要基础。

基于此，海沧区严格执行“多规合一”、生态红线保护制度，统一空间规划平台，提高城市治理能力。在国民经济与社会发展规划、城乡规划、土地利用规划“三规合一”的基础上，继续推动环保、海洋、林业、水利、交通、产业等涉及用地空间的相关部门规划，形成全市“多规合一”的一张图，明确各类边界限调整的运行机制和管理规定，提高规划的严肃性、统一性和延续性。制定“三规合一”控制线管理规定，明确用地调整的规则。制订“三规合一”运行实施方案，构建由区政府统筹、

多部门参与的协调咨询工作机制，制定一套部门间协作的管理流程，保障“三规合一”进入政府部门常态化管理，设定和规范修改过程和动态更新维护，保障规划实施。“多规合一”不仅是一个一般意义的协调规划，而且是规划编制与管理体系的改革创新。

在“三规合一”一张图基础上，构建全市统一的空间信息联动管理平台，在初步实现了建设项目信息、规划信息、国土资源管理信息的资源共享共用基础上，将全市涉及用地空间行政审批的事项接入该平台。将该信息平台进行全市行政审批系统的网络互通，以该信息平台为基础，变串联审批为并联审批，变行政相对人跑为政府部门内部协调，按照“首接接任制，一个窗口进，一个窗口出”重新建立新的审批流程和管理规则。改变现有建设审批各部门互为前置，行政相对人在各部门来回奔波、审批效率低下的问题，以信息化为手段，简政放权，实行政务公开，转变政府职能，提升行政效能，这也是海沧城市政府提升治理能力现代化的重要平台。

以空间信息平台为基础，加快推进网上审批、政务公开，特别是将涉及全市生态安全、民生保障的各类用地控制线上网公示，进而强化公众对城市发展决策和管理的监督，为提高决策的民主化、科学化奠定基础。

## 二　改革干部考评与财税制度，优化政府组织结构和运行机制

海沧区深入贯彻落实党的十八大、十八届三中全会精神和习近平总书记系列重要讲话精神，按照省委九届十次全会和市委十一届六次全会、区委五届三次全会的总体部署，紧紧围绕“美丽厦门”战略规划及“美丽厦门·活力海沧”等部署的目标和要求，建立符合街镇主体功能定位的考核评价体系，充分发挥综合考核评价的导向、激励和约束作用，提振干部精神状态、激发干事创业热情，打造“服务加绩效型”领导班子，培养“敬业加专业型”干部，推动各街镇实现统筹发展、创新发展、绿色发展、为民发展，促进全区干部作风的持续转变。

综合考核评价工作遵循了以下原则：一是统筹协调，科学发展。引导领导班子和领导干部树立和落实正确的政绩观，推动经济建设、政治建设、文化建设、社会建设、生态文明建设协调发展，实现“百姓富”

与“生态美”有机统一。二是突出功能，差异评价。各街镇突出主体功能、发展重点和优势特色，区直部门突出不同职能、性质和特点，设置各有侧重的考核重点，发挥考核的“指挥棒”作用，实现各功能区差异化发展，增强考核针对性。三是实干实考，综合研判。注重日常考核与定期考核、定量考核与定性考核、实绩分析与群众公认相结合，在重点项目、征地拆迁、社会稳定和“美丽厦门·共同缔造”的实践一线考察识别干部，公正客观评价领导班子政绩。四是知人善任，正确导向。将综合考核评价结果作为加强领导班子建设、科学评价干部、选拔任用干部的重要依据，真正做到知人善任，知人善免，形成“让能干事者有舞台、让干成事者得发展”的良好导向。

党的十八届三中全会《决定》对深化财税体制改革、更好推进财政工作提出了明确要求。海沧区通过调整实施新一轮区对镇（街）财政管理体制，深化改革创新，发挥财税体制支撑作用。贯彻落实《决定》“透明预算、提高效率，建立现代财政制度”的要求，着力创新体制机制，使财税政策更加符合实际和科学发展需要。稳步推进财政预决算公开，不断增加透明度。强化预算执行的管理，确保预算执行均衡，提高预算执行管理效率。完善区对镇（街）财政管理体制，财力分配尽可能向镇（街）倾斜，鼓励镇（街）加快发展。同时保障改善民生，健全基本财力保障机制。贯彻落实《决定》关于“健全社会保障财政投入制度，完善社会保障预算制度”的要求，以及各级党委、政府和上级财政部门民生工作的部署，强化保障要有新举措，改善民生要有新成果。严格执行年度支出预算，完善基本财力保障机制，大力优化财政支出结构，优先“保工资、保运转、保民生”等重点支出。进一步提高财政运行质量，积极筹集调度预算内外资金，尽力保障重点工程、重点项目支出需要，保障党的惠农惠民政策不折不扣地落到实处，保障财政正常运转和社会安定，确保财政预算平衡。

### 三　加强政务公开，制定权力清单，建立权力制约和协调机制

权力是一柄“双刃剑”，防止权力滥用，最有效的办法就是让人民监督权力，让权力在阳光下运行。要做到这一点，必须把权力关进制度笼子，构建有效的权力制约和协调机制。

海沧区根据国务院、省、市政府的统一部署，拓展公开渠道，深化公开内容，提升政务服务水平，加强互动交流，依法、及时、准确、有序地向社会公开政府信息。同时，将推进政府信息公开与服务经济社会发展、转变政府职能、规范行政权力运行、促进依法行政紧密结合，政府信息公开工作已逐渐步入常态化、长效化、规范化管理轨道，取得了新成效。一是建立健全政府信息公开长效机制。海沧区政府信息公开领导小组统筹指导全区政府信息公开工作，落实相关部门的工作职责，积极推动全区政府信息公开工作有序开展。完善政府信息发布协调机制和信息公开保密审查制度，严格执行信息公开工作从源头上介入对文件公开属性认定的工作程序，确保政府信息公开工作的规范运行。规范各项政府信息公开工作要求，执行《政府信息公开目录报送制度》，通过目录月报核查25家单位政府信息公开工作情况，强化对全区政府信息公开工作的监督力度。二是不断创新政府信息公开形式。主要包括以下几种：（1）适应新媒体广泛应用的新形势，创新政府信息公开渠道，开通“海沧微政务”微信平台和微博，提供政府信息公开、推送政务服务和便民服务。（2）深化政民互动，搭建全方位政府服务热线平台，实现电话、网上即时通信、视频通话等多渠道咨询、建议、投诉及办事结果查询功能，实现与公众“点对点”“面对面”的沟通，提高互动的广泛性、针对性和及时性。（3）推进政府信息公开下基层，依托行政服务中心设置政府信息公开吧，在社区和行政服务中心设置政府信息公开查询机。（4）充分发挥政府网站在信息公开中的平台作用，更新改版区政府门户网站，调整完善信息公开目录分类设置，及时发布需要社会公众广泛知晓的政府信息。举办14期领导在线访谈，围绕社会热点和工作重点，实现领导与公众实时互动交流。三是增强政府信息公开工作要点的落实力度。为进一步深化区政府信息公开工作，确保各项工作有效落实，海沧区于年初制定2014年海沧区政府信息公开工作要点，明确各部门职责，推进全区政府信息公开工作有效落实。其一是以推进行政权力公开透明运行为重点，梳理行政权力379条，并整合成办事服务资源专栏；其二是不断扩大公开范围，细化公开内容，在区政府网站开设财政资金、征地拆迁、安全生产、工程建设等八项重点公开项目专栏；其三是加强信息解读工作，通过举办政府网站在线访谈，对辖区校园建设、公共卫生服务新标准、单独两孩政策等民众关心的热点问题进行解读；其四是按时清理及移交政府信息公开档案，2014 年部分文档目录亦移交至区档案馆；其五是建立政务舆情信息管理制度，坚持和完善办公室统筹、专人采编、领导审批把关等工作程序。

实践中，海沧区还坚持深化简政放权，着力打造现代政府治理的升级版。采取减、放、并、转等措施，梳理精简行政审批服务事项 118 项。对于法律适用条件变更，实践中无审批条件的项目，探索予以调整和取消，目前已梳理出拟取消项目 6 项，有效缩减了审批事项。推动事权下放，将 94 项基层能够承担的社会管理和公共服务事项下放到街镇和社区，确保群众在家门口就能办成事。其中，新阳街道积极创新社会治理改革工作思路，推进便民服务中心及社区工作站便民服务改革，从 2014 年 8 月 4 日起，撤销街道便民服务中心，街道所有面向群众的 19 个行政事项全部下放到社区工作站，最大限度方便群众，做到“机构下沉、服务下沉、人员下沉”。同时，本着方便辖区企业、群众办事的原则，积极争取市级事权下放。区纪委高度支持此项工作，明确将各部门积极争取市级事权下放的工作情况纳入 2014 年区直部门绩效评估指标，作为重要加分项目，充分激发部门申请市级事权下放的主动性、积极性。目前，共拟申请市直单位下放的审批事项达 25 项，系全区最多。

与此同时，深入开展“晒权力清单”。对全区 22 个区直部门的行政职权，包括行政审批、行政确认、行政处罚、行政强制、行政征收、行政征用、行政裁决、行政给付、行政监督检查等进行全面梳理，严格规范行政职权边界和标准，编制职权运行流程图及清单手册，公开各项行政职权，主动接受社会公众的监督，推动行政职权公开透明运行。目前共梳理出 2847 项行政职权，其中审批类职权 173 项。

下一步，海沧区将致力于推进以下几项工作：一是强化权力清单管理。抓好“权力清单、公共服务事项清单、涉企收费清单”这三张清单的具体要求，以合法性、合规性、合理性为原则，完善职权清单手册，对清单实行动态管理，严格规范行政职权边界和标准，依法调整收费罚款项目。积极对接上级部门，承接好上级下放的各项权力。尤其是推进自贸区建设，积极探索“负面清单”创新管理等方式，全面推进政务公开，强化行政权力制约和监督，推动行政职权公开透明运行。二是深化权力下放工作。继续深化行政审批制度改革，进一步精简前置审批，把简政放权、放管结合向纵深推进。推进“政社清单”开列，明确政府延伸至社区的职能清单，厘清政社关系。持续推广便民服务中心及社区工作站便民服务改革，推进街道行政事项全部下放到社区工作站。三是强化行政服务标准建设。进一步完善行政服务标准体系，让行政服务做到“事事有标准可依、每个岗位有标准规范、人人按标准履职”。推进“三集中”改革，通过整合职能部门行政审批内部运行机制，归并行政审批职能，优化机构设置和职能配置，整建制进驻区行政服务中心。充分运用技术支撑，通过信息共享、业务协同、互联互通等方式，建立健全行政审批信息管理平台。完善网上审批服务，逐步推进行政审批事项网上申报、受理、咨询和办复。开发、配置综合性行政审批自助服务终端，提升 24 小时自助行政服务平台。

# 第七章

## 以“两个融合”为引领，凸显城市治理现代化体系海沧特色

海沧从设立行政区之初就被赋予“三新”（新港区、新工业区、新市区）的定位，之后经过“四个定位”（东南国际航运中心、海西先进制造业基地、厦门健康生态新城区、对台交流合作先行区）再到如今的“五新”（新港口、新产业、新城区、新家园、新机制），不难发现，“对台先行”和“新城区”始终是海沧城市发展建设进程中一以贯之的两大特色定位。

作为全国设立最早、面积最大的台商投资区，海沧因台而设、因台而兴，区内最大的企业为台企，台商则为数量最多的客商，实际利用台资约占全区利用外资的50%，台资企业产值在全区工业产值中高达40%；台胞台属人数超过万人，系厦门市台胞人数最多的地区，海沧作为促进两岸经贸合作、交流交往的先行区地位可见一斑。由此，如何进一步打造两岸合作交往的前沿平台，促进两岸融合、构建两岸同胞新家园，成为海沧城市治理中的突出问题。同时，作为厦门的新城区，随着海沧的崛起，区内人口数从2003年的不足13万暴涨到2013年的45万，流动人口近30万，是户籍人口的2倍，成为厦门市外来人口密度最高的区域，由此导致人口流动加剧、社会力量沉寂，外来人口对新城区认同感归属感低、参与管理的自觉性主动性不高，群众利益碎片化、岛内外发展不均衡、社会矛盾冲突多发等问题，给海沧的城市治理带来了诸多新的挑战，新城区治理工作的相对薄弱亦影响了海沧城市治理实现现代化的发展的进程，促进新老厦门人融合因此显得尤为迫切。

为加快实现多元开放、兼容并包、和谐共融的城市现代化治理格局，

化解社会矛盾冲突，夯实社会治理基础，海沧区在“共同缔造”实践中将促进“两个融合”工作作为构建城市治理现代化体系的重要内容，积极探索加强“两岸融合”“新老融合”的路子，通过采取多项措施，让两岸同胞、新老厦门人真正成为社会治理的主体，共同参与社会事务治理，通过鼓励多元参与、协商共治，实现社会治理良性互动新局面，充分凸显了城市治理现代化体系的海沧特色，成为海沧城市治理现代化体系区别于其他城市治理体系的亮点与创新。

## 第一节　以两岸融合为导向,打造两岸新家园

海沧的最大特色在对台，起源于邓小平同志亲自指导的“901”工程，是全国设立最早、面积最大的国家级台商投资区。作为两岸经贸合作、文化交流的前沿阵地，促进“两岸融合”一直是海沧区政府工作的重要使命。在“美丽厦门·活力海沧”的共同缔造实践中，如何更好地以加强“两岸融合”为引领，打造两岸同胞新家园，实现城市社会治理多元开放、兼容并包、良性互动、和谐共融新局面，是海沧进一步完善城市治理现代化体系的重要任务。

### 一　加强“两岸融合”的实践进程

#### 1. 加强“两岸融合”的背景与动因

党的十八届三中全会把创新社会治理机制作为推进国家治理体系和治理能力现代化的重要内容，成为一段时期以来的政治热点和各个地方政府探索实践的重点。2014 年 2 月 18 日，习近平总书记在会见连战一行时强调，希望双方秉持“两岸一家亲”的理念，顺势而为，齐心协力，推动两岸关系和平发展取得更多成果，造福两岸民众，共圆中华民族伟大复兴的中国梦。在这一背景下，厦门市以“美丽厦门·共同缔造”创新社会治理、推动两岸融合的动因主要包括：

一是为了把“两岸一家亲”的理念变为更广泛的现实。海峡两岸秉承一家亲的理念，是实现和平统一坚实的思想基础。党的十八大报告提出“和平统一符合包括台湾同胞在内的中华民族的根本利益。实现和平统一首先要确保两岸关系和平发展”；在两岸交流合作上，提出“深化经

济合作，厚植共同利益。扩大文化交流，增强民族认同。密切人民往来，融洽同胞感情。促进平等协商，加强制度建设”。厦门市两岸新家园建设虽然历时很短，但已经在增强认同、融洽感情、促进协商方面起到了良好的示范作用，为开展对台工作打开了广阔的空间。

二是为了顺应时代诉求，找到两岸融合的新突破。2008 年以来，在两岸同胞的共同努力下，两岸关系实现了历史性转折，发生了重大、急剧的变化，进入了60 多年来关系最好的时期。登高望远，站在新的历史起点上，两岸同胞对两岸关系的发展必然有了更多期许。两岸的进一步融合亟须新的着力点，构筑新的平台。这一平台必须能够接纳最广大基层台胞的参与，寻求两岸人民意愿的最大公约数，又必须涵盖和辐射政治、经济、文化等各个方面，能够有效承载两岸整体关系进入更加稳固、更加密切的“新常态”。在高层政治往来频繁热络、经济发展水平相差无几、历史文化同宗同源的情况下，增进两岸社会建设领域的交流合作、共同促进大陆地区社会治理创新、赢取更多台胞认同成为必然的选择。

三是为了满足台胞需求，构建两岸融合的新家园。人民群众是历史的创造者。万丈高楼平地起，实现两岸融合的最终落脚点必须是人民，即最广大的基层民众。基层民众交流基础决定上层的决策走向以及中华民族的未来道路。只有两岸基层民众亲密友好、心无嫌隙，上层政治、经济往来才能畅通无碍。从厦门市的情况来看，解决在厦台胞融合、融入问题当为关键。在两岸和平发展的大背景下，6 年多来，来厦居住和活动的台胞逐年递增，目前在厦门工作、生活、求学的台胞已超过 10 万人。广大在厦台胞积极参与经济、教育、卫生、文化、体育等各项社会事业建设，发挥着越来越大的作用。但是，从最基本的社区生活上看，还存在参与意愿不高、参与活动较少、参与途径不多等问题。与台胞在台湾参与社区活动的热情和频繁程度相比，既存在不小差距，也存在巨大潜力。

四是为了创新社会治理，完善社区治理的新结构。当前，厦门市正按照党的十八届三中全会精神，以“美丽厦门·共同缔造”为地方模式的指引，积极探索城市治理体系和治理能力现代化的实现路径。厦门有许多社区聚居着大量的台商台胞，社区周边有许多台企，在社区公共事业单位就职的台胞向社区提供了社区医疗、教育等基础服务，因此，完整社区的打造离不开台胞的参与和支持。同时，台湾地区的社区营造工作起步较早，积累了大量实践经验成果，带动了广大基层民众参与实践，在厦多数台胞对社区营造耳熟能详。借鉴台湾社区营造的做法经验，吸纳台胞参与厦门社区治理和社区建设，有利于少走弯路，取得事半功倍的效果。

2. “共同缔造”构筑对台工作新平台

1989年5月，海沧台商投资区经国务院批准设立，是中国大陆设立最早、面积最大的国家级台商投资区，起源于邓小平同志亲自指导的“901”工程。海沧因台而设、因台而兴，坚决贯彻落实中央对台工作方针政策，立足对台交流先行先试，秉持“两岸一家亲”的理念，充分发挥对台的区位优势，按照“两岸一家亲、共建新家园”的要求，积极打造两岸经贸合作、两岸交流交往、两岸同胞融合的前沿平台，共同缔造两岸同胞融合的新家园，两岸融合成为海沧探索基层社会治理创新的一个特色品牌。

（1）打造两岸经贸合作的前沿平台

一是利用台资不断取得新成果。海沧最早的项目是台资、最大的企业是台企、最多的客商是台商，台塑集团、宸鸿集团、正新橡胶、东元电机、联强国际5家台湾百强企业到海沧投资设立了9家企业。目前，海沧高新技术台资企业11家，台资项目主要集中在化工、电子、机械、橡胶等行业。近年来，台商在海沧的投资领域从制造业向服务业拓展，从传统产业向高科技新兴产业转型，东方高尔夫、日月谷温泉、长庚医院、联强国际集团、台湾东元集团摩斯汉堡等台资企业纷纷入驻海沧，台资企业产值占全区工业产值的四成。

二是载体建设不断拓展新领域。建设厦门生物医药港，积极推进与台湾生物医药产业对接，设立国家级闽台（厦门）生物医药产业基地，建成闽台诊断产品创新创业园，2014年海沧生物医药企业产值突破120亿元。在全省率先设立台资中小企业创业园，海峡文创中心、海峡两岸中医药博物园区的规划和建设有序推进。建设台湾风情商业街，打造台海文旅、经贸交流街区。加强与高雄港对接合作，2013年海沧口岸对台贸易增长近五成，共进出口台湾货物1614批，货值3.16亿美元。台中市海峡两岸交流协会、台湾中华海峡两岸妇女经贸交流协会率先到海沧设立办事处。

三是服务扶持台企有新办法。2011 年以来，探索建立了区台商双月座谈会制度，共举办了 14 场次台商双月座谈会，并邀请国台办、省台办和厦门市领导莅会指导，成为厦门市服务台商的重要平台。出台支持中小企业融资及经营发展的若干意见，邀请国家开发银行厦门分行与台资企业进行银企对接，扩宽台资企业的融资渠道；出台技术改造扶持政策，安排科技项目资金帮助、扶持台资企业技术创新、转型升级，厦门多威电子总部等四个台商总部大楼项目成功签约；组织台商、台企参加“中国—欧亚博览会”等国内外展销会，帮助开拓市场；组织台资企业赴内地招工，帮助台企解决用工难题。

（2）打造两岸交流交往的前沿平台

一是对台文化交流实现新提升。海沧是台湾第二大民间信仰——保生大帝信仰的发源地，青礁慈济宫是保生大帝信仰的两大祖宫之一，2011 年获国台办正式批准设立“海峡两岸交流基地”。2006 年至今，已成功举办七届保生慈济文化节，并被国台办确定为对台交流重点项目，成为福建省继“妈祖文化”之后的又一两岸交流文化品牌。特别是 2012 年第五届海沧保生慈济文化旅游节首次由国台办、文化部等五个国家部委指导，创下了历届保生慈济文化节之最。先后推动保生大帝圣驾巡礼金门、澎湖和台湾本岛，并得到台湾民众的广泛热情参与，扩大了闽南祖地文化的影响，增进了两岸同胞的民族情谊，凸显了海西、厦门、海沧在两岸交流合作中的地位和作用。

二是对台宣传合作开辟新途径。围绕保生大帝信仰文化，注重加强和拓展对台宣传，投资参拍大陆第一部公开赴台拍摄的两岸合作电视剧——《神医大道公（保生大帝）》，在央视和台湾民视播出后反响热烈、广受好评，获得台湾民视同时段电视剧收视率第一的佳绩。2012 年海沧再次投资参拍的《神医大道公前传》，于 2014 年 7 月 30 日在央视八套黄金档晚 7 点正式播出，后在台湾民视播出。

三是基层政党交流有新突破。2009 年，中共海沧区委与中国国民党台中市第四区党部开展党际交流并率先实现互访，开创国共两党基层党际交流之先河。2007 年，海沧街道与台东县结成友好乡镇，与台东县达仁乡、延平乡、池上乡结对交流；东孚镇、新阳街道也分别与屏东县狮子乡、台中市北区赖兴里、赖旺里对接，每年组团互访，切实加强基层乡镇之间的经贸、文化和特色产业交流合作。2014 年，海沧区民政社区管理中心与台湾村里长联合服务总会，东孚镇凤山社区与台中市谷关社区签订合作意向，加强和拓展两岸社区交流。

四是其他领域交流有新进展。大陆首家台资医院——厦门长庚医院运营七年来，取得良好社会效益，其“医”“药”分离制度得到《人民日报》和《新闻联播》的报道肯定。率先全省公开选聘一位台籍人才担任出口加工区投资促进服务中心副主任。与台湾教育界、青少年交流密切，师生互访频繁，成功举办两岸幼儿教育论坛、两岸中小学校长座谈会、两岸同课异教教学研讨会等活动。每年举办两岸青少年“中医药文化探究之旅”夏令营、“海峡杯”中小学生乒乓球邀请赛，形成两岸共办轮办机制。“谢、颜、庄、杨”等姓氏宗亲互访交流频繁，颜氏宗亲连续三年赴台湾嘉义县举办两岸“闽台颜氏共祭开台王颜思齐”活动。2006 年以来，海沧共接待台胞参访 10 多万人次，宋楚瑜、郁慕明、王永庆等几十位政商界知名人士先后到海沧参访。

（3）打造两岸同胞融合的前沿平台

一是亲台惠胞举措形成新体系。2008 年年初，海沧出台了《服务台商台胞举措汇编》，从创业、生活、交流和保障等各个方面加强对台服务，被国台办、省台办及市台商协会推广；建立健全区领导挂钩联系规模以上重点台企、台商以及台商权益保障工作联席会议制度，设立台商求助受理中心、台商台胞服务热线；通过台胞子女择校入学、设立台商就医服务“绿色通道”以及长庚医院为台商提供免费体检等，最大限度地满足台胞在教育、医疗、就学等方面的需求。

二是涉台司法服务创设新平台。取得四个“全国率先”：率先设立基层法院涉台法庭，率先设立海事涉台审判庭，率先聘任 6 名台商担任台资企业检察联络员、率先设立涉台检察室，任命 20 名台胞为涉台法庭的陪审员。涉台法庭集中管辖厦门市一审涉台民商事、刑事、行政案件，实行“三审合一”。涉台法庭从“审判专业化、服务人性、调解多元化”三方面为台胞、台企提供专业、便捷、高效的司法服务，得到国台办的高度肯定和推广，海基会董事长林中森在参访涉台法庭后题词“公正便民”，希望涉台法庭的经验和做法能推广到全国各地。

三是同胞融合开创新局面。与两岸关系和平发展协同创新中心签署协同合作协议，打造两岸关系和平发展协同创新中心实践基地。与市台商协会签订《共同缔造美丽厦门协议书》，让广大台商台胞在“共同缔造”活动中参与“美丽厦门·活力海沧”建设。设立全国首个两岸义工交流合作工作室，“台胞义工行”获评“中国政府创新十佳经验”，成为全国唯一获奖的两岸服务品牌。全国台企联常务副会长曾钦照主动参选和担任业委会主任，参与社区的管理，服务社区居民群众。

四是探索搭建两岸交流新平台。举办2014海峡两岸（厦门）乐活节，通过一系列活动，在两岸民众中积极倡导并推行健康、快乐、环保、可持续的“乐活”理念，播种乐活种子，增进两岸同胞的交流与融合，积极打造对台交流的新品牌、新亮点。以乐活节为载体，推进和深化两岸生活方式交流，为打造永不落幕、永不止步的海峡论坛添砖加瓦。

五是基层社区交流有新亮点。举办“2014海峡两岸（厦门海沧）社区共同缔造论坛”“两岸社区治理观摩研讨会”，搭建两岸社区治理交流的新平台，推进两岸社区交流互动经验互享。全国台联会长汪毅夫为海沧“全国台联两岸社区交流基地”授牌。积极探索基层社区建设新模式，在学习借鉴两岸社区营造和治理经验的基础上，加强与台湾大学城乡基金会、中山大学规划院合作，打造兴旺、绿苑、山后、院前社等特色试点社区。

## 二　“两岸融合”治理的模式探索

党的十八届三中全会明确提出，创新社会治理体制，提升社会治理能力。近年来，海沧在经济发展的同时，社会主体和需求日渐多元化，社会治理面临着“管理服务难到位，居民参与难落实，治理能力难提升”的困境。因此，海沧区利用与台湾隔海相望的优势区位因素，通过推进两岸融合“从高层到基层、从经济到治理”的不断深化，发掘并吸取了台湾诸多先进的治理经验，并将这些经验与当地实际结合，进行创新，探索出一条“融合性治理”的新模式，即在两岸互动中学习治理，在两岸融合中推进治理。具体而言，海沧区通过文化牵引吸收先进治理理念，提升了居民的治理意识；通过组织助推汇聚两岸主体参与，吸纳了更多的社会治理主体；通过平台支撑融合两岸缔造方式，推进了社区治理能力的提升。

1. *多元融合：两岸社区共同缔造方式新*

近年来，海沧经济发展迅速，社会主体和居民需求也日渐多元化，这给海沧区社会治理带来了新的挑战。与之相邻的台湾，在社会治理方面领先一步，因此海沧区采取一系列措施吸收台湾先进治理经验，并根据当地实际进行创新，探索出一种融合治理模式。

（1）文化牵引，吸收两岸先进理念

海峡两岸同胞血浓于水，两岸互动始于文化交流。台湾在社会治理方面相对领先，在双方文化交流的过程中，海沧吸收了诸多先进的理念。一是吸收台湾社区营造理念。海沧的共同缔造和台湾的社区营造有着异曲同工之妙。因而，在社区营造文化的牵引下，海沧区聘请台湾大学建筑与城乡发展研究基金会来当地进行实地考察。并将台湾先进社区营造理念融入海沧，为社区量身打造发展蓝图。二是吸纳台湾志愿服务理念。推进服务是实现社会治理的重要方面。两岸融合推动了台湾义工将服务理念带到海沧。在义工文化牵引下，海沧区打造“两岸义工联盟”，采用“台胞志工＋社工＋义工”的模式，培育志工组织，为当地社区服务。通过讲座培训和实践教学的方式，成功将志愿服务理念和方式应用于社区服务，更进一步推进了社区治理。三是吸取台湾社区教育理念。台胞义工王欲荷在参与“辣妈团”育子经验活动时，感受到“社区居民不仅仅需要多样培训知识课，不同年龄段的居民都有着学习平台的需求”。在其提议下，海虹率先成立了社区居民大学，将台湾社区“终身学习”的教育理念引入了海虹社区。同时，名誉校长——台胞曾钦照先生，将“公民社会”的理念引入社区居民大学。“人人都需要一个参与公共事务的平台，社区居民大学就是这样一个平台。”

（2）平台支撑，融合两岸缔造方式

为了推进两岸融合，结合厦门市共同缔造和台湾社区营造的实际，海沧区与台湾方面相互联合，打造多方面的交流平台。其一，举办两岸社区共同缔造论坛。与台湾合力打造“两岸社区共同缔造”项目，邀请全国台联会长汪毅夫等海峡两岸相关权威人士参与论坛，交流两地治理与发展经验。其二，打造互动交流平台。海沧区为了提升社会治理能力，派出多个赴台考察团，吸收了台湾社区发动居民配合治理的方式。例如，院前社学习台湾房前屋后整治的方法，将整治前的杂乱与整治后的整洁拍照公示，让社区居民自主抉择。这一方式快捷有效地解决了居民配合程度低的难题。其三，建设文化交流平台。文化是两岸重要的连接桥梁。海沧借助两岸相同的血脉宗亲文化，举办了第七届保生慈济文化节，来自海峡两岸的5000余名宫庙代表及信众，齐聚青礁慈济祖宫相互交流。同时，举办两岸马拉松、乒乓球等体育赛事，共同以体育和音乐提升集体荣誉感和社区认同感。

（3）组织助推，汇聚两岸主体参与

随着两岸交流的不断深化，海沧区常住台胞数量也越来越多。为了给台胞参与社区事务搭建平台，海沧区政府、社区、台胞等多方努力，打造了多样化的社会组织。首先是两岸义工联盟。通过这一联盟，台湾同胞得以参与到社区服务中，为社区服务主体注入了新鲜的血液。例如，通过两岸义工联盟，兴旺社区的“明达台胞志工队”与社区内的志愿者相互交流融合，激发了台胞的社区主人翁意识，使其成为新的社区服务主体。其次是网格自治理事会。网格自治理事会的成立旨在实现社区的自我管理和自我服务。网格自治理事会聘请台胞作为常任理事，使台胞也有机会参与社区事务。这一组织的成立，一定程度上扩大了社区治理主体。此外还有台商协会。海沧区与台商协会签订了《共同缔造美丽厦门协议书》，将台胞纳入到共同缔造中来。台商不仅为海沧发展出谋划策，同时通过认捐绿地、赞助公共设施等多种途径，积极参与共建活动。例如，市台商协会副会长罗崇毅在海沧湾公园认养了8株垂榕、认捐了5辆公共自行车。

2. 治理共进：海峡两岸融合治理成效大

海沧区通过互动融合的方式，取得了极大的治理成效。居民的自治意识逐渐觉醒，开始主动参与到社区治理和社会服务中来，在很大程度上提升了社区治理的能力。

（1）在融合中激发了海沧居民的治理意识

在两岸社区营造理念、教育理念、志愿服务理念的不断融合中，海沧居民的自治意识得到很大提升。首先，自我教育意识有所提高。由台胞提议并指导成立的海虹社区大学，使居民“走下楼，走上台”，不但激发了居民的学习意识，还激起了居民自我教育的意识。自成立至今，仅仅数月就已发展648位学员、50多位老师，且其中不少的老师就是海虹社区的居民，如林文琦、柯奋斗等。其次，自我服务意识得到加强。海虹社区共有小区25个，人口共计2.3万，管理服务很难到位。海虹社区号召成立的老年协会、志愿者协会、广场舞协会等组织，使居民积极参与到社会治理中来，提升了自我服务意识。最后，自我管理意识不断提升。社企共建理事会、社区发展理事会、业主委员会等社区组织的成立，有效地将两岸居民吸引到社区治理中来，并在治理参与中不断激发了群众的自我管理意识。

（2）在融合中扩大了海沧的社会治理主体

海沧通过两岸融合，采取多项措施，有效吸纳了台胞参与社会治理。首先是台胞个体。新阳街道探索聘请台胞担任社区主任助理、物业主任助理等职务，有效加强了台胞对街道事务的参与和治理。此外，海虹社区则通过建立小区自治促进会，将本地居民与台胞共同吸纳到社区治理中。其次是台胞组织。随着两岸融合的深化，以长庚医院太太团为代表的多支义工队入驻海沧，丰富了海沧区的社区服务主体。最后是台资企业。在共同缔造实践中，海沧区台资企业或通过捐款、认养树木、绿化美化企业周边空闲地块，或通过捐赠自行车、体育运动器材、赞助球队队服等各种方式，以城市治理主人翁的姿态积极参与社会服务与共建，在实践中有力促进了两岸的和谐共融。

（3）在融合中提升了海沧社区的治理能力

在两岸相互融合的过程中，海沧区吸收了台湾的志愿服务、发展协会等经验，在很大程度上提升了治理能力。一方面，服务能力逐渐提升。“以前我们也有志愿者，但是志愿者素质不高，也不够专业，贸然去困难居民家里反被误解，赶出来，现在经过台胞培训，我们志愿者的义工素养提高了，服务也更容易被接受了。”可见社区志愿服务的能力得到了逐步提高。另一方面，参与能力有所增强。2014年，绿苑小区发展协会正式成立，拥有会员60多名和艺术服务队、志愿者服务队、台胞服务队、慈善家园等四支队伍。发展协会发挥着收集民意和连接社区和群众的作用，推进了群众的广泛参与，提升了社区居民的参与能力。

3. 融合共治：两岸社会共同发展启示多

通过“互融共进”的方式，推进两岸融合治理，是海沧区根据当地实际，探索社会治理体制创新、提升社会治理能力的重要举措，具有极大的推广借鉴意义。

(1) 共同的文化认知是两岸融合治理的基础

共同的信仰文化、共同的宗亲文化是海峡两岸同胞的重要连接器，造就了“两岸一家亲”的情感认知。海沧区为实现两岸融合治理，依靠文化，打传统文化这张王牌，成效显著，不仅推进了多元主体间的交流和融合，同时扩大了社会治理的参与主体。可见，在当下社会主体日渐丰富的情况下，提升社会治理需要激发主体对于社会的共同认知，并以此推动社会主体间的互动与合作，推进社会治理向前发展。

(2) 协商共治是两岸融合治理的前提

随着经济的迅速发展，社会主体和需求日渐多元。只有吸纳多元主体参与，推进主体间融合，才能从根本上推进社会治理。为此，海沧积极推动两岸多个方面的融合与互动，吸收先进的治理经验，促进了治理能力的提升，提高了治理成效。因此，在创新社会治理体制和提升社会治理能力的过程中，需注重多元社会主体间的交流和融合，着眼于社会主体的多元需求，推进多元主体参与社会治理。同时，创新社会治理体制需要吸收外来先进的治理理念，更重要的是结合当地实际，进行创新，打造适合自身发展的治理模式。

(3) 融合治理是因地制宜的创新探索

党的十八届三中全会明确提出了创新社会治理体制。海沧区推进两岸融合治理，是利用当地有利的文化和地理优势，融合两岸的治理经验，推进社会治理能力的创新探索，同时也是践行党的十八大精神的重要举措。因此，各地在推进社会治理体制创新时，需根据地方特色，挖掘地方优势，同时吸取先进的治理经验，并加以创新，以此来推进本地社会治理能力的提升。只有因地制宜，结合当地实际，才能真正将优秀的治理经验应用于当地社会治理体制的创新。

(4) 互融共进是深化两岸融合的重要举措

2014 年，习近平总书记提出了“两岸一家亲”的理念，期盼实现两岸同胞面对面、手拉手、心连心。此前，两岸融合主要停留在高层和经济方面，基层和治理方面的交流相对较少。海沧区通过“互融共进”的方式，不仅吸收了台湾先进的治理经验，同时推进了两岸在社会治理层面的相互交流与学习互动，填补了两岸融合治理方面的空缺。因此，海沧区的融合治理，是深化两岸融合的重要举措。

## 第二节 以新老厦门人融合为导向，重构社区共同体

近年来，海沧区人口随着工业化、城镇化进程的加快而不断剧增，特别是外来人口比例迅速提升。台商投资区初创时期海沧人口不足10万，有时任国务院总理李鹏的诗为证“茫茫细雨登海沧，星星点点几村庄。鹭岛再展新宏图，赤子渡峡报梓桑”。2003年区划调整时海沧常住人口数不足13万，而根据第六次人口普查，2010年海沧区人口数达28万多，到了2013年，人口数即暴涨到45万，其中流动人口就将近30万，是户籍人口的2倍；辖区内共有各类企业11万余家，个体工商户突破1.2万个。数量庞大的企业、个体工商户和外来人口的迁入，同时也给海沧的社会治理带来了诸多新的挑战：其一，外来人员对本地的认同感和归属感亟须引导；其二，作为新城区，海沧社会发展薄弱，社会力量沉寂，尤其是外来人员缺乏利益发声渠道，容易积聚矛盾，影响治理基础；其三，社会建设平台载体有所缺失，如何更好地凝聚外来力量共同参与城市治理、加强社会主体间的多元融合也是海沧亟待解决的关键问题。

为此，海沧区根据“美丽厦门·共同缔造”的要求，实施“加强新老厦门人融合”的战略规划，将外来人口、岛外居民、原住民统一融合为“新厦门人”，将“新厦门人”作为海沧“治理合作伙伴网络”的重要主体。通过采取多项措施，广纳群众意见、举办多元活动、培育社会组织，有效吸纳了多元主体参与社会治理活动；在共谋、共建、共管、共评、共享的过程中，让更多的外来人员感受到政府的关怀与服务，加强相互之间的联系，增强了外来人员的认同感和归属感；从而也鼓励更多外来人员以主人翁的姿态积极参与到社会治理中，重构“社会共同体”，矛盾因此有了化解的渠道，基层的冲突得以有效化解，社会也变得

更为和谐融洽。

## 一　加强“新老融合”的实践价值

### 1. 加强“新老融合”的动因

海沧经济的快速发展，一方面将原来的“单位人”变为“社会人”，同时加速了“上楼”的速度；另一方面带来了更多的就业机会，同时加上宜居的风景环境，吸引了大量的外来人口。孙中山曾将中国人形容为“一盘散沙”，以示其整体性不足；而当前的海沧居民则更像是“流沙”，分散的独立个体，加上频繁的流动，这样的社会构成无疑对社会治理提出了更大的挑战，共同体难以形成，不同阶层、类型群体之间的矛盾也变得敏感。

（1）顺应社区与共同体的发展要求

社区是一个地域性的社会生活共同体。共同体是指有共同交往、共同联系，因归属感和认同感结合而成的群体，对共同体概念的界定经历了滕尼斯（共同体）—韦伯（结合体）—马克思（联合体）这样一个历史发展过程。1887 年，社区概念的提出者滕尼斯在其著作中，对其作了如下经典定义：社区是指一定地域范围内有着共同价值观念、关系亲密、守望相助、疾病相抚、有人情味的社会生活共同体。滕尼斯用共同体来界定社区，其所谓的“共同体”是“人们凭感情而为的和受自然约束的共同生活”，由本能、习惯、意义这样的“本质意志”推动形成的。人的最早的生活是在一种血缘关系和地缘关系当中进行的，因此他认为家庭和村庄是原生的经典的共同体。这个共同体是自然意识形成的，是以血缘为纽带、非常重情的；而社会是结合而成的，是人们离开了自己的原生共同体——家庭、村庄结合而成的。

韦伯建构了“结合体”的概念，“结合体”是人们走出自己的共同体以后，因某种目的结合形成的，他把社会当成一个结合体。共同体的特点在于它是人们自然形成的，因此它以情感为先，以和为贵。它是以道德、伦理、习俗来维系的。人们过去是在一个群体社会，不得不生活在一个群体里面，自然形成了共同体，比如家庭。而到了“结合体”中，它就是一个“个体化”的概念，个体开始摆脱家庭、村庄群体的社会。人们成为一个独立的个人，因此，它最重要的特点就是由一个群体社会转向了一个结合体的社会，是一个“个体化”的过程，但相伴随的却是孤独。

进入到一个结合体社会，共同体便破坏了，大家此时便“因利而生”，因“利益”之争，破坏了共同体的和谐。人们进入到市场社会中，因利而结合，也因利而相争，这就解放了个性，但是带来了孤独，带来了人与人之间利益的相争，这不是一个理想的社会，因此，最后就有了马克思的联合体。“共产主义”一词和“共同体”一词是相联系的，共同体“重情”，结合体“重利”，联合体“重义”，因此马克思认为：虽然个体解放了，但是人们都陷入了一种孤独之中，处于一个原子化的、高度个体化的社会，这个社会不是一个理想的社会，所以要寻找一种有意义的社会和有意义的生活，于是就把个人和集体联合起来，这种联合是自愿的联合，和共同体有一定的相似之处。但它是经历了结合体以后再产生的共同体，是解放了的个体自愿的结合，不是被迫的结合，这就是“联合体”。

20 世纪 90 年代末到 21 世纪初，社区建设的推行正式开启了中国城市社区从单位制、街居制向社区制的转型。在中国，社区具有很强的建构性，是由国家建构起来的，它是一个新的居民点，也就是说，它只是人们居住在一起，但是这些人并没有形成有机的联系，也没有形成共同的利益和在利益基础上建立起来的认同感和归属感。当前海沧的社区大多规模较大，且外来人口居多，邻里间所谓“猫狗之声相闻、老死不相往来”。这就需要一个社区“社区化”的过程，需要由形式社区走向实质性的社区，即需要通过社区内外人口的融合重构社区“共同体”。

（2）应对外来人口治理的挑战

一是外来人员的认同感、归属感不足。海沧的快速发展吸引了大量外来人口，这些新厦门人的加入在为海沧经济社会发展做出巨大贡献的同时，也给城市的治理与发展带来了挑战。海沧区外来人口是户籍人口的 2 倍；一些街镇外来人口的比重更高，如新阳街道，外来人口占到总人口的 91%。近年来，厦门市针对外来人口出台了一系列惠民措施，比如在户籍上有所放松，近年来建设了 100 多栋公寓解决了部分外来人口的住房问题。在教育、医疗等方面也尽量给予优惠，但是，流动的人口带着过客的心态，尽管外来人员与本地居民生活在同一空间，但是因为缺乏互动，从而形成“一座城市、两个生活圈子”的现象。同时，外来人员与本地居民缺乏共同的文化关联以及与本地居民的落差感等，导致外来人口对本地的认同感和归属感不足。

二是利益需求趋于多元化。随着海沧经济水平的快速提高，也带来了社会结构的分层分化。不同阶层的利益出现分化，居民需求也日益趋于多元，政府单一的服务提供主体难以满足群众多元化的需求。同时，这种结构分化带来的相对性也影响到了居民的幸福指数。一方面，当地居民受益于私房出租、工程建设等方面，生活水平在大幅度提高的同时，心理期待也大幅度上升，容易产生相对的不满、相对的失落和相对的被剥夺感，幸福指数并没有随着经济的增长而提高。另一方面，近年来相对本地居民，外来人员对于同城同待遇的需求也越来越高，但受限于户籍政策等因素，以及政府提供服务的能力水平，外来人员在子女上学、老人养老、生病医疗等方面的问题，短时间内还难以得到彻底解决，社会融入感较差，容易爆发社会稳定问题。

三是公民意识相对较弱。海沧的经济发展是跨越式的，从农业社会向工业社会的转型速度较快。但公民意识提升与经济发展水平存在一定程度的不平衡性。海沧经过 20 年的发展，从原来的农村城镇一跃成为当前的新兴工业城区，但是传统的生活方式难以在短时间内快速转变，思想观念更新与生活条件改善的节奏存在一定差异，加上大量流动人口的涌入，影响了海沧公民参与社会治理的自觉性、主动性。同时，受市场经济的冲击，公众往往只看重权利，不重视责任和义务的付出，对政府等靠依赖，对社会心存戒备。例如，征地拆迁或医疗纠纷因担心个人吃亏而激发负面情绪，出现了“坐地起价、漫天要价”等过激行为，大大增加了城市建设和社会治理成本。此外，全社会范围内出现的部分贫富分化和资源分配的不公现象，滋生了影响治理稳定的潜在因素。因此，海沧区有待培育与中等收入的经济发展水平相匹配的公民意识。

（3）深化政府治理改革的必然要求

党的十八届三中全会吹响了全面深化改革的号角，首次提出“国家治理体系和治理能力现代化”的总目标，这对基层创新社会治理也提出了新的目标和挑战，社会的成长要求在社会治理主体上实现从单一向多元的转化，治理理论认为政府不再是社会管理的唯一主体，社会同样也是合法权利的来源。在公民社会成长和壮大之后，尽管政府在整个社会中仍然可以扮演重要角色，但是，政府不再是唯一的权力中心，社会组织以及私营部门，只要得到公众的认可，也可以成为不同层面的权威主体，它们完全能够在不同程度上分担管理公共事务、提供公共物品和公共服务的职责。

对于外来人口的管理，政府所采用的传统方式存在着许多不容忽视的问题。政府长期重管理、轻服务，对外来人口采取不信任态度，是一种防范式的管理，重点关注治安整治。传统政府管理的方式形成了政府的惯性思维，在管理的理念上，有些官员管理观念陈旧，仍停留在原来的采用行政命令和经济处罚等观念，存在强烈的路径依赖。这就造成政府在履行社会管理职能的过程中，以运动式、动员式治理作为主要的治理模式，以“行政命令式”“以罚代法”“突击式”等简单方法为主，缺乏有效性、规范性、系统性和统一性。近年来，政府在提供公共服务方面不断完善，对外来人员的服务有了一定的提升，但是仍然以政府出台政策、以行政手段管理为主的政府主导型管理模式为主，缺乏社会参与。从本质上说，外来人口的直接管理是一种权威型管理，作为被管理对象的外来人口基本被排斥在管理决策层之外，只是纯粹的管理客体。政府对社会大包大揽，社会管理成本不断增加，责任重大，但也难免出错；外来人员长期处于被动状态，习惯“政府演戏，群众看戏”，没有参与意识，政府也缺乏与民众沟通的渠道，久而久之，干群之间产生了隔阂，彼此间信任不稳固，城市社会治理结构失衡。

在海沧，外来人员与本地居民比例严重倒挂，外来人员远远超过了本地居民的数量，外来人员成为海沧最大的人口基数和服务管理对象。因此，只有把外来人员纳入基层民主实践范围，探索以实有人口为主体的基层民主新模式，才能回应现实的社会结构需求和社会呼声。同时，广泛有序的社会和政治参与有利于社会各阶层信息沟通和利益协调，是促进社会和谐稳定的有效途径。外来人员的积极参与，既能强化他们对现有政治格局和社会秩序的认可和维护，也是构建社会主义和谐社会的根本要求。因此，他们的社会和政治参与对于构建稳定和谐的社会意义重大。只有让外来人员以平等身份参与基层社会治理，才能在对话中促进理解，在互动中增进互信，在协作中实现融合。

2. 加强“新老融合”的意义

海沧在“共同缔造”中，以服务为基础，将新厦门人纳入社会治理主体范围，扩大新厦门人的社会参与，促进新老厦门人融合，在基层重构起社区共同体，推进了社区治理的现代化。

（1）重构社区共同体

通过共同缔造实践，海沧让更多的外来人员感受到了政府的关心与服务，同时，更多的外来人员参与到社区建设中来，实现了社区的社区化，重构了社区的共同体。通过共谋、共建、共管、共评、共享，增强了外来人员对社区的认同感和归属感，增强了邻里之间的联系与社会的和谐共融。

（2）激发居民的公民意识

近年来，海沧区经济发展迅速，外来人口不断涌入，管理服务很难到位，社会融合艰难推进。而海沧区通过完善外来人口服务制度的方式，打破了这一困境。海沧以社区为单位，在完善外来人口服务机制的基础上，创新建立“新厦门人服务综合体”，进一步设立外来人员“同城市、同管理、同参与、同服务、同待遇”的“同城化”服务机制，将外来人口定义为“新厦门人”，共同参与“美丽厦门”的缔造。同城化服务机制的建构，使社区得以更好地凝聚力量，加强自治保障。如在社区的选举之中，同城化服务机制保障了“新厦门人”的选举与决策权利，在城市社区范畴，规范外来人员参与到社区“四民家园”“同心合议厅”“自治联席会”等组织运转，在农村社区范畴，则保障外来人员参与到村庄选举、治理、监督等公共事务。另外，同城化服务机制的建构，也保障了新厦门人共享社区发展的“红利”，激发他们参与治理的积极性，凸显“对城的治理”与“对人的服务”的融合，让“新城”变为“心城”，也就是新老厦门人共同心系之城。推进内外融合，凝聚外来人员参与社区事务的热情。

（3）丰富社会治理主体

海沧区广纳群众意见、举办多元活动、培育社会组织，使外来人员能够参与社会治理，共享社会服务。海沧通过新老厦门人融合，采取了多项措施，有效地吸纳了多元主体参与社会治理。一方面，外来人员通过参与社会组织或是社区的活动，直接参与到社会治理中；另一方面，新厦门人又通过企业的参与平台参与社会治理。如在海沧湾公园改造过程中，有 51 家企业参与共建共管，认捐资金 115.78 万元。2014 年 6 月，海沧以社区公益活动项目为载体，引导辖区企业和社会力量参与社区公益事业，创新性地开展公益创投项目。首批 6 个项目在新阳街道正式签约，新厦门人子女的快乐暑假公益项目等获得了与会 20 多家爱心企业的强烈关注，6 个公益项目机构和认购企业成功实现对接并签约。截至 2013 年，海沧区大小台资企业通过捐款、认养树木和绿化美化企业周边空闲地块、捐赠自行车和体育运动器材、赞助球队队服等方式参与社会服务，目前台商台企参与共建奖金总额达 113 万余元。

（4）缓和基层矛盾

通过新老厦门人融合，外来人员的基本公共服务得以保障和提升，同时，可以以主人翁之姿参与到社会建设中去，矛盾有了化解的渠道，基层的冲突得以有效化解。目前海沧区有各类社会组织 205 个，每万人拥有社会组织数达 4 个，是全国平均水平的 2 倍。同时，通过认捐认管、公益创投等项目的开展，企业力量也得以激活，从而形成政府与社会、市场的良性互动。以海沧公共自行车系统为例，在建设过程中就有 10 多万人次的群众参与车型选择、站点选址等意见征集、收费论证、爱心捐赠、志愿服务等，目前全区共建有公共自行车站点 80 个，现有的 1300 多辆公共自行车均来自企业或个人捐赠。另外，在共同缔造的过程中，政府与新厦门人的沟通得以增强，通过畅通社会参与、民意表达渠道，促进了利益诉求的及时回应，将矛盾化解在萌芽阶段。通过群众房前屋后、身边小事的项目活动，群众的主体意识得到重塑，干部与群众的关系拉近了，彼此间的信任也加强了，2014 年上半年群众对干部作风的满意率达 97.1%。这是新形势下践行群众路线的创新探索，也为破解“中等收入社会难题”提供了有益经验。

## 二　以“共同缔造”促进“新老融合”的治理机制

1. 拓宽渠道，扩大治理参与

一是广纳群众意见，凝聚参与共识。海沧区外来人口居多，居民参与渠道不畅通，很难汇聚外来人员的参与共识。海沧区认真贯彻市委王蒙徽书记提出的“要处理好政府、社会和群众三者的关系，政府不能一直充当万能政府，要简政放权，通过社会组织，推动群众自治”指导精神，通过对共同缔造理念的大学习、大讨论及探索实践，了解“群众在想什么、需要政府帮他做什么”，让群众知道“政府在做什么、想让百姓参与什么”，全区干部群众观念得到“大洗礼”。试点启动伊始，海沧首选了一批社会关注度高、能迅速激发各界参与热情的项目，通过引导群众共同参与，在较短时间内形成示范效应，带动更多群众共谋民生实事。为此，海沧区建立多个民意表达平台，以提升新厦门人的社区认同感。其一是建立网络微平台。社区 QQ 群、微信群、社区论坛等民意表达平台的建立，拓宽了新厦门人的意见表达渠道，激发了新厦门人参与治理的积极性。“以前我们外来人与本地人互不相识，自从有了 QQ 群，我们之间交流变多了，建设意见也能及时反馈到社区，更像是一家人了。”其二是设立“心愿箱”。社区“心愿箱”的设立，为新厦门人畅通了意见表达渠道，提升了新厦门人的参与意识。例如，海虹社区外来人员张宪提议在下沉广场建设纳凉亭，经居委会讨论，其“微心愿”得以实现。其三是发放意见征集表。新厦门人可以通过填写意见征集表和调查问卷，为社区发展提出意见和建议。例如，居民提议的“希望在小区、公交车站等人流聚集地，看到公共自行车系统的查询”意见被采纳。其四是为提高企业对“共同缔造”的知晓率和参与率，在企业员工食堂放映宣传片、发放宣传册，制作宣传展板；组织领导干部深入企业走访，截至目前已经走访了上百家不同规模的企业，先后开展“送政策、送资金、送服务”活动 3300 余场次；邀请企业员工免费参与公共自行车骑行体验，在体验中征求企业员工的意见，引导员工参与。

二是举办多元活动，激发参与热情。海沧区众多外来人口之间相互交流较少，因此，各个社区通过举办多元活动，促进了新老厦门人的融合，同时激发了外来人员参与社区事务的热情。2014 年 4 月 26 日至 5 月 3 日，兴旺社区社企同驻共建理事会主办的第一届新厦门人文化节，吸引了近 2000 名外来员工参与和观看，为新厦门人的交流融合提供了契机。文艺晚会前期共收到企业报名节目 85 个，第一轮筛选 20 个，彩排当天定下节目 12 个。晚会费用共 5.3 万元，企业捐赠 3.3 万元，社企理事会投入 2 万元，充分让新厦门人感受到了家的温暖。此外，考虑到辖区内单身员工多的情况，新阳街道每年在七夕佳节，举办新阳鹊桥会，近 200 名外来男女青年参加活动，增进了新老厦门人的交流。同时，在社区建设中，依托“邻里中心”“家长里短妇女互助会”“邻里守望平安促进会”等组织开展“睦邻活动拉近新邻里”“志愿行动温暖新邻里”“文化繁荣凝聚新邻里”“政社互动融合新邻里”“社企联动共谱新邻里”等主题行动，促进居民的交流和融合，在活动中增加交流，在互动中增强认同。如洪塘村等试点村居举办“美丽家庭”“最佳认养者”“好媳妇”评选等群众喜闻乐见的活动，创造共同活动机会，促进居民的相互认识和友好交往，尽力消除社区生活的封闭性带来的隔离感，在居民之间、楼院邻里之间形成交流互动的氛围。

三是力培社会组织，丰富参与主体。海沧区经济发展迅速，吸引了诸多外来人口入驻，社会主体日渐丰富。为此，海沧鼓励培育社区自治组织，吸纳外来人员参与事务，依托社会组织孵化基地，为社会组织提供全方位的支持。2014 年 3 月，海沧区成立厦门市首个新厦门人社会组织孵化基地，引进专业社工机构作为孵化基地运营机构，开展新厦门人社会组织孵化培育工作，在提供办公场地、活动场所、设施设备等硬件条件的基础上，还进一步提供信息咨询、业务指导、交流培训、项目支持等一系列成长服务。通过孵化基地的培育，不断提升社会组织服务的专业化、规范化和精细化水平；通过开展各类培训讲座、公益志愿活动，吸纳各类社会主体积极参与。

2. 完善制度，提升公共服务

一是教育靠积分，同得就学机会。为了解决随迁子女入学问题，海沧区根据《厦门市进城务工人员随迁子女小学积分入学办法指导意见(暂行)》，采用积分入学的方式，赋予外来人员子女同等的就学机会。首先，按流程报名。按照预约登记、现场审核申请、审核材料计算积分、公示积分、公布学位、填报志愿、派位入学、民办学校空余学位报名的流程，吸纳满足积分条件的外来人子女入学。其次，按积分核算。2014 年，按照积分排序，海沧区 20 所小学共录取 1664 名随迁子女。最后，积分不足靠补招。根据补招规定，积分不足的随迁子女可适当放松入学条件，通过补招进入民办小学读书。

二是就业有培训，同竞就业岗位。外来人员由于职业技能有限、就业信息获取不及时，就业始终是最难解决的问题。为此，海沧区采取措施，优化就业服务。首先，搜集就业信息，针对需求培训。海沧区通过市场调查，发现月嫂、装载机、沃尔玛收银员等工作岗位需求量很大，于是针对市场需求，开展相关的培训活动。其次，举办招聘会，奖励招工企业。组织缺工多的企业参加现场招聘会，并针对招工多的企业，给予100元/人、200元/人不等的奖励，以此带动外来人员就业。再次，组织创业培训，给予贷款优惠。海沧区以创业带动就业，定期举办“1+1群”活动，即“扶持一个人创业，带动一群人就业”活动。同时，2012年海沧区为创业人员发放小额担保贷款8家共430万元。

三是医保全覆盖，同享医疗待遇。为保障外来人员病有所医，海沧区针对不同类型的居民采取两套办法。其一是企业员工。以往，企业很少为居民办理职工医疗保险，而在上班期间发生安全事故后，出现了许多企业与员工打官司的事件。为了推进企业员工医疗保险全覆盖，海沧区通过宣传和引导扶持，督促企业为职工办理医疗保险。其二是暂住社区居民。除去企业职工，海沧区为少数没有纳入企业医疗保险的无业居民办理城镇居民医疗保险，确保其医疗保障服务。其三是外来未成年人。根据相关规定，外来未成年人皆可办理厦门市未成年人医疗保险。例如，海沧区一位刚出生便生病的婴儿，住院花费2000多元，按相关保险规定，可报销1000多元。

四是养老无限制，同依居家养老。海沧区外来人口居多，大多数为企业员工，由于工作太忙，养老已成为他们的一大负担。为了帮外来人员尽快解决养老难题，海沧区首先打造居家养老服务站。在海沧镇渐美村设立居家养老试点，采用“低龄健康老人服务高龄老人”的模式，保障居民老有所依。其次，取消居家养老户籍限制。外来人可以享受与本地人同样的居家养老待遇。海虹社区龙岩籍老人王君莲于2011年查出心脏病，而子女因忙于工作，无暇时常照料。为此，社区服务站同志经常为其提供照料。最后，提升居家养老服务质量。例如，海虹社区打造“15分钟服务圈”。只要老人拨打电话求助，社区养老服务站的同志保证在15分钟内解决保洁、医疗各类问题，在很大程度上提升了社区的服务效率。

海沧以社区为单位，在完善外来人口服务机制的基础上，创新建立“新厦门人服务综合体”，进一步设立外来人员“同城市、同管理、同参与、同服务、同待遇”的“同城化”服务机制，将外来人口定义为“新厦门人”，共同参与“美丽厦门”的缔造。同城化服务机制的建构，使社区得以更好地凝聚力量，加强自治保障。如在社区的选举中，同城化服务机制保障了“新厦门人”的选举与决策权利，在城市社区范畴，规范外来人员参与到社区“四民家园”“同心合议厅”“自治联席会”等组织的运转，在农村社区范畴，则保障外来人员参与到村庄选举、治理、监督等公共事务。另外，同城化服务机制的建构，也保障了新厦门人共享社区发展的“红利”，激发他们参与治理的积极性。

3. 创新方式，推进政社互动

一是缩小自治单元，促进治理互动。海沧为了回应居民的服务需求，通过三级网格将服务延伸到居民身边，是政府主动衔接居民的一种重要体现。2012 年起，海沧区全面推行“网格化”，将全区划分为 3 个镇（街）级网格、39 个城乡社区级网格、299 个城乡单元网格，把社区服务管理内容全部纳入网格。社区“两委”成员全部下沉到网格，整合原社区“六大员”为网格管理员，实行统一招聘、统一管理、统一待遇、统一考核，落实一专多能、一岗多用要求，负责网格内所有事务，将社区各类志愿者整合成网格助理员。由于外来人口较多，管理服务难到位，海沧多个社区尝试缩小自治单元，推进了新老厦门人的融合，实现了政府与社会的协同共治。其一是网格理事会。兴旺社区成立网格理事会，打破本地居民与外来居民的地域防线，将新老厦门人融合起来，激发网格单元的活力。其二是楼栋自治小组。以前海沧区自治单元较大，外来人员很难参与社区治理。绿苑小区居民多为上岸渔民，为了推进融合治理，经小区居民自主选举，原东屿村民柯奋斗担任了 1 号楼楼长，楼栋自治小组的成立，使新厦门人有机会参与社区治理。其三是业主委员会。文圃花园作为高档小区，外来人口很多，居民权利意识很强，但是参与自治的热情不高。业主委员会的成立，激发了外来居民的自我管理热情，推进了新老厦门人的融合治理。

二是打造协商平台，实现决策互动。海沧区打造多样化的协商平台，赋予新厦门人参与决策的权利和机会，实现了政府与居民的决策互动。一方面通过组织和制度的建立，搭建协商平台。建立“两代表一委员”工作室、党员干部挂钩联系群众制度等；以党组织为主导，建立党支部、村（居）委会、业委会、物业服务处共商社区事务周例会、月民主听证会和周末接待日“三项协商制度”，协调各方矛盾、聚合各方利益。成立社会事务协商中心，构建起重大决策公众参与、专家论证、听证及民主协商的平台，主动向市民“要诉求”。建立党领导下的社区联席会、社企理事会、网格理事会、乡贤理事会、发展协会、行业协会等协商平台，促进各种社会力量之间协商调整利益矛盾关系，构建互助共赢的治理格局。同时，整合社会资源，推动基层协商规范化、制度化开展，如新阳街道整合司法局资源成立“水木调解工作室”，东孚镇成立了“万再调解工作室”。另一方面利用信息技术，搭建互动平台。兴旺社区数字家庭云平台的建设，促进新厦门人随时随地参与政府决策，实现了新厦门人与政府的实效互动。2014 年海沧区继续探索信息化治理的发展，以兴旺社区为试点，搭建“指尖兴旺智慧社区服务云平台”建成数字化信息化云平台，实现了手机、电脑、电视三屏互通，把政府与百姓紧密地联系在一起。通过这一平台集中政府、社会组织、居民、企业等各方资源，“三网融合”促进网络基础资源共享，创新了信息技术服务群众的新手段；同时居民可以通过投票评议、答卷建议、互动交流等形式参与社区治理，实现了治理方式的现代化。

三是借助社会力量，推进服务互动。为了提升社会服务，推动新老厦门人的融合治理，海沧区着力加强政府、企业、社会组织间合作，积极打造新厦门人社会组织孵化基地，实现了政府与社会之间的良性互动。首先，政府购买社工服务。海沧区政府尝试从深圳购买社工服务，政社合力，帮助提升外来人员服务质量，凝聚了外来人员的社区认同感，推动了新老厦门人的融合。其次，企业注资公益创投。企业通过公益创投的方式，社企联合，注资公益项目，推进了新厦门人的社会服务。例如，新阳街道即在 2014 年 7 月组织开展了一场公益创投项目与企业的对接洽谈会，会上，“新厦门人 · 阳光心态”“新厦门人子女的快乐暑假”等 6 个公益创投项目与 30 多家企业代表现场互动，6 个公益创投项目最终分别与通达科技、松霖科技、瑞尔特卫浴等 6 家企业顺利实现爱心对接，共获得 26. 7 万元的公益资本投入。兴旺社区社企同驻共建理事会提出的“涉台涉法调解微服务平台”项目，获得松霖集团 3 万元的投入。

# 第八章

## 以法治为先导，为城市治理现代化体系提供基础保障

党的十八大报告明确指出："全面推进依法治国，法治是治国理政的基本方式。"党的十八届四中全会进一步明确要在法治轨道上推进国家治理体系和治理能力现代化。作为治国理政的基本方式，现代法治为国家治理注入良法的基本价值，提供善治的创新机制①，能够为规范有序实施不同领域改革、最终实现现代化治理目标提供重要的制度保障。法治对于国家治理现代化具有根本意义和决定作用，不仅是国家治理现代化体系的重要基石②，同时也是实现国家治理体系和治理能力现代化的必由之路③。

有鉴于此，海沧区在推进"共同缔造"的城市治理实践中，始终坚持以法治作为先导，在城市治理体系中充分体现良法善治的要求，加强对法治思维和法治方式的运用，将依法治理作为创新城市现代化治理的出发点和最终归宿。一方面，法治本身作为现代化的标志特征，正是海沧城市治理的重要目标之一，法治也以其基本制度为城市治理体系的现代化建构了最基本的模型④，因此，海沧城市治理现代化必然要求实现治理法治化，在这一过程中，法治既作为现代化的城市治理方式，也为整个法治化的城市治理提供最基本的平台；另一方面，法治作为治理体系

---

① 张文显：《法治与国家治理现代化》，《中国法学》2014 年第 4 期。

② 田国强：《法治：现代治理体系的重要基石》，《人民论坛 · 学术前沿》2013 年第 23 期。

③ 张文显：《法治化是国家治理现代化的必由之路》，《法制与社会发展》2014 年第 5 期。

④ 卓泽渊：《法治是国家治理现代化的基石》，《学习时报》2014 年 10 月 20 日。

的基石，通过发挥其在治理体系中的基础作用，能够为城市实现现代化治理创造一种良好的社会秩序与制度环境，为公共事务的治理提供一种法治的底线思维，依托法治的稳定性、严谨性、可预期性和可操作性，帮助构建系统完备、科学规范、运行有效的城市治理制度体系，使各领域制度更为成熟、定型，使各种制度的执行更加严格高效[①]，从而对促进海沧“三个转型”“两个融合”、深化政府治理等目标的实现发挥引领、保障和推动作用。可以说，法治作为重要的功能体系，同样构成了海沧城市现代化治理体系的重要组成部分，始终贯穿并渗透于整个治理体系及其各版块结构，对整个城市治理现代化体系发挥着基础保障作用。

## 第一节　发挥法治在城市治理现代化完整体系中的基础保障作用

党的十八届四中全会作出了《全面推进依法治国若干重大问题的决定》，《决定》提出“依法治国，是坚持和发展中国特色社会主义的本质要求和重要保障，是实现国家治理体系和治理能力现代化的必然要求，事关我们党执政兴国，事关人民幸福安康，事关党和国家长治久安”。这标志着我们国家治国理政理念的重大转变，凸显了法治在国家治理体系中的重要作用。

有没有法治，是否通过法律调整和规范社会生活，是一个国家治理体系现代化最为重要的标志。同理，城市治理体系的现代化同样离不开法治保障，海沧的城市治理现代化亦离不开法治。因此，唯有充分发挥法治在治理体系中的基础保障作用，才能真正促进城市治理现代化的实现。

### 一　法治的内涵意蕴

古今中外，学者们对法治的内涵众说纷纭。亚里士多德认为，“法治应包含两重意义：已成立的法律获得普遍的服从，而大家所服从的法律

① 马俊军：《依法治国是推进国家治理现代化必由之路》，《南方日报》2014 年 10 月 27 日。

又应该本身是制订得良好的法律”。洛克认为，“法治即是政府应该以正式公布的既定的法律来进行统治，这些法律不论贫富、不论权贵和庄稼人都一视同仁，并不因特殊情况而有出入”。沃尔夫冈·弗里特曼认为，“法治一词并无绝对固定不变的含义，是在特定社会中由某一权威制定和执行的有系统的规范结构，简言之，就是公开秩序的存在”。1959年在印度召开的“国际法学家会议”上通过的《新德里宣言》确认了“法治为一个能动的概念，法治不仅被用来保障和促进公民个人的民事的和政治的权利，而且要创造社会的、经济的、教育的和文化的条件，使个人的合法愿望和尊严能够在这样的条件下实现”。沈宗灵认为，“法治不仅指主要依靠由不受人的感情支配的法律来治理国家，而且还指对人们行为的指引主要通过一般性的规则的指引，也指民主制、共和政制”。我国理论界比较流行的观点是：法治就是依法治国，“依法治国中的治就是法治，治国的根本首先是指国家机器，然后才是指人民；不先治好国家机器和官员，人民是治不好的”。

综合上述观点，本书中城市治理现代化所需要的“法治”应该包括三个层面上的内涵：一是良好的法律制度，这是立法要解决的问题；二是依法办事，有了良好的法律制度，还需社会普遍遵从，依法办事的主体不仅仅是国家，还包括社会主体；三是法的秩序，这是在良好的法律制度得到切实遵守的基础上建立起来的一种良好的社会秩序，是一种理想的社会秩序状态，也是城市实现现代化治理为之努力的目标。

## 二　法治在城市治理现代化体系中的基础保障作用

### 1. 城市治理现代化离不开法治保障

2014年10月，党的十八届四中全会审议通过了《中共中央关于全面推进依法治国若干重大问题的决定》，这是我们党第一次以文件形式全面和系统地阐述了作为执政党的中国共产党依法执政的各项主张，提出了全面推进依法治国的指导思想、两项总目标、五大原则、六大具体任务和一百八十多项法治改革措施，这是一个指导法治中国建设的纲领性文件。

根据国家治理现代化的要求，《决定》系统地提出了依法治国以及建设社会主义法治国家的目标，为国家治理体系现代化提供了有力的法律基础，确立了法治与国家治理的辩证逻辑。《决定》从“全面推进依法治国”的角度对如何推进国家治理体系和治理能力现代化作了比较详细的论述，并将“全面推进依法治国”视为“推进国家治理体系和治理能力现代化”的重要保证。从法理上来看，《决定》确立了“依法治国”与“国家治理体系和治理能力现代化”之间的必要条件关系，其实质可以解读为:“国家治理现代化体系和治理能力的现代化离不开法治保障”。推而广之，城市治理体系和治理能力的现代化也离不开法治保障。

法治作为治国理政的基本方式，体现在运用法治思维和法治方式深化改革、推动发展、化解矛盾、维护社会稳定。没有城市治理的法治化，就没有城市治理的现代化。“法治化”与“现代化”是相互依存、相互促进的关系，必须齐抓共促、齐头并进，才能推进社会主义法治道路以及城市治理体系和治理能力现代化的向前发展。

(1) 法治现代化是法治城市建设和现代化城市建设的共同目标

在 2014 年 1 月 7 日的中央政法工作会议上，习近平总书记发表重要讲话，他从加强政法工作的角度对“推进国家治理体系和治理能力现代化”作了新的阐释，提出了很多具有启发性和指导性的论断。习总书记讲话中关于“推进国家治理体系和治理能力现代化”的论述包含了以下四个方面的核心精神：一是提出依法治国是党领导人民治理国家的基本方略；二是要运用法治思维和法治方式推进国家治理体系和治理能力现代化；三是要从系统和整体角度来构建国家治理体系；四是要求各级领导干部“要带头依法办事，带头遵守法律，牢固确立法律红线不能触碰、法律底线不能逾越的观念”。上述这些要求实际上明确了“国家乃至城市治理体系和治理能力现代化”的“法律底线”“法律红线”标准，它意味着“城市治理体系和治理能力现代化”首先是“城市治理体系和治理能力法治化”,“城市治理体系和治理能力法治化”是“城市治理体系和治理能力现代化”的最低标准，没有“城市治理体系和治理能力法治化”就没有“城市治理体系和治理能力现代化”。

根据《全面深化改革若干重大问题的决定》与习近平总书记在中央政法工作会议上的讲话精神，可以发现，推进城市治理体系和治理能力现代化的一项最重要的内涵就是城市治理体系和治理能力要有法治保障，离开了法治的评价尺度和标准，空洞地谈论城市治理体系和治理能力现代化是没有实质性意义的，甚至是有害和会起反作用的。因此，准确和全面理解推进城市治理体系和治理能力现代化的内涵，必须在法治的框架下对“城市治理体系和治理能力现代化”与“城市治理体系和治理能力法治化”之间的关系进行深入细致的探讨，全面构建城市治理体系和治理能力现代化理论体系。

（2）推进城市治理现代化是建设现代化城市和法治城市的一项重大系统工程

党的十八届三中全会《决定》虽然没有正面阐述“城市治理体系和治理能力现代化”与“城市治理体系和治理能力法治化”之间的相互关系，但《决定》却从体系化、系统化的视角来认识法治中国的意义。习近平总书记在中央政法工作会议上的讲话围绕着“维护社会稳定”这一时代主题提出了“系统治理”“依法治理”“综合治理”和“源头治理”相结合的多渠道治理方式。党的十八届四中全会《决定》更是将全面推进依法治国视为一项系统工程，《决定》明确指出：全面推进依法治国是一个系统工程，是国家治理领域一场广泛而深刻的革命，需要付出长期艰苦努力。与此同时，《决定》还根据系统工程的思想提出了“推进多层次多领域依法治理”的理念。由此可见，要实现党的十八届三中全会和四中全会通过的两项《决定》所要求的作为一项治国理政的现代化工程的“城市治理体系和治理能力现代化”，仅仅从“法治化”的角度来考虑还是不够的，应当将“城市治理体系和治理能力现代化”作为建设现代化城市和法治城市的一项重大系统工程。

作为建设现代化城市和法治城市的一项重大系统工程，城市治理体系和治理能力现代化首先强调的是“城市治理体系”和“城市治理能力”两个方面的“现代化”。“城市治理体系现代化”包含了治理主体、治理对象、治理方式、治理依据、治理组织体制、治理程序、治理制度的体系化、规范化、制度化和法律化。其中，依照法律法规建立规范城市治理活动的城市治理法律法规政策体系、国家权力体系、公民权利体系、公民义务体系和国家责任体系是城市治理体系现代化最重要的制度特征和要求。“城市治理体系现代化”的前提是党领导人民进行城市治理的“体系化”，没有“体系化”，国家治理也不可能实现现代化；没有基于法治原则建立的城市治理体系，城市治理体系也无法实现现代化的要求。

"城市治理能力现代化"既要求管理者具备依法解决城市日常管理事务的能力，做到依法治理、依法执政、依法行政共同推进，也需要管理者具备运用法治思维和法治方式解决城市治理事务中重大复杂的问题，特别是处理各种突发性事件和公共危机的能力。"城市治理能力现代化"还要求在执政党的领导方式与城市治理之间建立起协调一致的合作和互动机制，将党的建设能力与"五个文明"一起抓的综合协调能力有机统一起来，坚持法治国家、法治政府、法治社会一体建设，全面提升城市治理能力和水平。

"城市治理体系现代化"是"城市治理能力现代化"的制度依托，城市治理的"体系化"必然会极大地增强城市治理能力，"城市治理体系现代化"也会极大地推动"城市治理能力现代化"。与此同时，"城市治理能力现代化"有助于推进城市治理的"体系化""法治化"和"现代化"。城市治理能力的提升有助于城市治理者进一步掌控城市治理的宏观走势和发展大局，有利于调动一切旨在维护重大安全利益、保证公共权力依法办事、保障公民合法权利以及维护社会和谐与稳定的积极因素投身到社会主义现代化建设的宏伟事业上来，共同建设现代化城市和法治城市。

此外，党的十八届四中全会《决定》还将"依法治国与以德治国相结合"作为全面推进依法治国的一项基本原则。因此，实现城市治理体系和治理能力的"法治化"，不能"为了法治化而法治化"，要紧紧围绕"现代化"这个主题，采取各种切实有效的措施来实现城市治理体系和治理能力法治化和现代化的目标。

建设社会主义现代化城市是社会主义事业的一项伟大实践，它依赖于中国共产党的正确领导和全体人民的共同努力。建设社会主义现代化城市是一项重大而复杂的社会发展工程和城市治理工程，它的价值内涵是全方位、多层次的，它的主要价值目标是富强、民主、文明、和谐的社会主义，其中社会主义法治城市是社会主义现代化城市最重要的制度特征。社会主义现代化城市与社会主义法治城市的建设是相辅相成、相互促进的，必须同步推进、共同建设。

2. 城市治理现代化体系离不开法治保障

(1)"法治"是城市治理现代化体系的重要评价指标

强调法治是城市治理现代化体系的重要组成部分，完全符合改革开放三十多年来我国治国理政基本方略不断完善和发展的客观要求。党的十八大报告明确指出，到2020年确保实现全面建成小康社会，并且对小康社会提出了诸多新要求。其中一项重要要求就是加快推进社会主义民主政治制度化、规范化、程序化，从各层次各领域扩大公民有序政治参与，实现国家各项工作法治化。这里涉及两个重要概念："国家各项工作"的范围和"法治化"的判断标准。《全面深化改革若干重大问题的决定》把"推进国家治理体系和治理能力现代化"上升到"全面深化改革的总目标"的高度来认识，显然，党的十八大报告提出的"法治化"与"国家治理体系和治理能力现代化"之间存在着逻辑上的递进关系和政策上的连续性。从逻辑上看，法治是城市治理现代化的重要评判指标，同时也是城市治理现代化实现的必要条件。因此，没有法治保障，就没有城市治理体系和治理能力的"现代化"，"城市治理体系和治理能力现代化"首先必须有法治保障。法治保障与"现代化"是相互依存、相互促进的关系。从建设"城市治理体系和治理能力"的角度来看，"法治的现代化"与"现代化的法治化"的任务具有同等重要的意义，"法治化"与"现代化"必须齐抓共促、齐头并进，才能推进社会主义现代化建设各项事业健康有序地向前发展。

"城市治理体系和治理能力法治化"是伴随着"城市治理体系和治理能力现代化"的发展过程不断向前发展的。从十一届三中全会提出"有法可依、有法必依、执法必严、违法必究"的社会主义法治建设十六字方针到党的十八大提出"科学立法、严格执法、公正司法、全民守法"的新十六字方针，我国社会主义法治建设的指导思想实现了历史性跨越，以保障"国家治理体系和治理能力现代化"为目标的社会主义法治的现代化进程也得到了快速发展。以新十六字方针为依据，党的十八届三中全会明确提出"推进法治中国建设"的时代主题，围绕着"国家治理体系和治理能力现代化"的各项要求，提出维护宪法法律权威、深化行政执法体制改革、确保依法独立行使审判权和检察权、健全司法权力运行机制以及完善人权司法保障制度等"国家治理体系和治理能力法治化"的具体任务，为全面推进国家治理体系和治理能力现代化提供了法治化的制度依据和实践基础。

（2）“法治精神”是城市治理现代化体系的核心要求

“法治精神”在城市治理体系中的体现集中表现为宪法和法律具有最高权威，法制保持高度统一，一切社会关系都毫无例外地被纳入宪法和法律的范围加以调整，依法建立的各项制度具有可靠性、稳定性和可预测性等，特别是在城市与个人相互关系中能够依法确立比较清晰的权力与权力、权力与权利以及权利与权利之间的相互关系，建立有效的法律责任体系。“法治精神”对城市治理能力的要求归根结底就是要保证一切国家机关和国家机关工作人员能够运用法治思维和法治方式来处理在城市治理中出现的各种复杂问题，“城市治理能力现代化”判断标准的核心内涵就是运用法治思维和法治方式解决重大复杂社会问题的能力。

由《决定》可知，现代化的城市治理体系说到底就是党领导人民进行城市治理的法治体系，既包括了静态的以宪法为核心的中国特色社会主义法律体系，也包括了以“科学立法、严格执法、公正司法、全民守法”为基本要求的动态的社会主义法治体系，其中最重要的是依据宪法和法律对公共权力的科学合理配置体系。计划经济时代强调社会管理，由掌握公共权力的人，通过行政命令，要求被管理者服从其管理。但强制性、命令式的管理已不能适应社会发展的要求，作为市场配置资源的一种主要机制，城市管理被提升到城市治理的层次。城市治理不仅是国家机关对社会的单方管理，还包括正确处理国家机关之间、国家与社会之间、国家与公民之间以及公民与公民之间的关系，特别重要的是城市治理体系关注在城市治理过程中各方参与者相互之间的有效互动，充分体现了执政党领导人民进行城市治理的特点。执政党不能简单地采用“管理”的方式来治理国家，而必须采取“政治领导”和“城市治理”的手段，依靠人民的支持，依托国家宪法和法律制度来贯彻自己的执政主张，实现执政党的政治理想。

总之，城市治理现代化体系就是运用“法治精神”，通过制度和法律的安排来规范党领导人民进行国家治理中所遇到的各种社会关系，旨在建立一种可持续的治理模式，产生最大的治理能力，形成一个有利于保证城市硬实力和软实力共同现代化的制度保障体系。

3. 海沧区城市治理的现代化离不开法治保障

推动法治城市建设是推进城市治理现代化的重要内容和重要保障。

只有建立法治城市，才能实现城市治理体系和治理能力的制度化、规范化和程序化，并提供制度性保障。因此，就海沧而言，要实现城市治理现代化就必须全面推进法治海沧建设。

海沧台商投资区成立二十多年来，历届区委高度重视法治建设，在依法治区领域进行了许多有益探索和实践，法治政府建设稳步推进，司法改革持续深化，全社会法治观念明显增强。2013 年，海沧区获得第二批“全国法治县（市、区）创建活动先进单位”荣誉称号，法治建设取得重大进展。同时，也要清醒地看到，海沧区的法治建设与全面推进依法治国的要求、与人民群众的期待相比，还有不少差距，主要表现为：一些部门和领导对法治建设认识不足、重视不够；地方性法规还不够健全，有的针对性、时效性和可操作性不强；有法不依、执法不严、违法不究的现象仍有存在，司法不公和执法、司法腐败问题时有发生；一些国家工作人员特别是领导干部依法决策、依法办事观念不强，运用法治思维和法治方式解决问题、推动改革发展的能力不足；部分社会成员遵法守法和依法维权意识不强。这些问题都制约着海沧区依法治区工作的深入开展，必须下大力气加以解决。

当前和今后一个时期，海沧正在全面推进深化改革、加快建设“美丽厦门·活力海沧”和推进城市治理现代化。法治建设本身既是这些改革实践的重要内容，同时，这些改革实践又必须在法治轨道上运行，发挥法治的引领、规范和保障作用。因此，必须站在全局和战略的高度，深刻认识全面推进法治海沧建设是深入贯彻落实党的十八届四中全会精神、推进法治中国建设战略部署在海沧的具体实践，是全面深化改革、推进城市治理体系和治理能力现代化的现实需要，是共同缔造“美丽厦门·活力海沧”的重要内容和基本保障，是海沧台商投资区履行自身使命、服务全国全省全市发展大局的题中应有之义。要更加自觉地运用法治思维和法治方式深化改革、推动发展、化解矛盾、维护稳定，为海沧全面深化改革、建设“美丽厦门·活力海沧”提供坚强法治保障和强大发展动力，使法治成为新常态下海沧的核心竞争力和发展新优势。

全面推进法治海沧建设，总的目标要求是：全面贯彻落实党的十八大和十八届三中、四中全会精神，高举中国特色社会主义伟大旗帜，深入贯彻习近平总书记系列重要讲话精神，坚持党的领导、人民当家做主、依法治国有机统一，坚定不移走中国特色社会主义法治道路，以中国特色社会主义法治理论为指引，全面推进科学立法、严格执法、公正司法、全民守法，加快实现法律规范更加完备、法治实施更加高效、法治监督更加严密、法治保障更加有力、党内制度更加完善，推动治理体系和治理能力现代化，力争到2020年前把海沧建成法治中国典范城市的先行区。

实现这一目标的基本要求是：

——法治政府率先基本建成。政府职能转变到位，政府信息透明度持续提升，行政管理运行高效，行政执法严格规范，公共服务质量、依法行政水平全市领先，率先基本建成职能科学、权责法定、执法严明、公开公正、廉洁高效、守法诚信的法治政府。

——司法公信力显著提升。司法体制机制改革全面推进，司法行为严格规范，司法权威充分彰显，结案率、服判息诉率、执行到位率等主要指标保持较好水平，司法环境良好，司法透明度保持全国前列。

——经济社会运行依法有序。经济、政治、文化、社会和生态文明建设全面纳入法治轨道。诚信规范的市场竞争环境基本形成，各类市场主体的合法权益获得平等保护。公共法律服务体系覆盖城乡，群众利益诉求表达渠道畅通有序，矛盾纠纷得到有效预防和化解，社会治安满意率保持在较高水平，成为群众最具安全感的城区。

——权力监督机制健全有力。权力在阳光下运行。党内监督、民主监督、法律监督、舆论监督充分发挥作用，科学有效的权力制约和协调机制基本形成，惩防体系和党风廉政建设有效落实，各级领导干部厉行法治、运用法治思维和法治方式能力进一步增强。

——人民的法治主体地位更加凸显。公民各项权益得到切实尊重和保障，政治参与依法有序扩大。人民群众共谋、共建、共管、共评、共享的法治海沧共同缔造格局基本形成，全社会法治观念显著增强，法治文化成为海沧精神的重要内涵，学法遵法守法用法蔚然成风。

## 第二节　全面落实法治城市建设任务的海沧实践

在落实法治城市建设方面，海沧区进行了大量有益的实践探索。法治海沧的建设，紧紧围绕建设“中国特色社会主义法治体系、建设社会主义法治国家”的总目标，在区委的领导下，坚持中国特色社会主义制度，贯彻中国特色社会主义法治理念，推进科学立法、严格执法、公正司法、全民守法，加快实现法律规范更加完备、法治实施更加高效、法治监督更加严密、法治保障更加有力，党内制度更加完善，党员领导干部运用法治思维和法治方式推动发展、解决问题的能力明显增强，公民法律素养明显提升，社会诚信和法治环境明显改善，法治建设取得明显成效的目标，为推动海沧改革发展、推进城市治理体系和治理能力现代化提供强有力的法治保障。

## 一　维护法律权威，确保宪法法律全面正确实施

### 1. 自觉维护宪法和法律权威

各级党政机关、各民主党派、人民团体和社会组织、各企事业组织和广大人民群众，都必须以宪法为根本活动准则，并且负有维护宪法尊严、保证宪法实施的职责。在全社会普遍开展宪法教育，弘扬宪法精神。严格执行宪法宣誓有关制度，凡经人大及其常委会选举或者决定任命的国家工作人员，正式就职时必须公开向宪法宣誓。

### 2. 支持人大及其常委会依法履行监督职责

高度重视和支持人大及其常委会依法履行监督职能。区人大及其常委会要加强对法规实施情况的监督检查。区人大常委会积极畅通社会公众参与立法的渠道，主动对接有立法权的各级人大常委会，积极向上级人大提出“反映人民意志、得到人民拥护”的立法建议。

### 3. 严格执行规范性文件管理规定

严格执行规范性文件合法性审查、备案、定期清理、制度廉洁性评估等规定，加强和完善对规范性文件的管理工作。强化人大常委会对政府规章和规范性文件的备案审查，依法撤销和纠正超越权限或不合法、不适当的规范性文件，建立健全备案审查责任追究制度。

## 二　坚持依法行政，加快建设法治政府

围绕实现各级政府在党的领导下、在法治轨道上开展工作的目标要求，转变政府职能，推进依法行政，加快建设职能科学、权责法定、执

法严明、公开公正、廉洁高效、守法诚信的法治政府。

1. 依法全面履行政府职能

完善行政组织和行政程序相关制度，推进机构、职能、权限、程序、责任法定化。推行行政权力清单制度，依法公开政府部门的职能、法律依据、实施主体、职责权限、管理流程、监督方式等事项，严格按照对外公布的行政权力清单行使行政职权，做到“行政权力进清单、清单之外无权力”。加强规范性文件前置审查和备案审查工作，推行规范性文件网上报审工作。深化行政审批制度改革，精简和规范审批项目，全面开展非行政许可审批事项的清理工作。深化商事登记制度改革，完善后续监管机制，强化商事诚信体系建设。结合深化和完善“多规合一”工作，依法推进建设项目流程再造，提升审批服务效率。

2. 健全依法决策机制

建立健全政府及其部门行政决策程序，把公众参与、专家论证、风险评估、合法性审查、集体讨论决定作为重大决策的法定程序，进一步细化风险评估、合法性审查的制度措施。健全完善决策跟踪反馈机制，全面评估政策执行效果，适时调整和完善有关决策。严格执行重大执法决定法制审核，落实重大行政处理决定备案审查制度。完善政府法律顾问制度，充分发挥法律顾问职能作用。建立重大决策终身责任追究制度及责任倒查机制，对违反科学民主决策规定，出现重大决策失误、造成重大损失或恶劣影响的，依法依纪追究相关人员的责任。

3. 深化行政执法体制改革

创新行政执法体制机制，积极推行各行政管理领域内部综合执法，探索安全生产、交通运输、资源环境等领域跨部门综合执法，减少执法队伍种类。深化城市管理综合执法体制改革，理顺城管执法体制，解决权责不清、权责交叉、多头执法、管理缺位等问题，提高执法和服务水平。进一步推进相对集中行政处罚权工作。健全完善行政执法与刑事司法衔接机制及案件移送标准和程序，实现行政处罚和刑事处罚无缝对接。

4. 坚持严格规范公正文明执法

完善各级行政执法部门执法程序，建立执法全过程记录制度，制定和优化行政权力运行流程。完善和落实行政裁量权基准制度，细化、量化行政裁量标准，规范裁量范围、种类、幅度。加快推进网上行政执法平台建设，实现行政执法事项全部进网办理。全面落实行政执法责任制，推行责任清单制度，明确每个岗位和执法人员的责任，明晰行使职权的法定依据、权限和程序。

5. 全面推进政务公开

加大政府信息公开力度，重点推进财政预决算和“三公”经费公开，加强公共资源配置信息和公共监管信息公开。创新公开载体和形式，加强政府网站、政府公报、新闻发布会、政务公开栏等公开载体建设，推行社会公示、社会听证、专家咨询等公开形式，增强政府信息公开的针对性、有效性。建立健全信息公开的监督和保障机制，正确处理好信息公开与保守国家秘密的关系，落实政府信息公开的绩效考核、社会评议、年度报告、责任追究等制度。

6. 加强对行政权力的制约和监督

强化人大、政协、各民主党派的监督，完善向人大报告、向政协通报工作机制。有效落实司法建议、检察建议，自觉接受司法监督。重视社会监督、舆论监督，改进相关工作。加强行政监督和审计监督，强化责任追究。严格执行行政问责制度，规范权力运行程序，强化对权力集中的部门和岗位内部流程控制，有效防止权力滥用。

## 三　严格公正司法，维护社会公平正义

不断完善司法管理体制和司法权力运行机制，规范司法行为，加强对司法活动的监督，努力让人民群众在每一个司法案件中感受到公平正义。

1. 完善依法独立公正行使审判权和检察权制度

支持审判、检察机关依法独立公正行使职权，建立领导干部干预司法活动、插手具体案件处理的记录、通报和责任追究的制度，对干预司法机关办案的，给予党纪政纪处分，造成冤假错案或其他严重后果的，依法追究刑事责任。健全行政机关依法出庭应诉，支持法院受理行政案件、尊重并执行法院生效裁判的制度。建立健全司法人员履行法定职责保护机制，非因法定事由、非经法定程序，不得将法官、检察官调离、辞退或者作出免职、降级等处分。

2. 优化司法职权配置

按照中央、省、市委总体部署，积极稳妥推进司法体制机制改革工作，重点抓好完善司法人员分类管理制度、健全司法人员职业保障制度、完善司法权力运行机制和司法责任制等改革事项。深化审判委员会、检察委员会改革，形成权责明晰、权责统一、管理有序的司法权力运行机制。完善主审法官、合议庭、主任检察官、主办侦查员办案责任制，落实谁办案谁负责，实行办案质量终身负责制和错案责任倒查问责制。改革法院案件受理制度，建立健全立案登记制度。推进刑事案件快速办理机制和刑事案件速裁程序改革试点，探索实施法院、检察院司法行政事务管理权和审判权、检察权相分离。完善涉台等案件集中管辖审判机制，探索家事审判领域创新性司法工作机制。探索建立检察机关提起公益诉讼制度。

3. 推进严格司法

坚持以事实为根据、以法律为准绳，强化案件事实、证据、程序、法律适用审查等工作，推进司法规范化，统一适用法律标准。全面贯彻证据裁判规则，严格实行非法证据排除规则，进一步明确非法证据排除的程序和标准。积极实施审判精品战略，形成一批具有典型意义、示范意义和规则宣示意义的精品案件。规范刑罚执行体制机制，规范查封、扣押、冻结、处理涉案财物的司法程序。完善公安、检察、法院、司法行政等部门在人员查控、羁押、监所管理、社区矫正、附加刑执行等环节的合作协同机制。建立失信被执行人信用监督、威慑和惩戒法律制度，推进诚信信息系统建设，实现公检法与相关政府部门、金融机构的资源共享。建立健全执行联动威慑机制，通过制度创新有效解决执行难问题。

4. 加强人权司法保护

严格落实罪刑法定、疑罪从无、非法证据排除等法律原则和法律制度。强化诉讼过程中当事人和其他诉讼参与人的知情权、陈述权、辩护辩论权、申请权、申诉权的制度保障，保证律师的会见通信权、阅卷权、调查取证权等权利。加大对行政机关违法行使职权或者不行使职权行为的督促整改力度。完善对限制人身司法措施和侦查手段的司法监督，加强对刑讯逼供、非法取证的源头预防，健全冤假错案有效防范、及时纠错机制。落实终审和诉讼终结制度，实行诉访分离，保障当事人依法行使申诉权利；对不服司法机关生效裁判、决定的申诉，探索实行由律师代理制度。严格适用未成年人刑事诉讼程序，完善未成年人诉讼权利保障措施，探索建立未成年人案件社会调查工作专门化机制。

5. *保障人民群众参与司法*

推进阳光司法工程，深化审判公开、检务公开、警务公开，增进公众对司法的了解、信任和监督。探索人民陪审员制度改革，拓宽人民陪审员选任渠道和范围，选任具有专业知识的人民陪审员参加涉及本行业本专业领域的合议庭。完善人民监督员制度，推进人民监督员选任和管理方式改革，改进人民监督员对案件的监督程序和方式。

6. *加强对司法活动的监督*

加强和改进人大对司法活动的监督。强化检察机关对刑事诉讼、民事诉讼、行政诉讼的法律监督，完善检察机关行使监督权的法律制度。加强法官、检察官职业伦理建设，构筑司法从业人员内心自我监督第一防线。依法规范司法人员与当事人、律师、特殊关系人、中介组织的接触、交往行为，杜绝不正当的交往行为与利益输送。加强人民群众监督和社会监督。规范媒体对案件的报道，既要回应社会对案件的关注，又要防止舆论影响司法公正。

## 四　促进全民守法，加强法治社会建设

推进全民普法守法，增强全体市民法治观念，提高全社会厉行法治的积极性和主动性，使全体市民都成为社会主义法治的忠实崇尚者、自觉遵守者和坚定捍卫者。

1. *推动全社会树立法治意识*

健全和完善社会普法教育机制，推动法治宣传教育制度化、法治化。完善国家工作人员学法用法制度，把宪法法律列入党委（党组）理论中心组学习内容，列为党校、行政学院、社会主义学院必修课。坚持完善区人大常委会任命领导干部任前法律知识考试制度，试行对全区新任区管干部进行任前法律知识考试。制定在中小学校设立法治知识课程的工作规划，将法治教育纳入教学评估和考核的重要内容。将业务法律的宣传普及纳入实施单位的法定职责，严格落实国家机关“谁执法谁普法”工作责任制。深入开展国家宪法日等各类法治主题宣传活动，建立法官、

检察官、行政执法人员、律师等以案释法制度，健全媒体公益普法制度，加强微博、微信等新媒体新技术在普法中的运用。深化“法律六进”活动。加强社会主义法治文化建设，合理布局全区法治宣传教育基地、法治文化公园（广场）、法治文化苑等建设。鼓励支持文艺团体等社会力量积极开展法治题材文学艺术作品创作，大力开展具有海沧本土特色的群众性法治文化活动，不断丰富和创新法治宣传教育形式载体，在全社会营造浓厚的法治宣传氛围。

2. 提升基层治理法治化水平

运用共同缔造方式，继续深入推进法治城区建设，全面推进法治街（镇）创建工作，开展民主法治示范村（社区）创建活动，利用社区网格化管理平台建立“法治宣传网格化”机制，构筑起市、区、街（镇）、村（社区）、网格五级联动的法治创建体系。推动社区依法治理工作创新，合理界定村（社区）主体功能，制定村（社区）的权责清单，持续深化基层组织依法治理。建立健全互联互通、运行高效的网格化服务管理体系。制定完善符合法治要求的市民公约、村（社区）规民约、行业规章、团体章程，推动形成多层次、多样化的社会治理规则体系，发挥社会规范在基层社会治理中的积极作用。创新社会组织培养扶持机制，建立健全政府购买服务机制，发挥人民团体和社会组织在法治社会建设中的积极作用。

3. 建设完备的公共法律服务体系

加快推进覆盖城乡、惠及全民的公共法律服务体系建设，全面建成“一村（社区）一法律顾问”的专业服务网络，完善法律服务进驻行政服务中心或便民中心。发展公证等法律服务业，打造城乡均衡发展的法律服务网络。完善法律援助制度，扩大援助范围，提高援助质量。健全司法救助体系，实现司法救助和法律援助有效衔接。健全完善公证执业规范体系，加强公证执业管理。

4. 健全依法维权和化解纠纷机制

健全完善社会矛盾预警、利益表达、协商沟通、救济救助各项机制。强化法律在维护群众权益中的权威地位，教育引导群众自觉利用诉讼、仲裁、调解、行政复议等合法渠道理性表达诉求、依法维护权益。坚持依法处理信访问题，将信访纳入法治化轨道，建立健全涉法涉诉信访事项导入法律程序、执法错误纠正和瑕疵补正、依法终结、司法救助等制度。严格落实矛盾纠纷排查制度，健全完善街（镇）、村（社区）人民调解组织，培育发展个人调解工作室，持续加强行业性、专业性人民调解组织建设，完善人民调解与行政调解、司法调解衔接联动的多元调解体系，广泛动员社会各方力量积极参与矛盾纠纷化解工作。

5. 深入推进平安海沧建设

健全完善“矛盾联调、问题联治、治安联防、工作联动、平安联创”的综治工作机制。强化源头治理，严格落实社会稳定风险评估制度。创新立体化社会治安防控体系，推进公共安全视频监控系统建设、联网和应用，加强重点场所、重点部位、重点行业等公共安全监管，有效防范化解管控影响社会安定稳定的问题。依法严厉打击暴力恐怖、涉黑涉恶、邪教和黄赌毒、侵财等违法犯罪活动，建立重点整治项目化、动态化工作机制，挂牌整治社会治安与稳定突出问题。规范外来人员管理。建立特殊人群政府、社会、家庭三位一体的关怀帮扶体系。依法加强危害食品药品安全、影响安全生产、损害生态环境、破坏网络安全等重点问题治理，确保公共安全。

## 五 发挥区位优势，做好涉台法律事务工作

海沧台商投资区因台而设，要充分发挥海沧对台区位优势，加强交流，创新和完善涉台法律事务工作机制，为落实综改方案、促进两岸交流交往营造良好法治环境。

1. 依法公正高效审判涉台案件

进一步完善涉台法庭，推动设立涉台法院。建立涉台案件“绿色通道”，提高办理涉台案件效率。做好涉台案件审判工作，依法促进重点项目建设和厦台经贸合作。加强涉台案件执行工作，倡导以和解方式达成协议，实现案结事了。积极探索创新台籍社区服刑人员监管和服务机制，并充分借助台湾专业力量参与对台籍社区矫正对象和青少年社区服刑人员的思想教育和行为矫正工作，并加强两岸在青少年法治教育、社区矫正方面的工作探索和经验交流。

2. 创新涉台纠纷解决机制

加强涉台领域调解组织建设，充分发挥涉台纠纷调委会和长庚医院

医患纠纷调解室的作用，完善台企与所在村（社区）建立联防联调机制，最大限度地将矛盾纠纷解决在诉前讼外。建立健全台胞有序参与调解机制，聘任一批熟悉两岸政策法律、了解风俗民情、资历深、威望高的两岸人士担任特邀调解员，通过同乡之情、同业之谊促进涉台纠纷和谐解决。

3. 推进两岸司法互助和司法交流

与台湾地区法院建立司法送达、证人出庭、诉讼互认、证人远程视讯等司法互助机制。完善涉台检察室建设，履行集中管辖全市一审涉台案件的法律监督职能，推动涉台司法服务工作。加强两岸刑事合作，联手打击跨境电信诈骗、毒品走私等犯罪活动。建立健全两岸司法人员互访考察、工作会晤、资讯交流等工作机制。

## 六　注重人才培养，建立高素质法治工作队伍

坚持党的事业、人民利益、宪法法律至上，大力提高思想政治素质、业务工作能力、职业道德水准，着力建设一支忠于党、忠于国家、忠于人民、忠于法律的法治工作队伍。

1. 强化法治专门队伍建设

优化区人大常委会组成人员结构，增加有法治实践经验的专职常委比例。加强行政执法队伍建设。严格职业准入标准，落实行政执法人员持证上岗和资格管理制度，实行行政执法人员法律知识培训和考试制度；加强政府法制机构及政府法制工作队伍建议，优化法律顾问队伍结构；加强司法队伍建设。全面加强法院、检察院人员的正规化、专业化、职业化建设。探索建立从律师、法学专家等法律工作者中选任法官、检察官的机制。加强国际化司法人才储备，积极培养和引进通晓国际法律规则、善于处理涉外涉台事务的法治人才队伍。

2. 发展壮大法律服务队伍

加强基层法律服务队伍建设，发展壮大公证员、人民调解员、司法协理员、法律服务志愿者队伍，加大培训力度，不断提高法律服务队伍综合素质和专业化水平。完善法律服务人才跨区域流动机制，解决基层法律服务资源不足问题。

3. 健全法治工作队伍保障机制

坚持党管干部、党管人才原则，健全法治人才选拔、任用、交流、管理制度，努力提高法治工作队伍建设科学化水平。突出政治标准和法治工作能力，配好配强立法、执法、司法机关各级领导班子。畅通法治部门相互之间以及与其他部门之间的干部和人才交流渠道，积极推荐优秀法治干部到基层一线和艰苦岗位挂职锻炼。建立法律职业人员统一职前培训制度，对培训人员的执业技能、工作作风、职业操守进行综合评定，作为职业准入的重要依据。创新教育培训和工作研讨模式，加强法治实务部门与院校的合作，实现双方资源优势互补。健全法治工作部门和法学院校、法学研究机构人员双向交流机制，实施高校和法治工作部门人员互聘计划。加强海沧法学人才库建设，建立海沧优秀法学人才评选机制，加大高端法学人才的培养和引进力度。

# 第　三　篇

## 共同缔造:创新城市治理现代化的实践模式

厦门市海沧区城市治理现代化是一套相辅相成的有机整体，表现为宏大的治理平台、治理体系与实践模式。治理平台为城市治理现代化提供了一种具有普遍意义的认识论和方法论；治理体系为城市治理现代化构建了一套紧密相连、相互协调的制度安排；实践模式则是对城市治理现代化具体探索的特色总结，是对治理平台和治理体系的承接落实。同时，实践模式也是对城市治理困境和难题的有效破解。主动回应了基层党组织核心领导作用虚化、弱化、空化问题，党政、群团组织与社会服务不到位的困境，以及行政运营成本高的难题。

模式是根据特定条件要素的共有因素抽象出来的典型形式。每类模式都描述了某一环境中所不断出现的问题，并阐述了问题的解决路径。可以说，模式是推进改革创新的持续性动力。海沧区城市治理现代化的实践模式包括元治理模式、微治理模式和协治理模式。一方面，三类模式在运行过程中既相互独立，但又不完全割裂，在互动融合中形成衔接有序的统一整体；另一方面，三者之间存在交集，但在运行过程中又保持着各模式属性的相对独立性。元治理模式强调核心引领与统筹主导，聚焦“顶天”的战略定位；微治理模式强调扎根基层，行动于微处，着眼“立地”的技术路线；协治理模式强调异质主体通过充分持续的互动来交换资源、谈判共同的目标，承接协调了元治理模式和微治理模式，贯穿于治理实践的全过程。总而言之，三类模式在纵向层级上环节连续、特征明晰，既强调整体性的整合，又从不同层面构建了理论分析框架。

在推动国家治理转型的改革浪潮下，各地对治理实践进行了不同的模式探索，呈现出一定的地区“特色”。海沧区城市治理现代化实践推开以来，区、镇街及各社区通过培育典型与样板，形成了先进的做法、经验和体会。即以元治理模式为先导，坚持党委核心领导和政府统筹主导，为城市治理现代化提供持续发动机制；以微治理模式为核心，坚持服务下沉和微观自治，为城市治理现代化提供内在动力；以协治理模式为指归，坚持“多元共治”的格局缔造，为城市治理现代化提供创新范式。一方面，海沧区对实践模式的深入挖掘有利于固定和推广改革成效，保障治理实践的可持续性运作；另一方面，海沧区的做法可学、可复制，对于其他地区的改革实践具有积极的借鉴意义。

总而言之，海沧区创设总结的三类治理实践模式从不同的角度对完善城市治理体系发挥作用。其中，元治理模式是在原有理论意蕴的基础上，结合中国情境进行了理论丰富和具体阐述。微治理模式则是对国家治理、社会治理以及社区治理的凝练概括，是对微观治理的醒目表达。协治理模式凝练统领了协商治理、协作治理、协调治理与协同治理的举措方式，是对“多元主体共同治理”的创新回应。治理理论是不断发展的，治理体系也在实践中不断优化，因此，探索者们都可以在实践创新中对丰富治理体系做出自己的贡献。

# 第九章

# 元治理模式

治理理论以其极大的包容性和影响力成为我国推进现代化的重要方法工具和分析框架。然而，治理在理论上还存在某些不能充分证明的问题，在政策实践中也出现了一些现实困境，存在着治理失效的可能。为此，如何消除治理模式存在的对立冲突，如何促进治理模式的协同互补，成为一种新的治理需求。“元治理”便是对这一需求的答复。元治理在坚持治理理论基本理念的同时，强调国家（政府）在社会治理中发挥“同辈中的长者”的作用。元治理模式是在原有理论意蕴的基础上，结合中国情境进行了理论丰富和具体阐述。一是以坚持党委核心领导为前提，深化党建工作，打造“主导式”党建、探索“嵌入式”党建、推进“服务式”党建、延伸“协商式”党建。二是以坚持政府统筹主导为关键，通过顶层设计构建“领唱型”政府；通过减负增效构建有限型政府；通过服务下沉构建服务型政府。以此，有效回应了基层党组织核心领导作用虚化、弱化、空化的问题，打造党委、政府协调各方、主导推动的社会治理格局。

## 第一节　元治理的一般意蕴与中国情境

元治理理论在国外可谓方兴未艾，学者多认为元治理强调国家（政府）在社会治理中发挥“同辈中的长者”的作用。而在国内，这方面的理论探讨和研究较少。罗伯特·达尔指出，“从某一个国家的行政环境归纳出来的概论，不能够立刻予以普遍化，或被应用到另一个不同环境的行政管理上去。一个理论是否适用于另一不同的场合，必须先把那个特殊场合加以研究之后才可以判定”①。因此，本节在原有理论意蕴的基础上，结合中国情境对元治理主体结构进行理论丰富和具体阐述，并指导我国的具体实践，有利于推进治理体系现代化。

## 一　元治理的一般意蕴

“元治理”最早是由英国学者鲍勃·杰索普（Bob Jessop）在1997年提出的概念，其意为“协调三种治理模式以确保它们中的最小限度的相干性”②。他把“元治理”表述为：治理条件的组织准备，关涉的是科层治理、网络治理、市场治理三种治理方式的明智组合，以期达到其参与者认为是最好的结果。③ 国内学者在界定元治理时较多地采用路易斯·幕利门的定义：“元治理是一种产生某种程度协调治理的手段，通过设计和管理科层治理、网络治理、市场治理三种治理模式的完美组合，以期实现对公共部门机构的绩效负有责任的公共管理，看来是最好的结果。”④ 元治理可以说是从治理理论的庞大体系中酝酿而成的，但这二者之间的区别在于，元治理在坚持治理理论基本理念的同时，强调国家（政府）在社会治理中所发挥的重要作用。虽然治理机制可能获得了特定的技术、经济、政治和意识形态职能，但国家（政府）还是要保留自己对治理机制开启、关闭、调整和另行建制的权力。⑤ 因此，“元治理”的本质是在国家（政府）的指导和安排下，形成一种良好的社会管理机制。

西方学者普遍认为元治理的主体范式是强调政府在治理的各个方面都发挥重要作用，政府充当联络者、协商者、降噪者的角色。鲍勃·杰索普认为，“元治理”的主体只能是由国家（政府）来承担，主要基于以下几个方面的原因⑥：一是政府能够为不同治理模式之间的混合提供基本规则，从而保证不同治理机制与规制的兼容性；二是政府拥有具有相对

① 转引自唐兴霖、尹文嘉《从新公共管理到后新公共管理——20世纪70年代以来西方公共管理前沿理论述评》，《社会科学战线》2011年第2期。

② 李澄：《元治理理论综述》，《前沿》2013年第21期，第124—127页。

③ 转引自李澄《元治理理论综述》，《前沿》2013年第21期。

④ 熊节春：《政府治理新范式——元治理》，中国行政管理学会2010年会暨“政府管理创新”研讨会，北京，2010年。

⑤ 王诗宗：《治理理论的内在矛盾及其出路》，《哲学研究》2008年第2期。

⑥ 俞可平：《治理与善治》，社会科学文献出版社2000年版，第80—81页。

垄断性质的组织智慧与信息资源，可以在不同治理模式之间内部发生冲突或对治理有争议时充当“上诉法庭”，可以为由三种治理模式组成的系统整体的利益和社会凝聚的利益，通过支持较弱一方或系统建立权力关系的新的平衡；三是不同治理模式之间建立网络、谈判协商、降低噪声干扰，以及负面协调等都是需要在政府“等级统治的影响下”主导下才能进行；四是鉴于治理机制五花八门，需要发挥政府作用建立宏观组织能力，处理影响深远的组织间关系变化等；五是政府还能发挥“最后一着”作用，从而保证整个社会的机构制度完整和社会凝聚力。当然，作为元治理者主体的政府，强调的是政府的主导地位，但并非要回归到过去高高在上、统治一切的全能政府，相反，它担当制度设计、提出愿景设想的任务，形成一种良好的社会管理机制，从而促进不同领域的自组织。从这种意义上看，政府与市场和社会网络之间的关系应是平等的合作伙伴关系，政府更像是“同辈中的长者”①。

## 二　双主体：元治理的中国情境

由于我国与西方国家在政治文化环境、历史传统等方面存在较大的差异，因此，对元治理主体范式也有着不同的理解和应用。在我国，虽然国家治理体系倡导多元主体协同共治，但社会利益主体的多元化并不意味着治理主体的独立性和多元化。主要原因有②：一是就民间组织而言，大量体制外的民间组织还无法获得法定的地位与保障，还不能构成一个整体的“第三部门”。二是西方非营利组织、公民团体的发育完善很大程度上得益于西方社会文化中与市场经济相适应的公民意识、自治观念、契约精神和公益精神等，而中国的民间组织十分缺乏这方面的历史文化土壤。以海沧区为例，海沧区经过25个年头的台商投资区、10年的行政区的开发建设，已经从一个偏僻的闽南小渔村发展成为港区繁荣、工业发达、城区兴旺的现代化新区。然而，大部分群众还深受传统政治

① 熊节春、陶学荣：《公共事务管理中政府“元治理”的内涵及其启示》，《江西社会科学》2011年第8期。

② 薛澜：《治理理论与中国政府职能重构》，人民论坛网，2012-06-21，http://www.rmlt.com.cn/2012/0621/39160.shtml。

文化影响，还没有意识到政治系统及其运行过程的存在，也未能意识到政治过程参与者权利角色的存在，公民意识和公共精神阙如。类似的情况在我国多处地区还普遍存在。

“一个国家选择什么样的治理体系，是由这个国家的历史传承、文化传统、经济社会发展水平决定的，是由这个国家的人民决定的。我国今天的国家治理体系，是在我国历史传承、文化传统、经济社会发展的基础上长期发展、渐进改进、内生性演化的结果。”[①] 治理是一个培育多元主体参与、培育市场的过程，我国正处于并将长期处于社会主义初级阶段，多元主体共同治理的社会条件还未成熟，因此，需要在初始状态下依靠一个强有力的启动机制去推动运作。“元”的意思是第一、起始、为首，元治理便是这么一个持续性的发动机制。那么，如何定位合适的元治理主体？结合我国特殊的转型背景，党的十八大指出，要“加强城乡社区治理，加快形成党委领导、政府负责、社会协同、公众参与、法治保障的社会管理体制”。党的十八届三中全会提出，要“坚持系统治理，加强党委领导，发挥政府主导作用，鼓励和支持社会各方面参与，实现政府治理和社会自我调节、居民自治良性互动”。

综上所述，在我国，元治理强调双主体，即发挥党委与政府的作用。一方面，充分发挥党委的作用。人民代表大会制度是我国的根本政治制度，中国共产党领导的多党合作和政治协商制度、基层群众自治制度等则是我国的基本政治制度。这些根本政治制度和基本政治制度构成了我国国家治理体系和治理能力现代化的基本框架。十八届四中全会也提道：“把党的领导贯彻到依法治国全过程和各方面，是我国社会主义法治建设的一条基本经验。”因此，中国共产党作为我国的唯一执政党，党的治国理念对整个国家治理体系起着领导核心的作用。另一方面，充分发挥政府的作用。对于国家政权而言，政府是执政党理念和价值的统筹主导与具体执行者，通过对国家的治理行为来不断巩固执政党的地位。同时，“党的领导”作为国家制度内的力量，通过国家机构以法律和政策的手段来将党的意志贯彻于政府的工作当中。在这种领导方式下，党政关系不

① 人民网：《完善和发展中国特色社会主义制度推进国家治理体系和治理能力现代化》[EB/OL]，http：//politics. people. com. cn/n/2014/0218/c1024 - 24386149. html，2014 - 02 - 18。

仅着眼党政职能分开，更要强调党在政中。

因此，海沧区城市治理现代化的元治理模式即为立足群众的基础上，以坚持党委核心领导为前提，以坚持政府统筹主导为关键，打造协调各方、主导推动的社会治理格局。

## 第二节　深化党建工作，加强党委核心领导

中国共产党是执政党，党的领导是中国特色社会主义最本质的特征。党的十八大提出“党的基层组织是团结带领群众贯彻党的理论和路线方针政策、落实党的任务的战斗堡垒”。过去革命时代党和群众是万众一心，而新时期党和群众之间出现了一些脱离的现象。海沧区党委发挥引导群众思想和行动的“总开关”作用，坚持“一切为了群众、一切依靠群众，从群众中来、到群众中去”的群众路线，重新缔造、愈合党的执政基础，在城市治理现代化中深化党建工作，建立全方位服务平台和全过程服务机制，密切党群、干群关系，把你、我变成“我们”，使党的核心引领真正落实到基层、扎根到群众，确保了城市治理现代化的方向性。

### 一　打造“主导式”党建

针对新形势下党组织领导核心弱化的问题，海沧区创新探索“主导式”基层党建，通过建立纵横交错的联动体系、健全“大党委”统揽工作机制、强化党的职权以及打造强有力的人才队伍等方式，巩固党的领导地位。

1. 建立纵横交错的党建引领机制

第一，打造纵向的联动格局。海沧区建立“区委＋街（镇）党工委（党委）＋社区综合党委＋网格党支部＋楼栋党小组（自然村片区党小组）”纵向到底的“五级联动”党建引领体系。其中，社区综合党委联合了园区非公企业党组织、社会组织党组织、协会党支部。网格党支部人员构成包括八大群团组织、城市社区网格物业公司、业主、社会组织、在职党员，农村社区网格乡贤理事会、老人协会、产业协会、合作社。由此，实现“党建联抓”、“实事联办”、“难题联解”、破解“上动下不动，下动上不动，动了也白动”的困境。

第二，建立横向的互联网络。海沧区打造“村居党组织—理事会—居民—企业”的互联体系，37 个村居党组织紧密联系“四民家园”“民声倾听室”“民情调查队”等载体，党员干部与群众交朋友、广泛听取意见建议，从交流中获知群众的趣缘和需求，由此，培育出“乡贤理事会”“社工之家”“台胞义工行”“广场舞之家”“合唱之家”等多元化的群众“微组织”。

2. 健全“大党委”统揽工作机制

首先，建立街道“大党工委”。按照“同驻共建促发展”的思路，成立由街道辖区公安、地税、工商等单位党组织组成的“大党工委”，建立多元主体契约共治制度，明确各自工作职责，以“契约化”形式将多元主体纳入辖区共治范畴，形成“大党工委”区域范围内各单位党组织和全体党员共同参与、条块结合、优势互补、相互配合的社会事务治理格局。

其次，建立社区“大党委”“大党总支”。成立由社区党组织和驻区机关企事业单位、社区社会组织、物业公司等代表参加的社区共建理事会，定期协商决定社区治理重大事项，充分调动社区居委会、业委会、物业公司、社区社会组织、志愿服务队伍和居民群众等主体共同参与社区治理的积极性，有效整合社区多元主体的人力、物力及各类资源优势，共同开展社区服务工作。

3. 建立社区党组织核心主导机制

一是完善社区党组织对社区重要人事任命的提名权。社区党组织应提前介入小区业委会筹备过程、监督小区业委会选举，有权对人选提出异议。同时，社区党组织对社区监督机构负责人拥有提名权和否决权，对社区社会组织负责人拥有提名权。二是完善社区党组织对社区重要事务的决策权，社区党组织应对社区发展规划制定、社区重大事务决策和社区工作部署发挥主导作用。三是完善社区党组织对社区多元主体的监督权，确保社区党组织对居委会、集体经济组织、群团组织、社会组织以及社区党员干部的监督，保证社区多元共治局面的健康有序。

4. 建立社区“领头雁”队伍培养机制

其一，以村（居）级组织换届为契机，把社区里政治素质高、年纪轻、有文化、事业心责任感强、作风扎实、实绩突出、得到大多数群众拥护的优秀党员干部选拔进社区“两委”班子，进一步增强“两委”班子战斗力。

其二，根据社区实际，配备社区党建专职副书记或党建专职委员，经常性开展社区党建活动。同时，从全区筛选一批任职时间长、工作实绩突出、帮带能力强的优秀社区党组织书记，建立社区党组织书记“导师库”，采取书记论坛、培训授课、结对帮扶等形式对其他社区党组织书记进行指导，提高社区党组织书记队伍党建工作能力和社区治理创新能力。

5. 建立社区后备干部队伍培养机制

第一，坚持标准选人，严格选拔资格。出台《村居干部人才储备暂行办法》，提出“五好六不能”准则，明确政治素质好、模范作用好、工作作风好、群众基础好、整体素质好五大标准以及违反计划生育政策六种不能列为后备村干部的情形。同时，明确了“回乡创业的优秀外出务工者”、经济能人等五种选拔渠道。

第二，坚持公信用人，规范产生程序。每年 3 月份集中开展一次村居后备干部选拔，从发布公告、推荐申报、研究审核、张榜公示、上报备案等各个环节规范后备干部的产生程序，其中，研究审核作为核心环节，划分为初步审核—组织考察—研究审核，以此层层把关，确保后备干部素质。

第三，坚持制度管人，加强动态管理。建立培训锻炼和考核管理各三项制度、集中专题培训制度和“2 + 1”帮带培养制度。例如，街镇包村干部、现任村干部帮带 1 名后备干部，实施压担锻炼制度，安排新农村建设、征拆等岗位，用6—12 个月进行“见习锻炼”。同时，建立“一人一档”档案管理制度、“见习期”考核办法，并构建“能进能出”的动态调整机制，让村后备干部“人才池”保持“一汪活水”的状态。

## 二　探索“嵌入式”党建

社区党支部是基层党组织的末梢神经，是党的基层组织建设的重要组成部分。然而，伴随社区治理半径扩大、非公企业的快速发展，海沧区基层党组织建设也面临着组织体制纵向不到底、横向不到边的问题。鉴于此，海沧区积极探索“嵌入式”党建，将党组织向网格延伸、向楼栋延伸、向非公企业延伸，巩固党组织的领导基础。

1. 党支部进网格

社区规模的扩大给党支部的工作带来了新的挑战。海沧区一些较大社区的人口规模甚至达到2万以上，显然，社区层面的党支部已经无法覆盖全社区的服务。因此，海沧区尝试将党组织下移，首先，在社区层面依托社区党委的领导核心。其次，充分发挥全区城乡社区网格化建设全覆盖的优势，以推进组织设置与网格区域相融合为切入，根据街道辖区各村（社区）实际，整合网格内流动党员、在职党员和“两新党员”等，实行分类组建。一是城市社区按照“一网格一支部”的要求，组建网格党支部；二是村（包含村改居）在原有党小组的基础上，按照“一网格一支部”或者“多网格一支部”的要求，组建网格党支部。同时，依实际在网格党支部内设置若干网格党小组，实现网格党组织全覆盖。以此，在社区党委的领导下，实现网格各类组织的统筹发展。

2. 党小组进楼栋

楼栋作为居民生活的最小单元，在增强彼此联系、构建共同利益方面具有先天优势。海沧区在加强党建的过程中，抓住楼栋这个有利单元，在条件成熟的楼栋，建立起党小组，形成社区党委—网格党支部—楼栋党小组的“三级党建体系”。在党员组织关系不变的情况下，把居住在同一楼组或相邻楼组的党员（包括在职党员、离退休党员、流动党员等）组织起来，成立党小组，围绕居民共同关注的利益问题有组织地开展内容丰富的各类活动，将党的工作由社区所属党员向社区内全体党员延伸。同时，党组织还鼓励党小组成员积极加入楼栋自治小组，一起承担楼栋内信息宣传、环境维护等工作，实现楼栋事务齐共治。

3. 党组织进非公企业

按照中央“有群众的地方就有党的工作，有党员的地方就有党的组织，有组织的地方就要开展党的活动”的要求，海沧区积极推动非公企业党组织建设。针对非公企业党组织组建和开展活动相对较难的情况，海沧区从企业的需求和困难入手，在全区上下大力倡导“服务企业”的意识和氛围，发挥投资区的政策叠加和体制机制优势，不断加大服务保障力度，为非公党组织的建立和活动开展营造良好的外部环境。近年来，海沧区按计划、分步骤及时有序推进非公有制企业、新社会组织党组织组建，组建非公企业党组织120个、覆盖企业数570家，组建社会组织党组织16个、覆盖企业数48家。

### 三　推进“服务式”党建

面对社会转型的新挑战，海沧区党委积极转变自身的观念，坚持服务为本，加强阵地建设、汇集服务力量和回应服务需求，以服务群众获取党的合法性基础。

1. 建设服务阵地

海沧区统筹整合基层党建阵地、文化阵地、服务阵地等作用功能，高标准建设基层党组织活动阵地示范点。第一，采取各级组织统一考评、定点规范等方式，确定30个各方面建设特色明显的支部作为示范点，实行“七个一”工作制度，确保示范点建设有序有力推进。第二，由区、各党委统筹示范点建设所需经费，各党委（党工委、党总支）建立示范点维修基金制度，每年向每个示范点提供3000—5000元的维修基金，建立基层阵地建设长效保障机制。

以设立党代表工作室为例。为搭建党代表履职“新平台”，海沧区要求各街道结合自身特点，在街道设立党代表工作室。街道每位党代表都进驻街道党代表工作室，重点围绕基层党的建设、经济社会发展情况和党员群众反映的热点难点问题开展活动。并且按照有办公场所、有工作人员、有工作制度、有联络渠道、有工作台账的“五有”的标准，规范党代表工作室建设，为党代表与党员群众提供良好的沟通议事环境。一是有办公场所。坚持方便党代表联系党员群众的原则，依托街道党群服务中心，设立街道党代表工作室。工作室外挂“党代表工作室”标牌，并配备电脑、办公桌椅、文件柜等基本设备。二是有工作人员。党代表工作室配备一名联络员，负责日常事务、党代表的联络服务、情况总结报送、建立工作档案等工作。三是有工作制度。建立党代表工作室工作制度、党代表工作室联络员职责等，规范党代表工作室的运作。制定党代表接待党员群众工作流程和接待安排，并在信息栏张贴公开。四是有联络渠道。设立民意信箱，公布联系电话和电子信箱，同时创新载体，通过开通实名微博、网上工作室等形式，畅通党代表与党员群众联络渠道。五是有工作台账。做好党员群众接待，并详细记录反映的困难和问题，及时反馈处理情况，做到有反映、有登记、有受理、有反馈。

2. 汇集服务力量

通过党建联抓，引导辖区内党组织逐步由“要我共建”向“我要共建”转变，共建大党建工作格局，探索出驻区单位党组织、在职党员和社区党组织、居民党员双向互动、双向管理、双向服务的工作模式，形成社区全体党员共同参与、社区公共资源共享的区域化党建新格局。一是借助区级组织部门力量，以地缘关系为基础，建立区、街道、社区三级党建联席会议，突破原有组织建制的界限，将分散在各部门、互不隶属的党组织资源整合起来，形成联动的“响应链”。二是以社区党委为主导，推动“大党委”建设，将机关党组织、“两新”党组织、流动党员与社区党组织共建互联，实现“大联通”。三是健全区域化工作机制，建立健全社区党建联席会议制度、联考联评制度，采取签订区域化党建协议的形式，明确社区党组织与驻社区单位工作职责，定期围绕区域性、社会性、群众性、公益性事务共商共议，形成沟通联系、互动共治的机制。

以在职党员社区服务工作为例。海沧区组织全区所有区直机关、事业单位和镇街 1360 多名在职党员全员参与到进社区（含农村和村改居）服务工作中。该项服务工作实施双重管理模式，采取活动双记录、管理双反馈、评议双层面等措施，开辟党员“八小时”以外监督管理和发挥作用新渠道，实现在职党员“工作在单位、活动进社区、奉献双岗位”。其中，“活动双记录”即建立在职党员社区表现档案，制作“服务纪实卡”，记录党员参与社区活动的情况，纪实卡一式两份，一份由社区统一保管，另一份由党员报所在单位党组织。“管理双反馈”即社区每季度向党员所在单位反馈党员在社区的表现情况，做出评价；同时，通过社区宣传栏、LED 教育广场、社区网站向居民群众反馈在职党员履职践诺情况和先进典型事迹。“评议双层面”即坚持党员述职和群众测评相结合，每年年底对在职党员参加社区建设的表现进行综合评定。

3. 回应服务需求

海沧区将群众服务工作导入社区党建全过程，充分发挥党组织阵地优势、党员模范带头作用，践行群众路线，主动获知群众服务需要，回应群众多样化、个性化的利益诉求。

其一，党员接访听民声。海沧区设立了“民声倾听室”，由街道两代

表一委员、社区“两委”、议事会成员等轮流值班，公开接访群众，及时解决问题、反馈群众意见及来访情况。同时，拓展接访渠道，开设“民声热线”，在社区网站开辟“民声留言板”，成立社区QQ群，收集汇总意见建议，及时反馈处理。

其二，网格走访知民情。海沧区成立了“民情调查队”，结合党员“进网格·话家常”活动，利用休息日、茶余饭后等空闲时间深入居民家中，与群众交心谈心，宣传党委政府政策，掌握群众思想动态，了解居民需求，摸排矛盾隐患，听取群众意见建议，认真做好民情日志。结合困难群众帮扶机制，定期深入困难家庭，提供就业指导、心理疏导等方面的帮助。

其三，同驻共建集民智。海沧区建立了社区议事会制度，设立“民智议事厅”作为社区议事会的日常工作场所，并成立了“社区同驻共建理事会”“社企同驻共建理事会”。通过两级理事会，让社区居民和辖区企业成为社区建设的主导力量，自行发现问题、研究问题、解决问题。

4. 实行“四必”工作法

为了形成党员干部改进作风、服务群众、推动发展新常态，海沧区大力倡导联系服务群众“四必”工作方法。

第一，四个层级“必联”，构筑走村入户责任网。一是区领导干部必须联系到片，每月至少一次深入挂钩联系点现场办公。二是区直部门、街镇干部必须联系到村居，党员干部每人每年深入联系点不少于四次。三是村居干部必须联系到网格，村居两委干部每人每月深入责任网格不少于五户。四是自治单元骨干必须联系到户，小区、楼栋等自治单元的自治管理小组成员分楼、分层与住户联系挂钩，收集群众意见建议。

第二，四类群体“必访”，架起党群干群连心桥。首先，困难户必访，区领导干部每人每年走访不少于三户、处级领导干部每人不少于两户，街镇干部每年为挂钩困难户办一件实事。其次，能人户必访，包括年收入在10万元以上的种养大户和年收入在100万元以上的企业主等，征求发展致富建议。再次，信访户必访，区、街镇主要领导每月15日和每周一定点接访群众，职能部门领导干部每月接访群众一次。最后，两违户必访，了解诉求原因，做好政策法规的宣传解释，帮助解决实际生活困难。

第三，四类情况“必谈”，打造服务行动升级版。首先，落实不力必须盯住谈，区“两办”、纪委、组织部门深入一线督查，及时约谈、问责工作推动不力、落实不到位的部门及人员。其次，关键节点必须重点谈，紧抓节假日等重要时间节点，挂钩联系部门、涉案包案领导、街镇包村干部有针对性地做好重点对象的思想工作。再次，重要工作必须聚焦谈，采取问卷调查、随机采访等形式，发动“两代表一委员”、老干部、普通群众为社会发展出谋献策。最后，约束教育必须警示谈，通过“请上来约谈”和“走下去访谈”相结合的方式开展谈心谈话，及时进行警示教育和廉政提醒。

第四，四种问题“必解”，破解难题走向快速路。其一，合理诉求必须马上解，对群众诉求尽量当场协调解决，一时办理不了的，定期通报办理情况。其二，矛盾纠纷必须及时解，健全“公开接访、定期接访、重点约访、带案下访”四访联动机制，及时化解矛盾纠纷。其三，软弱组织必须坚决解，强化联动协作，党群部门帮弱村、经济部门帮穷村、政法部门帮乱村、科技部门帮专业村。其四，疑难杂症必须妥善解，安排专人牵头处理涉及群众利益的历史遗留问题，发挥乡土人才、基层骨干等人员的优势做好化解工作。

## 四　延伸“协商式”党建

党的十八届三中全会明确指出“在党的领导下，以经济社会发展重大问题和涉及群众切身利益的实际问题为内容，在全社会开展广泛协商，坚持协商于决策之前和决策实施之中”。海沧区通过打造“协商式”党建，密切了党组织与多元参与主体的互动关系，提高了各主体参与基层民主建设的积极性，增强了群众对社区基层民主建设的认同感。

### 1. 干群联系，民生共谋

海沧区通过“社区牵头、单位安排、分类活动、党群连心”的形式，开展党员干部挂钩网格和在职党员进社区活动。在第二批群众路线教育实践中，全区1360名在职党员全部赶赴38个村居报到，市委常委、投资区党工委书记、区委书记郑云峰骑公共自行车到挂钩联系的海发社区报到，面对面倾听群众的意见建议；区四套班子领导及机关事业单位在职党员，采取进居住地社区、单位联系点社区等四种方式报到。他们向村居群众作出公开服务承诺，帮助群众“提出一个微建议、参与一次微自治、开展一次微志愿、满足一个微心愿”，解决群众身边的实事、小事和挠头事。截至目前，先后化解建房、征地拆迁等矛盾纠纷660多起，为群众办实事1100多件，先后组建政策宣传、卫生保健、法律服务等各类党员志愿服务队100多支，在职党员参加志愿服务活动5500多人次，联系困难群众1100多户，慰问捐助60多万元。

2. 民声传达，民情共议

海沧区出台了《关于建立村居党组织“民生议事角”的工作方案》，整合党代表工作室、LED广场、远程站点等资源建立“民生议事角”，充分发挥党组织的模范引领，组织带动各类组织、社团协会深入各个阶层、各个角落收集群众的意见建议，切实建立一条自下而上的信息收集、互动反馈的工作渠道。例如，天湖城小区存在卫生环境管理及休闲座椅等配套设施不足的问题，社区党代表主动与小区业主代表进行约谈，听取业主代表们的意见和建议，共收集意见建议38条。同时，与海投物业联系加强环境卫生整治，并添置了15张户外休闲桌子、60把椅子，在社区志愿者工作站的一处办公区域通过腾挪方式为登山协会提供日常活动场所。

3. 党群共联、党社共建

海沧区将群众路线教育实践活动和城市治理现代化工作高度融合，以服务作为连接党群、党社的纽带，在全区村（居）推行党支部、居委会、业委会共商社区事务周例会、月民主听证会和周末接待日“三项制度”，由村（居）党组织作为社区多元主体的组织者和号召人，就居民、群众关心的利益问题组织协商讨论，有效兼顾各方利益，凸显基层党组织“元治理”主体作用。同时，建立“两代表一委员”工作室、党员干部挂钩联系群众制度等，在三个镇街及党代表比较集中的三个村居设立六个党代表工作室，方便群众零距离向党表达意见。此外，建立党委领导下的社区联席会、乡贤理事会、发展协会、行业协会等群众参与自治的平台，促进各种社会力量通过协商调整利益矛盾关系，构建互助共赢的治理格局。

## 第三节　夯实统筹工作,强化政府主导地位

治理能力的提升是一个逐步培育、渐次发展的过程。政府在城市治理现代化工作中发挥着不可替代的作用，政府的有效带动和引导，不仅是提升城市治理能力的重要途径，也是“撬动”和“激活”社会的核心力量。缺乏政府的主导作用，任何改革都将因缺乏有力的支持和保障而难以为继。为此，海沧区为提高政府的元治理生产力，坚持顶层设计、减负增效并下沉服务，做好城市治理现代化的政策规划者、资金分配者和行动联盟者，积极组织、动员、引导和激励多元主体参与社会治理。

### 一　顶层设计，从“管控”到“掌舵”，构建“领唱型”政府

#### 1. 理念转变，引领治理方略

首先，转变作风。行政管制一直以来是政府管理的弊病，要破解这一传统难题，海沧区首先转变思想。一是着力转变领导干部的工作理念和作风。海沧区通过“政风带动民风”，进行廉政教育，通过群众路钱教育，改善干群关系。以习近平总书记有关“四个危险”“四风”等重要讲话精神，在各套班子、区直机关、镇（街）村（居）三个层面，以“四问”为切入点：“一问为什么办了很多实事，但群众还是不太满意？二问为什么通讯发达了，但与群众的距离疏远了？三问在职的干事创业怎么做、为了谁？四问现在的发展成就哪里来、依靠谁?”依托多种主题教育活动等形式，海沧区要求全体基层干部围绕基层组织、机关效能、干部作风等多方面“拷问”自己，自上而下地开展了一场作风之弊、行为之垢的大排查、大检修、大扫除活动。二是改变政府原来大包大揽思想，树立引领共治、互动基层的全新理念。海沧区把倾听群众意见、了解真实情况作为基本保证，将区级领导、区直部门、基层党委三类主体同时联系基层组织，挂钩对象涵盖拆迁户、信访户、困难户、能人户等社会矛盾焦点或需要特别关注的工作对象，实现挂钩联系全方位、干群互动常态化。以此，由“政府配菜”改为“群众点餐”，机关干部、社区工作人员进村入户，面对面与群众沟通交流，积极了解群众“想什么、需要什么”，让群众知道“政府在做什么”，充分调动群众参与的积极性。

其次，科学规划。城市治理现代化工作的整体性、系统性和协同性要求必须搞好顶层设计。因此，海沧区坚持以创新“城市治理现代化”统领工作。区别于一般的试点项目，海沧区深刻认识到创新“城市治理现代化”是一场社会变革，关键在于理念的转变和精神的培育。因此，在实践过程中，海沧区并没有将创新“城市治理现代化”作为一个独立的项目来做，而是将创新“城市治理现代化”贯穿于政府的日常工作中，以共同理念履行政府职能。在试点过程中，海沧区将各个职能部门都纳入试点项目的范畴，立足于区情，秉持“共谋、共建、共管、共享、共评”理念，全面带动宣传、发改、教育、民政等职能部门，将创新“城市治理现代化”理念贯穿到各部门工作中。同时，广泛宣传发动，让创新“城市治理现代化”理念深入人心，凝聚各方共识。而且海沧区持续先行先试，制订整体的改革方案，构建了“区统筹—街道治理—社区服务—网格自治—楼栋微治理”的城市治理体系，进一步理清组织职能，理顺各层级的关系，为城市治理现代化提供了基础。

2. 干部带动，总抓治理改革

领导干部是政府施政的具体执行者，也是发挥政府带动效用的排头兵。在城市治理现代化过程中，一方面，海沧区强化横向高位推动，成立了由区委书记任组长、区四套班子领导及区直各部门、各街道主要领导为成员的工作领导小组，全面领导工作；同时成立相应的对接部门，作为落实具体工作的综合性协调联络机构。另一方面，海沧区强化纵向三级衔接，在各个镇（街）、村（居）成立领导小组，建立起一支“纵向到底、横向到边”覆盖全区的战斗队伍，形成了区统筹、镇（街）组织、村（居）主体的三级工作体系。海沧区还积极动员广大领导干部深入基层、深入一线，通过领导挂点带动、干部驻点带动，以自己的实际行动感染群众、带动群众，引导群众积极参与到改革实践中来。

一是领导挂点带动。为了确保“共同缔造”工作分工到位、组织到位、推进到位，海沧区实行领导挂钩联系试点制度，即由一名区领导及两名区“共同缔造”办公室工作人员专门挂点联系一个村（社），为该村（社）提供咨询指导服务，及时协调解决问题。各挂钩领导深入社区和群众中，真正地把工作落到了实处，通过干部的有效带动推进共同缔造工作。例如，作为海虹社区的挂钩联系人，海沧区委常委、区委统战部王雪敏部长深入社区，主持召开青年干部“献计海虹社区试点工作”座谈会，邀请区读“无字书”俱乐部工作组、街道大学生村干部和社区干部等20余人参加会议，通过征询意见、制订方案、督导实施，迅速推动了该社区共同缔造工作的开展。

二是干部驻点带动。各级党员干部是共同缔造工作最主要的执行主体。为了充分发挥各部门中对共同缔造工作学习、领会比较深入透彻的兼职缔造业务骨干的作用，海沧区建立干部挂钩联系网格制度。由各机关单位党组织牵头联系挂钩村（居）单位，明确本单位党员干部深入挂钩村（居）网格的具体人员安排，确保每个片区至少有一名党员干部；同时，加强与挂钩村（居）的对接联系，做好工作方案，商讨确定工作布置、任务分配、阶段目标等，做好工作记录，及时反馈总结。机关单位党员干部每人每周深入所辖片区一次以上，每人每月深入责任网格群众家中不少于五户，入户要做好工作日志，真正实现“三入三走出”，即入户宣传发动、入户征求意见、入户服务群众，真正用脚板走出群众感情、走出干部形象、走出群众口碑。通过了解群众心声，及时解决群众反映的问题，带动更多的群众参与到“共同缔造”中来。

3. 政策引导，强化治理动力

为了引导群众积极参与到改革进程当中来，海沧区有针对性地出台了一系列激励政策，从不同层面调动居民的参与意愿，通过政策的杠杆作用“撬动”和“激活”社会。

首先，“以奖代补”激励机制。以往的公共项目建设，通常采取政府“先拨款，后建设”的运作模式。在这一过程中，很难保障资金的有效投入，甚至陷入“钱花了但事没成”的窘境。因此，为激发基层的积极性，海沧区制定分类标准，在全市率先出台《“以奖代补”试点项目操作实施暂行办法》《“以奖代补”试点项目资金管理暂行办法》《共同缔造项目社会资金收支管理暂行办法》，生成、储备一批“以奖代补”项目，广泛发动村（居）、企业、社会组织申报项目。“以奖代补”是对已纳入“以奖代补”的项目，政府先给予部分启动资金，项目完工后，再组织各界代表共同进行项目评估，评估合格将拨付剩余的建设资金，对优秀项目还将给予额外奖励；评估不合格的则不予发放，由项目责任主体自行解决。① 海沧区各个街道、社区、村庄在符合区级“以奖代补”规定的前提下，都有各自较为详细的实施规定。目前，在自行车绿道建设、纳凉点建设、湿地公园建设等方面都已经开始采取“以奖代补”来规范资金的投入和使用，以避免劳民伤财工程的出现。2014 年以来已实施 79 个“以奖代补”项目，区财政共下拨以奖代补资金 1200 万元，有效地调动了群众参与的积极性。

其次，分类评定机制。为了形成良性的竞争态势，海沧区创造性地建立“分类评定”机制，提出自强型、自助型和基础性三类村（社）标准。其中，自强型村（社）群众基础较好，参与共同缔造的热情最高，共同缔造工作推进迅速；自助型村（社）群众基础一般，参与热情相对较弱，共同缔造开展情况一般；基础型村（社）群众基础薄弱，群众参与水平较低，共同缔造工作推进迟缓。以三类村（社）为标准，海沧区每年均对辖区内的村（社）进行评定，对于自强型村（社）进行重点扶持和建设。通过建立分类评定机制，不同村（社）之间开始形成竞争压力，无形中激励各个村（社）积极参与到改革当中来。

4. 宣传动员，营造治理氛围

在推进城市治理现代化过程中，海沧区并没有急于落实具体改革举措，而是“攻心为上”，采用各类形式的大规模宣传营造共同缔造的治理氛围。

其一，媒体宣传营造氛围。通过发挥传统媒体、都市媒体以及新兴媒体的优势，海沧区有效利用报纸、广播、网络专栏、微信、微博、宣传栏、户外广告和新闻大篷车等在全区范围内进行全方位、多样式、立体化的新闻报道，把共同缔造的理念、精神、目标、方法、愿景等不断传递给广大居民，让广大居民关注“共同缔造”、讨论“共同缔造”、参与“共同缔造”，让“共同缔造”的理念深入人心，避免改革成为政府的“独角戏”。特别是海沧区专门拍摄了反映海沧区推进“美丽厦门·共同缔造”的宣传片，在移动电视和电梯等视频媒体上滚动播放，扩大宣传覆盖面和影响力，效果非常显著。

---

① 厦门市人民政府网：《海沧首批“以奖代补”项目实施》。

其二，专题宣讲烘托氛围。为了让广大群众更加真切、客观、理性地认识“共同缔造”，海沧区在进行媒体宣传的同时，还组织开展了一系列专题宣传活动。包括邀请规划专家、市委党校、市委讲师团等专家召开专题讲座，在各级平面媒体推出系列解读文章；发动专家学者、城市义工代表、演讲协会成员等组成宣讲团，走进街道、社区开展专题宣讲；邀请由社区干部、网格员、居民、外来务工人员等“共同缔造”积极分子组成群众宣讲团，在试点社区、村居中开展巡回宣讲，用群众的话语，从不同角度宣扬“共同缔造”的内涵实质，为改革实践营造氛围。通过面对面的主题宣讲活动，广大群众的改革认识提高了，改革顾虑没有了，改革意愿也日益增强。

其三，入户发动激活氛围。除了面对面的宣传和宣讲，海沧区还开展了点对点的入户发动。为此，当地专门设计了体现海沧区地方特色、群众喜闻乐见的宣传手册，由专人负责入户发放，并向群众详细解释“共同缔造”的目的、理念、方式，同时回答居民提出的疑惑和意见。据统计，仅仅四个月时间，海沧区发放各类宣传册 11.1 万册，下发意见征集手册 30 万册，不仅激活了群众的参与热情，而且也在入户宣传中更加明确了改革的路径、方向和思路，产生了良好的效果。

5. 典型示范，推进治理创新

在推进城市治理现代化工作的过程中，海沧区并不急于单方面地强力推动，而是采取“以点带面、逐步推进”的工作方式，通过典型示范引导居民自觉自愿加入到“共同缔造”的进程当中来，为推进城市治理现代化工作注入可持续的动力。

（1）试点示范。在“共同缔造”过程中，海沧区把以城市居民为主、社会管理有经验的海虹社区，和位于城乡接合部、共建共治有基础的兴旺社区，以及开发度较高、基础配套较完善的东孚镇山边村作为市级试点单位。同时，选取海发、寨后等 14 个各具特色、能够反映海沧区社区总体情况的社区作为区级试点社区，为先行先试奠定基础。通过建设若干个试点典型，一方面有利于探索不同村（社）治理的有益经验，另一方面也让其他社区居民看到“共同缔造”的成效，打消了群众的顾虑，吸引更多居民主动参与到改革进程当中来。

（2）项目示范。项目是海沧区推进治理改革的重要载体，也是改革工作的切入点。海沧区通过确立、落实一批社会关注程度高、建设水准高、群众满意度高的建设项目，更加迅速地激发群众的参与热情和兴趣，在较短时间内形成品牌和示范效应，从而取得良好的带动成效。

（3）模范示范。一是街道层面，对城市治理现代化中的街道先进工作者、社区先进工作者、优秀网格员、优秀义工组织、优秀居民骨干、先进家庭和“星级出租户”等进行了评比，召开表彰大会，并在各社区张榜公布。二是社区层面，对空间认管、绿地认养、阳台绿化等社区活动通过“最美空间”、“十佳认养之星”、“最美阳台”评比、“五个好人好事”、“美丽家庭”评比大赛等评选项目，以展板、微博等形式组织社区居民进行投票评比。社区以居民共评的方式，评出各项活动的不同奖项，对得奖的居民以“以奖代补”形式给予适当物质和精神奖励。同时，通过开展经验交流会，获奖者与大家进行经验交流分享，颁发“荣誉居民”或“绿色达人”奖章，激发居民荣誉感与自豪感。通过广泛参与、共同评定、民主投票、有效宣传的过程形成“典型示范”，使居民的归属感、自尊心、自主权和成就感得到不同程度满足，不仅可以在社区内营造一种互相熟知的和谐氛围，更有利于调动各方积极性，展现自治自强的精神面貌，塑造新厦门人精神。

## 二　减负增效，从“全能”到“放权”，构建有限型政府

“全能主义”下的政府背负了太多本不该由政府承担的职能，结果是政府不堪重负，群众也无法满意。为此，海沧区从政府的“减负增效”着手，通过简政放权、完善服务，实现政府治理、社会自我调节和居民自治的良性互动。

### 1. 以体系改革推动层级衔接

政府的层级分割往往造成改革推动乏力。为了克服“下动上不动”的局面，海沧区以体系改革为先导，建立区统筹、镇街治理、社区服务、自治单元微自治的四级联动体系，推进行政与自治的衔接。

首先，强化区级统筹职能。一是建立“人随事走”“费随事转”一揽子动态调整机制，根据改革过程中区、街道、村（居）职能调整情况，及时研究解决“权、责、利”关系问题。二是理清各部门、各层级的“职能清单”，推动简政放权，提出优化策略。将部分基层需要且能够承

担的社会管理和公共服务事项下放给镇街和社区。一期下放 58 项，二期又围绕群众提出的“房前屋后”小事、实事，继续下放 27 项行政事项。三是为承接任务的基层机构配备相应的人员和资金，给予培训指导。

其次，明确街镇治理职能。一是理顺街镇和社区的关系，社区居委会回归自治，不再承担街镇的行政工作。社区工作站的职能由街镇承担，由社区发展办直接管理，街镇所有面向群众的行政事项全部下放到社区工作站，最大限度方便群众，让群众在家门口就能办成事。二是推动基层社会治理试点改革，在不改变现有机构编制、领导职数和人员身份的情况下，编制权力清单，梳理各项职能，争取更多事权下放到社区工作站。

再次，提升社区服务能力。通过理清镇街与社区的关系，弱化社区的行政化倾向，通过信息化和网格化建设强化社区服务功能。

最后，自治单元微自治。根据地域相近、利益相关、规模适度等原则，将自治单位下沉到小区、网格、自然村等，通过对房前屋后、空间管理等“微事务”的自治，将自治从墙上的“装饰”变成居民的“实事”。海沧区通过四级联动建立起一套社会治理体系，让“错位”的政府逐步“归位”。

*2. 以机构改革推动管治衔接*

机构设置作为一种结构安排，深刻地影响着城市治理体系的变化。党的十八届三中全会指出要“积极稳妥实施大部门制”。从目前我国大部制改革的实践来看，大部制改革不仅仅是机构之间的合并或调整，更为重要的是转变政府职能和理顺政府运行机制。海沧区在构建城市治理体系的过程中以机构改革为配套，按照“先试点再推广”的原则稳步推进，选取问题较突出、改革需求较大的新阳街道作为试点，在不改变现有机构编制、领导职数和人员身份的情况下，推进“大部制改革”，将街道原来的“五办三中心”整合成“一办两中心”，即党政办、社会综合治理中心和社会事务服务中心。同时，将便民服务中心从街道下移到社区，实现群众在家门口办事。海沧区通过机构改革将政府的经济职能逐步剥离，通过成立社会综合治理中心和社会事务服务中心，强化政府的社会治理职能。可以说，海沧区通过“一办两中心”将一些镇街的行政管理职能向上回流，将与群众需求直接相关的向下分流，是政府扁平化管理趋势的体现，也是强区、弱街、实社区体制改革的大胆尝试。

3. *以职能改革推动服务衔接*

在理清组织体系、优化行政机构之后，通过梳理职能推进社区自治成为关键之举。因此，海沧区以简政放权为杠杆，通过职能的收缩和下沉，强化社区自治服务功能。海沧区设立社区事务准入门槛，依法列出社区工作的“三份清单”（“行政事项”“自治事项”和“协助事项”），社区必须承担的行政管理事项，由社区工作站承担；凡是依法需要社区协助管理和服务的事项，政府予以归位；凡是法律未赋予责任和义务的事项，政府则实行“购买服务”。例如，海沧区将新阳街道协助区相关部门开展的执法、监督、整治等方面的属地管理工作，向上回收15项，7项公共服务通过政府购买来提供。居委会作为社区自治组织，主要引导居民开展自治。以此有效推动行政服务与自治服务的衔接。

4. *以流程改革推动政务衔接*

过去，行政部门办事“程序多、效率低”，一直是被群众诟病的重要问题。结合城市治理现代化工作，海沧区着力改善政府的行政效率，提升群众的满意度。在积极学习和借鉴其他地方先进经验的基础上，2013年年初，海沧区根据福建省行政服务中心标准化要求，创造性地将“社会事务服务中心、协商中心、求助中心、调解中心、应急中心”引入行政服务中心，实现“5+1”的功能叠加，建成全省面积最大、窗口最多、审批服务事项最多、功能最齐全、服务最温馨、信息化程度最高的区级行政服务中心，成功打造从“行政审批一站式到公共服务一站式再到社会管理一站式”的政务综合体“升级版”。从项目内容上看，“政务综合体”全面整合协调了区一级政府行政机关、党群部门、事业单位等各类资源。通过横向协调，实现前后台合作共管理；通过纵向协调，实现区、镇（街）、村（居）三级联动。

## 三　服务下沉，从“碎片”到“综合”，构建服务型政府

海沧区近年来在服务型政府建设中一直走在全国前列，在创新城市治理现代化新形势下，海沧区继续保持领先改革的姿态，面对群众的新需求，进一步以完善服务为基础，不断提升治理水平。

1. 均衡公共服务

25 年来，“以乡补城”的发展模式促进了海沧区经济的大跨越，但由此衍生出的城乡发展不平衡也逐渐成为海沧区持续发展的桎梏，失落的乡村和失地的农民叠加，交织成一道道治理难题横亘在海沧区面前。因此，立足海沧区仍有三分之二面积属于农村的具体实际，海沧区把城乡一体化作为治理创新的重要着力点，坚持基础设施向农村延伸，坚持公共服务向农村覆盖。在原有城乡市政、社保医保、教育资源、失地农民失海渔民就业保障等四个一体化的基础上，海沧区突出信息平台一网式、一体化建设，着力将一般公共服务提升为优质公共服务，在城乡一体化建设框架下，不断缩小城乡差距，努力实现城乡公共服务均等化。一是城乡基础设施统一规划建设。全面落实《厦门市海沧区“十二五”期间城乡一体化进程专项规划》，把东孚小城镇建设纳入马銮湾新城建设规划，科学合理安排新城建设空间布局。二是社会事业项目统一标准建设。全区城乡环卫、绿化等市政基础设施由财政承担，纳入区、镇（街）财政覆盖范围，基本实现城乡市政管理一体化。三是公共服务统一标准推进。在全省率先实行被征地人员养老保险及养老补助制度，所有城乡居民均纳入养老保险。作为全省首批教育强区，广泛开展城乡教师校际交流，全区所有适龄儿童均能平等地接受义务教育。作为创建全国公共文化服务示范区，区文化馆、图书馆均达国家一级馆，镇街、村居文化站、室、“绿色网吧”已全覆盖。四是城乡社区自治统一规范设置。充分尊重村居委员会自治职能，在集体资产置换、外口公寓建设等重要决策、重大项目建设中，通过民主评议会、协商会、听证会等形式，由村居民自主决定重大事项，得到广大村民的高度认可。

2. 提升行政服务

面对群众多元化的个性需求，政府的行政服务面临着巨大挑战。海沧区通过集成式创新、拆掉“保护门”和“围墙”破解这一难题。首先，围绕“便民参与”理念，海沧区打造集行政审批、公共服务和社会管理于一体的基层政务综合体，创新性地将“社会事务服务中心、协商中心、调解中心、求助中心、应急中心”五个中心引入行政服务中心，成功打造了从行政审批一站式到公共服务一站式再到社会治理一站式的政务综合体。政务服务中心共设置 92 个办事窗口，进驻单位 43 个，涉及行政审批服务事项647项，市级审批事项进驻比例达94.4%。“5+1”功能叠加，实现了“要办事找服务中心、要参与找协商中心、有困难找求助中心、有矛盾找调解中心、有急事找应急中心”的群众互动服务平台。其次，海沧区委把打造“无围墙”政府作为民生工程，广泛听取民意，发动群众参与绿地、树木认养等，真正把“政府的地”变成“我们的家”，让群众在参与当中体验“人民城市人民建”的乐趣。从2012年起，分三期对其余驻区机关、政府部门实施“无围墙政府”改造，率先在全市打造全开放式机关绿地空间，推掉行政中心办公楼围墙，把原本用于建机关辅助设施的土地，分别建成市民急需的剧院和文化广场，成为市民休闲活动的主要场所，让广大市民群众共享“绿色福利”。

3. 延伸便民服务

有效推进城市治理现代化，关键是要落实便民服务。海沧区从治理结构、治理项目等方面坚持利民便民原则，尊重群众主体地位，为群众谋福利。其一，全面推行“网格化”，把社区服务管理内容全部纳入网格。整合原社区“六大员”为网格管理员，实行“一岗多责”。在此基础上，建立起三级网格信息平台，实现了区、镇（街）、村（居）三级综合信息平台联网对接。其二，建设公共自行车系统。海沧区最大的产业是工业，目前有30多万名产业工人，每天上下班高峰期交通拥挤、人流涌动，每年在公交方面投诉多、群众意见大。为了缓解交通压力，倡导低碳出行、绿色出行理念，海沧区委区政府把公共自行车建设作为示范性项目。2014年，在全市率先推行公务自行车，实现公交接驳、代步、补充、健身、旅游“五大功能”，深受群众喜爱。公共自行车项目启动以来，累计办卡26272张，总骑行134万人次，日均骑行3878人次；公务卡骑行147670人次，日均538人次。当日骑行数最高突破1万人次，举行各类活动282场，总活动人数10298人。

# 第十章

# 微治理模式

“九层之台，起于垒土”。从改革开放30多年的实践来看，成功的制度创新，大多是由基层群众在实践中创造摸索出来的；诸多发展成就的取得，也是“顶层设计”呼应了来自基层的发展意愿。一方面，“顶层设计”自上而下，但必须要有自下而上的动力，并与社会各个群体保持良性互动；另一方面，“顶层设计”的落地，也需要与“基层意愿”和“基层探索”实现对接。在中国渐进改革的逻辑下，只有打通“顶层”与“基层”的关系，才能让改革在基层试点上不断突破，在先易后难中稳步推进。① 海沧区在城市治理现代化具体实践中，探索出一条以“微治理”实践基层自治的有效路径。“微治理”以微事物、微机制为突破口，这种“接地气”的结构特征相对于以往只注重顶层设计而忽视制度落地的改革而言，更符合基层治理的实际，改变了以往“等、靠、要”的惯性思维，也有助于激发居民自治活力，是基层自治的一种有效实现形式。

## 第一节　微治理的缘起与内涵

微观治理是治理体系的重要部分，微治理模式是对微观治理的醒目表达。微治理打破原来社会建设就是大拆大建的惯性思维，强调扎根基层，从身边的细微之处做起，从群众关心的小事实事做起，激发居民参与热情，撬动自治热情，行动于微处，在微治理中培养群众的参与意识

---

① 新华网：《把握一个真实的“微观中国”》［EB/OL］，http：//news. xinhuanet. com/comments/2011 - 10/20/c_ 122178904. htm，2011 - 10 - 20。

与行为能力，提升基层治理的水平，有效回应了党政、群团组织与社会服务不到位的困境。可以说，微治理模式着眼“立地”的技术路线，是对国家治理、社会治理以及社区治理的凝练概括，着眼民生所需，是基层治理体系的灵魂字眼。

## 一　微治理的缘起

在以往的城市治理中，群众主体的缺位导致政府外在于社会，自治外在于居民，这种外在式的治理难以满足群众日益强烈的参与需求。微治理把发展的目光投向基层，把治理的重心放在基层，在完善基层村居治理、优化社会治理结构、弥合多元主体缺位和破解社会治理瓶颈方面发挥着重要作用。

### 1. 完善基层村居治理

人是各种社会关系的总和，是城市治理现代化中最重要的要素与变量。基层村居作为人的利益、生活和命运的共同体，不仅是城市治理现代化的微观体现，也是城市治理现代化的基础。党的十八届三中全会对推进中国特色社会主义事业作出经济建设、政治建设、文化建设、社会建设、生态文明建设“五位一体”的总体布局，而村居的基层建设、村居建设、人民群众生活水平提高、村居特质凸显、人与自然和谐，可以说是“五位一体”的基本载体。海沧区在推进城市治理现代化的实践过程中所探索出的“微治理”模式，正是“大社会”互动共治在基层社会治理中的生动实践。

### 2. 优化社会治理结构

随着经济发展，海沧区财政收入逐年递增，2014 年财政总收入是全省 84 个县（市、区）中财政总收入突破百亿元的三个之一。海沧区已连续四年将财政支出七成用于民生，对基础设施建设、城区管理、民生保障各项工作样样“包办”，一直以来习惯了当“全能政府”，“一竿子纵向到底”，“包打天下”。社区居委会、农村村委会某种程度上成为“二政府”，存在行政化、机关化的倾向，带来空壳化、官僚化的问题。特别是农村税费改革和集体土地分配改革之后，社区失去经济来源，无力办理社区公益事业，在居民群众中凝聚力、影响力、公信力不断下降，出现许多管不好、治不了、理不顺的问题，滋生了影响治理稳定的潜在因素。

“微治理”目标定位治理民主，通过建立健全保障机制、形成多元共治合力，有效提升了基层自治组织协调调动资源的能力，同时基层民主也在治理的“由下而上、上下联动”的改革中渐渐地培育起来，治理民主带动了政治民主建设，基层自治组织参与城市治理现代化的动力、能力得到了显著增强。

3. 弥合多元主体缺位

改革开放以来，尤其是建立社会主义市场经济体制之后，“单位人”逐渐转变为“社会人”，原有的城市基层社会管理体制——单位体制和街居体制相继失效或失灵。海沧区行政区成立短短10年间，建成区面积达50多平方公里。社区从无到有、从有到多，目前共有19个社区（含村改居），建成历史最长的也只有8年多。社区居民中，绝大多数为外来人口或失地失海农渔民。由于互不相识，居民群众对社区、城市认同感低，影响了居民参与社会治理的自觉性、主动性。同时，受市场经济的冲击，民众往往只看重权利，不重视责任和义务的付出，对政府等靠依赖，对社会心存戒备。群众参与“微治理”，一方面推动了城市治理现代化的深化与全面铺开；另一方面则培育与强化了多元主体责任感，激发出参与城市治理的内生动力，以往“等、靠、要”的惯性思维，在城市治理现代化的过程中被逐渐代之以同驻共治理念，公民精神与主体意识得以重塑。

4. 破解社会治理瓶颈

随着海沧区工业化、城镇化进程的加快，近年来海沧区人口剧增，特别是外来人口比例迅速提升。台商投资区初创时期海沧区人口不足10万，2003—2013年，海沧区常住人口从不足13万暴涨到了45万，其中，流动人口已达到近30万，是户籍人口的2倍。“微治理”的探索与实施，需要惠民项目的开展以及细化机制的保障，关注点均落在改善民生上，因而“微治理”是以改善民生问题为重点。一方面，民生问题的解决，是“微治理”实施的优势所在，只有从基层微处着眼的治理，才能有效捕捉到什么才是群众所需；另一方面，务实的民生关怀，促进了政府、企业、群众之间的互动，使这些数量庞大的外来人口、个体工商户以及企业逐步增强对本地的认同感和归属感，为微治理的长远发展凝聚力量，进一步深耕社会支持的土壤。

## 二 微治理的内涵与结构

### 1. 微治理的内涵

一个社会的发展，最终落脚点是人；一个国家的治理，根本立足点在基层。"上面千条线，下面一根针。"只有把发展的目光投向基层，把治理的重心放在基层，使顶层的关注变成普遍的关切，使顶层的设计变成全民的自觉，我们才能真正把握一个真实的"微观中国"，进而保持政令畅通、实现科学发展。① 可见，对微观治理的关注，已经成为党和国家施政为民的重心所在。微观治理是与宏观治理相对的概念，二者在对象、内容以及工作方法等方面都存在差别。微观治理是与具体、现实的公民个人或企业、社会团体联系在一起的事项，关系到一个个家庭的幸福，或者一家家企业经营的成败等。②

党的十八届三中全会明确指出了微观治理在党和国家中的作用及其在城市治理体系中的基础性地位，要求统筹城乡社区建设，促进群众在城乡社区治理中依法自我管理、自我服务、自我教育、自我监督。社区治理作为微观治理的缩影，其根本要义在于：第一，从社区治理的地位来看，相较于国家治理，社区治理是基于微观层面展开的，侧重较为细小方面的治理。第二，从社区治理的主体来看，社区治理强调公民的治理主体地位，公民参与成为社区治理的本质要求。第三，从社区治理的对象来看，社区治理是以解决社区居民最直接、最迫切、最关心的生产生活需要的内容作为治理对象。总之，社区治理在很大程度上共同体现了"微"的特征，因此，"微治理"概念应运而生，成为城市社区治理的一个创新突破口。微治理模式解决了谁来治理社区、如何治理社区等基层治理难题。

在理论研究上，还没有"微治理"这一概念，但"微治理"大体可以概括为"勿以善小而不为"，回归到微观行动上，关注身边的细微之

---

① 新华网：《把握一个真实的"微观中国"》[EB/OL]，http：//news. xinhuanet. com/comments/2011 - 10/20/c_ 122178904. htm，2011 - 10 - 20。

② 卢小平：《我国政府微观治理存在的问题与对策》，《广东行政学院学报》2011 年第 6 期。

处。微者，细微，从身边的细微之处做起，从群众关心的小事实事做起，给予他人细致入微的服务；微者，微小，用微小的时间，付出微小的力量，做点滴的志愿，感受志愿的魅力；微者，微笑，助人让我们充实，更让生活充满微笑。“微治理”与一般的治理不同，它不需要政府、社会多做投入，微治理关注治理的微观内容，行动于微处，聚焦社区微观的美丽，让群众充分发挥自己在社区建设中的社会责任，以及产生社会行动的自觉自信，具有简便易行、低成本、广覆盖、可持续等优势。总体而言，“微”字是海沧区做实基层社会治理的灵魂字眼，是海沧区构建城市治理现代化的重要方式。

2. 微治理的结构

由于微治理仍然是一种尚处于萌芽状态的理论，因此，微治理模式并非理论推演而来，然而，实践中生成的治理模式更值得一窥究竟。总体而言，微治理模式是一个全方位的结构体系，从不同视角出发可以勾勒出微治理的多元构建路径。从静态结构看，微治理分布在不同的网络结构、不同的运作机制中，聚焦有比较明显差异的事物组成和结构形式的上下关系，在纵向体系上强调各级微层面结构的有序衔接，理顺各层面间和层面内部的责任和资源，强调功能完整和衔接有序。因此，在网络结构中，微治理依托着眼一系列互动方式方法的微机制、依托着眼纵横层面结构设计的微自治，来解决治理过程中各层面平台衔接不畅的问题。从动态内容看，微治理聚焦多元主体的互动行为，关注各主体的需求点和兴趣点，聚焦群众之间的自发行动的微志愿，号召多元主体从身边的小事做起，通过微志愿，增强群众的自觉性和参与性，支撑社会治理的服务体系。

在推进城市治理现代化过程中，海沧区积极探索“互动共治”的基层社会治理的新体系，打造基层微治理模式。即：立足群众需求的“微心愿”、构建精细项目的“微志愿”、搭建共治共享的“微机制”，组建纵横网络的“微自治”。通过微治理模式推进惠民工程，拓展居民自治参与渠道、提升居民自管自治能力、实现社区管理上下衔接，保障有序、长效、高效、全民的自治，做实了民主，引领社会治理走向“善治”。

## 第二节　以微心愿为起点,搭建需求表达体系

群众的需求是推进城市治理现代化的出发点和立足点，老百姓们形象地称之为“微心愿”。民意是政府决策的依据，也是我党执政合法性的基础，微心愿的开展是以“微民意”为基础的。当前，政府和社会之间面临着民意难征集、民声难表达、民情难畅通的难题，政府如何有效倾听民意，民众如何畅通表达民意，需要做出进一步的探索。海沧区立足微处，通过建立社情民意征集的信息化、组织化和制度化机制，构建多渠道、多类别、多层次的民意通道，将民众意见和诉求嵌入城市治理现代化建设之中。

### 一　信息化征集：技术性治理的新手段

信息技术具有开放性、互动性和便捷性的特点。海沧区依托网络技术，拓展民意征集渠道，丰富民意表现形式，提高民意回应效率。

1. 网络获取：创新民意渠道

第一，政府层面，借助政府网站集民意。利用区政府网站，部门 QQ 群等政府网络平台，实现民意收集。如在海沧区公共自行车系统项目工程实施过程中，通过网络问卷，“同心情系海沧区”微信号等，多次发起网络民意调查、网上意见箱等征集活动。第二，社区层面，借助公共网络汇民意。利用社区论坛、社区 QQ 群等公共网络平台，对社区项目建设方案、活动开展等广泛听取居民意见。第三，个人层面，借助 APP 数字平台表民意。2014 年 5 月海沧区兴旺社区建设数字家庭云平台，通过智能手机终端实现政府与居民互动、意见征集、政务公告等功能。

2. 政民互动：丰富民意形式

其一，政府发言。海沧区建设市民论坛，政府各部门设立网络发言人；同时，建设“领导在线访谈”网络直播系统，实现市民与政府零距离沟通。其二，网络问政。设立 968100 呼叫中心，电话受理市民咨询投诉，并提供网上行政审批办理结果自助语音查询。其三，网上监督。海沧区利用综合信息平台，将政府发布的信息和百姓提出的问题、解决方

案以及实施效果及时公布，各部门处理网民来信情况实施电子化监督；并且实行网上评议，请网民对综合信息平台的政府办件提出评议和打分。

3. 技术回应：提高民意效率

一是实现三级平台民意及时共享。通过区级综合信息平台与街镇、社区平台联网对接，实现区—街道—社区三级平台民意信息的联网共享，方便各级部门对民意及时回应。二是实现“五个中心”办理适时互通。综合信息平台内设便民服务中心、综治信访维稳中心、党群服务中心、社工服务中心、宣教文化服务中心等，对三级平台汇聚的民意进行对口负责，联合办理。三是实现网络内外回应高效互动。海沧区通过平台内外单位和人员联动，高效调度应对突发事件、内外互动回应群众需求，化解矛盾纠纷。

## 二　组织化征集：参与式治理的新渠道

原生态的民意具有无序化和情绪化的特点，组织化的征集方式有利于克服民意表达失序和非理性的弊端。海沧区建立组织化的民意征集机制，实现了民意有序、理性和自主表达。

1. 传统组织借力：实现民意理性表达

一是发挥“两会”表达职能。区人大、政协成立社情民意信息工作领导小组，每位委员每年至少提交一条民意信息，并组建民意信息工作队，开展政情通报、民意调研等活动。二是发挥党团组织的民意代表作用。通过工、青、妇等党团组织的工作，了解各阶层、年龄、性别的群众诉求和意见，实现民意热点、民生难点的理性表达。

2. 自治组织发力：促进民意有序表达

首先，实现专门的民意组织有序反映。例如，兴旺社区成立专业性的“民情调查队”和“民生倾听室”，通过民情调查队员的入户走访和反映，顺利解决了社区 70 岁老人转户口的难题。其次，实现综合自治组织有序表达。社区成立社区共建理事会、社企共建理事会等自治组织，通过自治组织的季度性会议和民意征集的规范运作，实现民意的有序表达。最后，实现自治微组织有序传递。小区楼栋推选楼长，并由楼栋居民代表、志愿者或积极分子等组成楼栋自治微组织，发挥楼栋组织成员与居民相识相熟的便利条件了解社情民意，并通过楼栋组长有序向上传递。

3. 自发组织助力：激发民意自主表达

其一是自发的互助组织。东孚镇西山社等成立“邻里中心”和“关爱小组”等自发互助微组织，通过群众串门、拉家常等灵活多样的形式，将分散的民意集中起来，实现民意的自主表达。

其二是自发的趣缘、业缘性组织。海沧区充分发挥“秧歌队”“健身队”等自发性群众团体的民意表达功能。例如，在兴旺社区，“增加户外健身器材”“修建羽毛球场地”等民声便是通过健身队的传递很快得到落实。

其三是自发的义工志愿组织。海沧区成立“两岸义工联盟”、社区志愿者组织等，依托组织的服务功能，在社区居委会和居民之间发挥民意的上传下达作用。

## 三　制度化征集：服务型治理的新形式

以制度倾听民意，以制度服务民意，是实现服务型治理的新形式。海沧区通过走出会场、主动走访和规范接访的一系列制度化建设，凝聚政府下基层解民忧的正能量，探索服务型治理的有效形式。

1. 走出会场制度：组建民心“加油站”

一是“食堂会诊”。全区领导机关干部轮流到工地、拆迁点、安置点，与群众围坐用餐，了解民意需求和群众困难。二是片区“四联”。海沧区实行区级领导联系到片，街镇部门联系到居（村），村社干部联系到网格，自治骨干联系到户制度，实现点对点、点对面、面对面的民意征集和服务。

2. 主动走访制度：搭建干群“连心桥”

首先，设立“无会周”，深入基层走访企业。每月第一周无特殊情况不安排会议，由区领导带队走访企业，了解企业情况，倾听企业问题，并将问题分门别类、逐一解决，将党员干部“无会周”变成工业企业“服务周”。

其次，实施“读无字书”，新任干部走村入户。在区委组织部的倡议下，海沧区实施新任干部的基层培训制度，新任公务员、大学生村干部等利用业余时间走村入户，听取民意，了解民情。

最后，创立“无盲点服务”，党员干部进社区。海沧区将党员干部进社区作为践行群众路线的制度形式，开展“四访”民情调研行动，即访贤问策、访民问需、访企问经、访怨问由，做到“事事有着落、件件有回音、服务无盲点”。

3. 规范接访制度：构建和谐“助推器”

一是联合接访。海沧区由区委领导会同有关职能部门，充分听取接访群众意见，并提出解决方案，切实维护群众诉求。二是定期接访。海沧区出台《区领导干部定期接待群众来访实施意见》，规定区主要领导每月安排一次接访，每周安排一名区领导到区信访局定点接访。三是关口下移。海沧区成立“群众工作部”，实现接访重心和接访关口下移。工作部下设信访服务中心、社会事务调解中心、社情民意调查中心，变单纯处理群众诉求为综合掌握社情民意。四是责任前移。区领导和信访部门认真倾听来访群众诉求，对来信来访意见，实行责任到人、分工办理、限期办结、限期反馈。

## 第三节　以微志愿为载体，构建民生项目体系

治理靠群众，群众靠发动，发动靠项目，微志愿便是推进微治理的重要载体。为了实现微治理活动精细化，海沧区以微志愿为载体，以小事为抓手，以生活为平台，以居民为主体，构建了精细的民生微项目，让微项目成为居民日常生活的一部分，让微志愿就在居民身边，触手可及。微项目聚焦群众日常身边事，涉及社会生活各个方面，各类微项目的实施不仅改变了以往各项工作由社区（政府）主导的惯例，将群众热切关心的社区问题交由大家“做主”“共同治理”。而且各类微项目的内容拓展也实现了由文明行动到公共服务，再到社区治理的递进深化。

### 一　文明创建微项目

1. 清洁垃圾：小袋鼠项目

第一，垃圾不落地，行动起来。海沧区“我是小袋鼠、垃圾不落地”志愿环保行动，倡导“健康、欢乐、环保、可持续”的乐活理念，号召全区市民“袋”走烟头，“袋”走垃圾，把海沧区打造成为全省首个

"垃圾不落地城区"。活动中，两岸义工联盟专门设计袋鼠爸爸、袋鼠妈妈和小袋鼠的形象，意喻全家一起牵手倡导垃圾不落地，并发出垃圾不落地的倡议书，免费派发小袋鼠烟袋，还特意组织深入社区捡垃圾、换植被等行动。

第二，环保小讲座，学习起来。除了带领志愿者亲自动手捡垃圾，两岸义工联盟还邀请资深义工变身环保老师，结合其长期志愿服务过程积累的经验，用生动的事例绘声绘色地讲解垃圾分类、变废为宝等环保小知识，向"袋鼠"们传递着"垃圾不落地"理念。尤其注重在实践基础上结合理论教育，以小手拉大手的方式，培养小朋友保护环境、节约资源的观念，并动员大家从身边小事做起，养成不乱扔垃圾的好习惯。

第三，全市总动员，推广起来。自"小袋鼠"诞生之后，越来越多的厦门市民开始加入"垃圾不落地"的志愿环保行动中，"小袋鼠"的活动逐渐从海沧区扩大到厦门全市，并于2014年国庆期间走上中央电视台，为全国观众所知。

2. 保护生态：红树林项目

首先，长效净滩，贵在持续。2013年9月，海沧区保护红树林志愿服务活动在海沧湾公园启动，200多名青年志愿者、文明宣导员、城市义工、文明单位志愿者参加启动仪式并开展志愿服务活动，为红树林清理垃圾污泥和有害藤蔓。11月23日，"关爱河流山川，保护碧海红树"第一次海沧湾净滩活动启动，共有40名志愿者参加。11月30日，第二次海沧湾净滩活动举办，共41人参与其中。12月7日，第三次海沧湾净滩活动开展，本次活动的志愿者除了涵盖厦门大学、集美大学的学生，还包括了AIESEC厦门（国际经济学商学学生联合会中国厦门大学分会）的国际志愿者、海沧区交通综合执法大队的政府人员，更多的是来自一个个家庭的亲子志愿者。2014年2月22日，海沧湾净滩活动持续开启，在海边矗立"海沧湾保护红树林志愿服务基地"的石碑，并在旁边设立红树林科普长廊，作为长期活动的据点，将保护红树林志愿服务活动持续下去。

其次，配合宣传，扩大影响。本项目还配合进行了保护红树林知识宣传活动，志愿者们深入社区，通过易拉宝知识讲解、有奖问答、骑行宣传等多种多样的形式，为海沧区未来海岸社区的居民们讲解红树林知识、宣传保护红树林的方式与意义，呼吁更多人关注红树林。此次参与社区宣传的公众100余人，从四五岁的小朋友到古稀老人，大家都参与其中，并且用行动验证了宣传活动的实际效用。

最后，创新方式，快乐环保。海沧湾红树林净滩活动将环保志愿活动游戏化，或是将志愿者分成小组去完成清扫任务，把搜集到的"战利品"进行称重比较，评选"战果"最丰硕的小组为获胜者；或是将参与该项目活动的奖品不断创意升级，第一次是宣传手册，第二次是随身挂扣，激起更多志愿者的兴趣，让环保行为在激励中更持久；或是将净滩后的废弃品再次创新，也许是废物再利用，也许是拼接创意画，也许是构思怪故事。总之，在志愿行动中，志愿者们发挥奇思妙想，让单一的环保活动充满快乐和趣味。

3. 文明交通：骑行项目

一是文明骑行微提示。海沧区"活力海沧区文明骑行"活动中，海沧区文明办携手各单位在违章高发路段设立文明引导牌，并制作车身提示。而志愿者们骑着"爱心单车"从中骏海岸一号出发，维护公共自行车道秩序，劝导占道停放和未按道骑行等不文明行为，一发现占道停放的机动车，便发放"文明骑行微提示"卡片，提醒车主文明停车，并登记下机动车号码。而当登记的占道数据累积到一定数量，志愿者们就会把数据递交给交警部门，由交警处罚。

二是分组劝导双重治。为了更好地开展"活力海沧区文明骑行"活动，志愿者们分成两组：一组流动骑行志愿者沿路宣传文明骑行，及时劝阻不文明骑行和机动车占道停车等行为，微笑劝导骑行者按道行驶；另一组流动文明宣导员则"包段负责"，实行流动巡访检查，劝阻各类不文明骑行行为，同时市民文明巡访员带着海沧区委文明办配备的相机拍摄违停车辆，并在海沧区电视台曝光。如此分组劝导，双管齐下，强化文明骑行效果。

## 二　公共服务微项目

1. 关爱特殊群体

海沧区将微项目作为志愿服务工作的落脚点，关注社区，尤其是关注特殊群体，并提出实施"四个关爱"工作。以此，组织各类志愿者深入社区、农村、敬老院、福利院、救助站以及农民工集中居住地等地，为特殊群体提供家政维修、生活帮扶、清洁卫生、心理慰藉等服务，先后开展“美丽房前屋后，关爱身边的人”“重阳敬老DIY蛋糕”“残健共享美丽海沧湾”“最美道路邂逅最美心灵”“阳光少年画海沧湾”“牵手寄养孤儿”“情暖新海沧区，爱心共传递”等形式多样的志愿活动百余场次。具体表现为：

第一，关爱弱势群体。扎实开展“朝阳行动”，针对低保困难户、征地拆迁户、失地失海农渔民、信访困难户等特殊群体，制定切实有效的帮扶措施，让弱势群体得到更多的社会关爱。

第二，关爱外来人员。结合海沧区关爱外来务工人员多的特点，组织党员干部和外来务工人员结对子，逐步提高外来务工人员的法律意识、生活质量和经济收入，让外来务工人员更好地融入城市生活。

第三，关爱环卫工人。环外工人是海沧区美好环境的缔造者，从改善工作环境、生活环境、服务环境等方面入手，加大人文关怀和环卫设施投入，改善工作环境和工资待遇，用法律和舆论维护好环卫工人的合法权益，给予环卫工人更多的理解、尊重和关爱。

第四，关爱公交司机。深入推进“关爱公交司机”行动，结合“朝阳行动”，从生理关爱、心理关爱、困难帮扶等方面着手，让社会给予公交司机更多的关注和关怀，为文明交通营造良好环境。

2. 打造爱心单车

首先，构建共管公共自行车系统。全民参与是海沧区公共自行车系统成功的关键，共同缔造是活力的不竭之源。一是海沧区启动了公共自行车站点保洁、车道认养、志愿服务、车辆维修、自行车认捐、站点建设等八大共建共管项目，实现“政府+社会+居民”的建管模式，并创新了一系列体制机制；二是海沧区市民积极响应：认捐公共自行车热潮不停歇，目前2100辆“爱心单车”全部来自社会捐赠；为公共自行车系统的建设、发展建言献策，4万多条意见均被逐一落实，实现全区共同构建公共自行车系统。

其次，自发维护公共自行车行动。海沧区公共自行车系统运行至今，使用者都非常维护公共自行车系统，“爱心单车”无一缺损。志愿者施行轮值制度，对“爱心单车”进行日常维护管理。而且热心市民会主动充当志愿者，或是提供志愿引导，或是提醒使用者小心骑车、安全行驶，或是自发清洁维修污损车辆，或是监督车辆霸占自行车道等不良行为。

3. 志愿清扫公交

海沧区微志愿清扫公交车，为乘客营造舒适环境。“台胞义工行海沧区微志愿”的 15 名志愿者分成三个小分队，自带扫把、抹布等清洁工具，分别来到海沧区嵩屿公交场站、阿罗海公交站点、海沧区车场等地，进行公交车清扫活动。志愿者们不放过任何一个死角，让载客量大、车厢卫生难以保证的公交车得到一次彻底清洗，希望整洁干净的公交车厢能愉悦乘客的心情，释放乘客的压力，也希望通过这次活动为广大乘客提供一个更舒适的乘车环境，并倡导乘客爱护车厢环境。

## 三　社区治理微项目

1. 共管社区生态

其一，从房前屋后做起。自家房前屋后的整理，如果是由社区承担，成本高且效果难保证；如果是群众自己志愿参与，既能改善环境，又能让群众满意。海沧区在海沧湾公园、未来海岸社区、海虹社区开展“美丽房前屋后”志愿行动，动员社会力量为美丽厦门出“点子”，打扫房前屋后卫生，提供便民利民志愿服务，帮助群众办小事、办实事。例如，“美丽房前屋后”志愿小分队定期分别在兴旺广场、霞阳公园、名仕阁绿化带和悦实广场等地开展白色垃圾清理、“牛皮癣”的清除和绿化的维护，倡导居民共同参与，营造干净、整洁的温馨家园；寨后村西山社将原本污水横流、臭气熏天的猪舍改建成了“古村水塘”，村民们亲手将“臭西山”改造成今天的“美丽西山”。

其二，从公共空间做起。对于海沧湾公园等公共空间的卫生管理，海沧区探索出轮值认管，由群众志愿轮值管理，既节约了政府成本，又调动了群众的积极性。例如，兴旺社区从一株“鸡蛋花”的故事得到启发，开始摸索出绿地、绿植的认养机制。随后发动社区群众对社区绿地、绿植进行志愿认养，负责其浇水、除草等，得到了群众的热烈响应。最后全区推广认养机制，并通过学校发动学生，通过“小手拉大手、大手牵小手、美丽齐步走”的方式，由学生带动家长，更广泛地发动群众参与到认养绿地、绿植中来，并且有效地普及了关于树木认养等知识，培育起小朋友的责任心。

2. 营造社区信任

海沧区立足民生，着眼于邻里互动和融合，汇聚了“参与效应”，营造社区信任。

首先，开展自助服务行动。海沧区组织了“我爱我楼”“我爱我社”“我爱我村”等一系列的自治活动；发动了“美好环境计划”“零丢弃—垃圾不落地”行动，引导居民群众共同扮靓社区；在各种文化活动中培育“微笑包容、互信互助”的社区文化价值，变“生人社区”为“熟人社区”。

其次，开展邻里互助行动。海沧区在社区的引领下，依托“邻里中心”“家长里短妇女互助会”“邻里守望平安促进会”等组织开展“睦邻活动拉近新邻里”“志愿行动温暖新邻里”“文化繁荣凝聚新邻里”“政社互动融合新邻里”“社企联动共谱新邻里”等主题行动，促进居民的交流和融合，在活动中增加交流，在互动中增强认同。如洪塘村等试点村居举办“美丽家庭”“最佳认养者”“好媳妇”评选等群众喜闻乐见的活动，创造共同活动机会，促进居民的相互认识和友好交往，尽力消除社区生活的封闭性带来的隔离感，在居民之间、楼院邻里之间形成交流互动的氛围。

最后，开展家园共筑行动。在全区开展公共空间的轮值认管、公共绿地认值认养、公共项目认捐认领等行动，使群众成为空间维护的主体。如兴旺社区启动空间认领活动以来，在社区划定的2085个认管对象中已有1728个被认管，认管率达82.8%，7200多人参与轮值认管，覆盖2562户居民，覆盖率达65%。

3. 培育社区精神

一是以无围墙、无门槛的模式发扬微志愿精神。海沧区充分发动社会力量，探索建立了“无围墙无门槛型志愿者服务”模式，即在遵循一定规章制度的前提下，不断放宽志愿者准入标准、扩大志愿者参与范围，形成“人人都是志愿者”的良好氛围。海沧区结合老年人居家养老的需求和微志愿的精神，采用“1+X+N”管理模式，即1个老年人领袖，X个固定志愿者，N个“无围墙无门槛”志愿者，实现老年人与志愿者无缝对接、充分服务，有效调动广大市民参与志愿服务的积极性。以此，将“闲散自由服务”志愿者纳入志愿者队伍中，有效减少“宣传引导”“登记造册”“活动安排”“活动通知”等工作细节，通过“去繁从简”将更多的精力用在引导志愿者更好地服务上，促进了主动参与、主动奉献的精神培育。

二是以人人参与、人人行动的形式贯彻微志愿精神。为了优化小区居住环境，减轻环卫工人压力，同时让小孩从小树立节能环保的理念，把垃圾分类作为家庭教育的新载体，绿苑小区开展了垃圾分类活动。联合区环卫、海虹社区（绿苑小区所在社区）、城建集团等，与居民一起召开座谈会，探讨如何解决垃圾分类的宣传活动、良性运作等问题。经过探讨，海虹社区发放垃圾分类指导手册400册，宣传购物袋400个，倡议书1000多份，在小区宣传栏、楼道粘贴垃圾分类海报等。此举有效凝聚了居民环保共识，营造了人人志愿参与垃圾分类工作的良好氛围。

三是以整合力量、加深关系的项目巩固微志愿精神。海沧区海虹社区通过社区居民大学把辖区内各类社会组织、志愿队伍、商户企业、热心人士等多方力量整合起来，各施所长，定校舍、筹师资、备器材，使原本较为分散的公益力量得以凝聚。同时，将文化资源引入公益活动中，让社区居民在参与、融入中，培养主人翁意识，增进对社区的认同感和归属感，将微志愿融入居民的日常生活之中。此外，海沧区绿苑小区爱心妈妈自发组成“辣妈团”，通过综合利用各种教育资源，调整教学策略和方法，整合了家庭、幼儿园、社区三方的力量，形成了以婴幼儿家庭为主体、以幼儿园为中心、以社区为依托而建立起来的婴幼儿共育机制。通过小区婴幼儿共育活动，年轻父母们从“抬头不见低头见”的陌生人变为互助的邻里，孩子们从陌生人变成两小无猜的好伙伴，老人们走出百无聊赖，分享邻里间的欢声笑语，该机制丰富了社区居民文化生活，增进了人与人之间的交流和互助，推动了微志愿精神的培育。

## 第四节　以微机制为支撑，创建互动共治平台

城市治理现代化的推进和实现，需要充分发挥机制保障和约束作用。“微治理”通过多元参与机制、网格服务机制与激励表彰机制，创新城市

治理的微观内容，有效保障了基层治理的稳定和持续发展。

## 一 建立多元参与机制

### 1. 完善群众参与机制，打造群众自治平台

第一，建立自治章程，规范自治活动。一是建立自治章程明确权利。一方面，在城市社区，海沧区探索建立了全国首个社区自治章程，作为社区居民自治参与的总领规范，形成社区管理的“小宪法”。集议事规则、评事规则、监督规则为一体的社区自治管理制度，明确规定了群众参与社区建设的各项权利以及群众参与社区建设的详细条款，如社区居民理事会的参与机制，居民参与议事、决策、监督、服务的“四民家园”的运行机制等。另一方面，在村庄范畴内，海沧区以村民自治章程规范村民的参与行为，统筹村庄乡贤理事会、道德评议会、村民议事会等组织的机制组建，规范村民参与渠道。通过自治章程的规定，海沧区将群众参与过程和机制固定化、制度化、规范化，让群众的参与行为在“阳光”下运行。二是健全村规民约规范权利。如果说自治章程是群众参与的纲领，那么村规民约就是村民参与的具体行动指南。在改革实践过程中，一些村（社）各自制定了相关的村规民约规范村民的参与行为。如海沧区西山社制定出台了《寨后村西山社村规民约》《房前屋后环境卫生管理工作责任制》《“美丽西山星级家庭”评选办法》等制度规范，再如名仕阁小区的《无物业小区自治条例》等制度。这些制度从更为微观的层面确定了群众参与的方式、途径和方法，确保了群众参与权利的有效实现。

第二，成立自治组织，便利群众参与。海沧区从实际出发，探索将“小区”“片区”“小组”“网格”等作为自治单元，培育不同类型社会自治组织，推动政社衔接。一是以小区为单元，打造事务型自治组织。如新阳街道探索以小区为单位划分网格，将网格与小区合二为一，推进事务型自治。包括成立小区自治理事会，统筹自治；成立业主委员会，补充自治；培育社会组织，带动参与；建立社区发展分会，拓展服务。二是以片区为单元，打造功能型自治组织。如海沧街道绿苑小区，居住群体的差异性较大，依据居民类型，划分治理片区，推进片区自治。包括根据居民类型划分治理片区、成立居民小组，根据居民需求发挥和拓展

居民小组的功能。三是以小组为单元，打造自助型自治组织。对于“村改居”社区，探索以自然村落即居民小组为基本自治单元。包括成立村落（居民小组）自治理事会、发挥乡贤理事会的自治功能、设立监事会等。

2. 构建环境管护机制，丰富群众参与方式

首先，绿地认养机制。海沧区对公共绿地进行分类编号，并在村（社）公共区域内公布。群众根据自己的意愿，向村（居）委会提出申请，登记个人信息、填写认养协议后，在认养牌子上签署个人姓名完成认养程序。具体操作中，一是突出激励，规定认养者享有在标识牌亲笔署名、对认养绿地做适当装点等权力，用荣誉化和个性化的方式调动认养者的积极性；二是突出保障，由物业公司指派专业绿化人员对认养者进行培训指导，帮助认养者做好绿地认养工作；三是突出评价，成立评定委员会，根据日常绿地管理情况及当前绿地树木成长状态评比奖项，对获奖群众以“以奖代补”形式给予适当的物质和精神奖励；四是突出监督，对没有尽到认养义务的，取消认养权。这一机制创造性地将个人兴趣与公共利益联结在一起，变“别人事”为“我们事”；将群众行为与公共利益朝着共同利益目标统一起来，切实变“你我”为“我们”。而且健全的机制也调动居民持续参与的积极性，形成参与治理的自觉习惯。

其次，空间认管机制。在“绿地认养”基础上，海沧区进一步提出“将认养认管范围扩大到村（社）各类公共场所、形成公共空间治理机制”的方案。将村（社）内的公共设置、公共道路也一并进行公开，形成“空间认管”方案，并逐步确定“监护人”的权利、义务及场所认管标准和机制等。“空间认管”机制推出以来，吸引了广大村（居）民积极参与，形成了“全家上阵”“一所多管”“轮值轮管”的热闹场景，不仅小区的环境更加清洁美丽、邻里氛围也更加安定团结，有效调动群众管理家园、美化家园的热情，促进了村居空间品质提升和人文环境提升，达到了软件和硬件的双提升。

最后，轮值轮管机制。由于群众参与热情较高，在“空间认管”的基础上，海沧区又推出了“轮值轮管”和“一所多管”机制。所谓“一所多管”，就是同一处公共空间由多个认管人共同负责管理和维护；“轮值轮管”是指多个认管人根据各自的时间安排对公共空间进行轮流管理。

“一所多管”和“轮值轮管”是群众公共参与程度增加的具体体现，也是对空间认管机制的拓展和延伸。

## 二　创设网格服务机制

### 1. 统筹纵向网格体系构建

海沧区将全区划分为3个镇（街）级网格、39个城乡村居级网格、299个城乡单元网格，把村居服务管理内容全部纳入网格，整合原社区“六大员”为网格管理员，实行统一招聘、统一管理、统一待遇、统一考核，实行一岗多化。同时，建立起三级网格信息平台。实现区、镇（街）、村（居）三级综合信息平台联网对接，在信息资源整合的基础上，网格化信息平台可以及时掌握辖区内的各种资源、各项事件、各方力量、各类人员变更等信息，实时查看各网格内的各种现场动态情况，调度网格员，协调各联动单位，有效地实时指挥调度、应对突发事件、有效回应群众需求、及时化解矛盾纠纷。通过责任网格化、平台信息化、管理精细化、服务人性化的工作机制，社会服务通过网格输送到社会治理的每一个角落，真正做到“服务群众到网格、责任落实到网格”。

### 2. 推进标准化体系建设

海沧区打造“一个网络、一个终端、一个入口”的升级版“社区公共服务综合信息平台”，实现基础数据“全息化”、指挥调度“可视化”、事项处理“智能化”、绩效考评“科学化”。依托三级信息化平台，海沧区在2014年4月建成福建省首个“智慧社区信息服务云平台”，将“网格化管理平台”与“信息服务云平台”的数据共通共享，各类政务、便民、惠民信息直接同步推送到居民手机、电视、电脑等个人终端上，居民还可以在线申办政务服务、采购周边商品、办理物业服务、将身边大小事及时反映给所属社区的网格员等，打通了从社区到家庭（居民）“政务信息服务”与“商务信息消费”的两个“最后100米”。通过这种“区—镇（街）—村（居）—家庭（居民）”四级联通、四级互动的网格信息化平台，社会各方面、各层次利益诉求得以及时反映和协调，实现“自上而下”与“自下而上”的双向互动，切实做到“小网格”服务“大民生”。

## 三　创新宣传发动机制

无论是开展微自治活动，还是弘扬微自治精神，都离不开宣传工作，可以说，微宣传是微自治的重要一环。微自治的宣传工作也着重突出了“微”的特色，在宣传方式和宣传内容上由单方面灌输式宣传向灵活、互动、随身式宣传转变，强调“由群众动员群众，由群众发动群众”。目前，海沧区通过灵活亲民的宣传、简化快捷的报名方式，降低微自治互动的参与门槛；通过居民邻里间、同事朋友间的口耳相传和相互带动，形成自我发动，自我宣传；通过利用新媒介，如网络微博、手机客户端等，让自媒体自行宣传发动。如此，微自治队伍在不断扩大，微自治精神逐渐成为一种生活习惯和自觉。

### 1. 简化报名，不设门槛

海沧区微自治把参与门槛放得跟地面一样平，其宣传和报名均体现出灵活、简化的特点。例如，海沧湾公园招募志愿者，群众只需按照自身的意愿和兴趣，勾选想要参加的志愿行，没有数量限制，也没有其他硬性规定，非常简化灵活。又如，海虹社区专门制作了“海虹花苑童心”的宣传栏，张贴学生认养盆栽的心得和手绘图片。再如，海沧区“小袋鼠行动”宣传期间，便邀请了呼声最高的台商曾钦照、台湾知名音乐人杨慕、“最美体育老师”林艺莹和“小袋鼠”卡通形象的设计者、延奎小学学生陈梦羽作为小袋鼠形象大使，为环保代言。并且设计了袋鼠一家三口的形象，寓意全家一起牵手倡导垃圾不落地，并向市民分发印有小袋鼠形象的“灭烟袋”和倡议书，号召更多市民加入“小袋鼠行动”。在活动中，市民们可以跟小袋鼠合影，并在小袋鼠的海报上签下自己的名字，即表示自己将加入到“垃圾不落地”的行动中，响应乐活的理念。

### 2. 口耳相传，自我发动

口耳相传是最原始也最直接的传播方式，通过居民邻里间、同事朋友间等将自己在微自治活动中的经历以一对一或一对多的方式向他人分享传达，相互带动，形成自我发动，自我宣传。对于信息接收方，这也是他们最信赖的宣传方式之一，能起到较好的宣传发动作用。一方面，海沧区一直努力于打造“生人社区，熟人社交”，依托社区所开展的许多微自治服务项目为居民提供了平台，形成了一个真实的人与人互动互助的共同体，强化了社区居民对所居住社区的情感、归属感和参与度；另一方面，居民之间的口耳相传和自我发动，通过个体参与带动朋友圈、亲戚圈参与，产生的带动效应也壮大了微自治服务队伍，促进了微自治活动的普及和发扬。例如，洪塘村群众共评共议“好媳妇”，在评选结果出来后，由“温馨夕阳”文艺队下村唱芗剧、党员幸福义工利用日常巡逻的时间向村民宣讲“好媳妇”事迹，最后形成群众口口相传的好局面。青礁村院前社在“城市菜地”项目中，通过组织村民代表到西山村、寨后村等地实地考察学习，让学习参观后的村民主动参与宣传、讲解“美丽厦门·共同缔造”工作，由村民自主发动城市菜地宣传工作，形成全民主动参与的良好态势。在“小袋鼠”项目中，延奎小学的117名“小袋鼠”们，和他们的爸爸妈妈，甚至是爷爷奶奶、外公外婆，组成了近400人的“袋鼠军团”，形成“1+2+4>7”的小手拉大手社区环保行。如此，通过一个孩子带动父母两人，又带动爷爷奶奶、外公外婆4人，进而影响更多的人参与小袋鼠行动，达到大于7的效果，让“我是小袋鼠，垃圾不落地”的环保意识深入人心。

3. 网络媒介，灵活方便

第一，随着网络、新媒体等新兴的社交方式逐渐融入居民生活，海沧区便充分利用网络平台进行微自治宣传工作。一是社交网络即时沟通，即社区的每个楼栋均建立涵盖所有居民、网格员、社区干部的QQ群、微信群，居民可随时了解微自治服务的相关情况以及最新动态，并根据自身情况即刻报名，虽“足不出户”，但灵活方便。二是数字平台高效互动，海沧区建立数字化信息化云平台，推出了“海沧区微政务”、指尖兴旺等特色手机客户端，让微自治的宣传随时随地就在身边。第二，自媒体（“公民媒体”或“个人媒体”）逐步成型。所谓自媒体，即私人化、平民化、普泛化、自主化的传播者，以现代化、电子化的手段，向不特定的大多数或者特定的单个人传递规范性及非规范性信息的新媒体的总称。自媒体平台包括：博客、微博、微信、百度官方贴吧、论坛/BBS等网络社区。海沧区充分发挥了这些平台的作用，设有专门的微自治板块，利用随手拍、微电影、讲故事等形式活泼轻快地进行宣传，并通过评论、转发等与其他自媒体形成互动，不断扩大宣传影响。

## 第五节　以微自治为核心,组建基层自治网络

面对当前社区自治半径过大、自治无法落地的困境，为建立适应城市治理现代化的社区治理体系，海沧区探索出“楼为基础，三级自治”的治理新体系，重点划小自治单元，开展多层级自治。

### 一　社区层面服务型自治

过去，作为法定的自治组织，村（居）委会承担了过多的行政职能，无暇顾及群众自治。鉴于此，海沧区进一步梳理了社区事务清单，理顺社区组织，完善社区组织架构，构建出一套党组织、居委会、社区工作站、社会组织等多元参与的社区服务体系。

*1. 以社区党组织为核心，引领自治*

社区党组织是社区各项工作的领导核心。海沧区以社区党组织引领社区居民自治，既发挥了党组织做群众工作的优势，又增强了社区的自治能力。

一是以社区大党委整合自治资源。通过建立社区大党委，将辖区各类企事业单位和新经济社会组织的党员以及流动党员纳入大党委管理，逐步让“社区的事就是自己的事”这一观念在驻社区单位党组织中达成共识，从而使各单位充分利用自身的优势，积极参与社区建设，为社区自治提供服务保障。

二是以党员双报到挖掘自治需求。通过在职党员到单位和社区双报到，即根据党员特长和社区需求，制定双报到党员服务社区的岗位认领菜单，从而有效了解居民自治的需求，同时凝聚自治的力量。正如社区群众所说：“党员干部就在身边，随时随地能见面，大事小事都有人管，有意见建议也好提，不是自家人胜似自家人。”

三是以协商式党建丰富自治形式。海沧区在社区推行党委、居委会、业委会、物业和社区社会组织共商社区事务周例会、月民主听证会和周末接待日三项制度，就居民和社区组织关心的利益问题，建立党领导下的社区联席会、同心合议厅等群众参与自治的平台，有效组织居民共谋

共评，兼顾了各方利益。

2. *以社区居委会为关键，回归自治*

社区治理是行政服务和群众自治的有机结合。海沧区通过社区行政与自治分离，强化了社区的自治服务功能，以服务促进了社区自治回归。

第一，设立社区事务准入门槛。海沧区依法列出社区工作的“三份清单”，即“行政事项”“自治事项”和“协助事项”。其中，行政事项由社区工作站承担，并接受社区的监督。同时，凡是法律未赋予社区责任和义务的事项，政府实行“费随事转”和“购买服务”。

第二，将行政服务交给社区工作站。海沧区把所有面向群众的行政事项全部下放至社区工作站受理，原街道便民服务中心人员全部下沉到社区工作站办公。社区工作站按照“办公区域最小化、服务场地最大化”的原则，最大限度地服务群众。

第三，将决策权回交给居民。海沧区通过培育社区自治组织，以自治理事会、乡贤理事会作为载体，增强了居民的决策参与，提升居民决事议事的能力。

第四，强化居委会服务。居委会更多的精力用来执行《社区自治章程》，协助网格自治理事会开展自治活动和公益服务，指导社区居民代表大会共评共议社区公共事务。

3. *以社区社会组织为补充，夯实自治*

社会组织是社会治理的活力来源，是推进社区治理的有益补充。海沧区以社区社会组织为补充，夯实了社区自治的组织基础。

首先，以自治型社会组织强化自治内源。社会组织是破除传统行政管制、提升群众共治的有效渠道。农村社区以东孚镇乡贤理事会为例，自成立以来共召开会议49次，研究讨论议题44个，落实解决35件，征集梳理意见建议617条。城市社区以社企同驻共建理事会为典型，在自治组织内部形成了“居委会—居民—企业”的互联网络，发挥了社会组织对居民委员会的补位作用。

其次，以公益社会组织补充自治力量。海沧区以共建项目为依托，以台胞义工队为特色，以奖励优秀为动力，打造出“台胞志工＋社工＋义工”的三联共治模式，通过招募并培训义工，开展了“公共空间轮值”“绿地认养”等义工服务活动。同时，记载义工参与活动的次数和时间，年终对表现突出的义工给予表彰。以此创新社会治理的有生力量。

最后，以多元社会组织补充自治平台。多元社会组织为凝聚群众共同参与创造了良好的自治平台。海沧区以趣缘聚合，培育各类兴趣俱乐部，如兴旺社区的书画俱乐部、广场舞俱乐部等10个社会组织，先后组织活动330多场次，参与群众36700多人次，参与居民覆盖面达95%，其中多次参与的居民达75%，形成了群众自娱自乐、自我管理的自治模式。

## 二　网格层面功能型自治

1. 以小区为单元，打造事务型自治

随着城镇化进程的加快，海沧区外来人口逐渐增多，许多社区人口破万。为了有效治理，海沧区在群体差异性较小的小区，直接将小区作为基本自治单元。以新阳街道兴旺社区为例，探索以小区为单位划分网格，将网格与小区合二为一，推进事务型自治。

一是成立小区自治理事会，统筹自治。理事会成员由社区干部、居民代表、业委会、物业公司、社区发展分会及其他组织的代表选举产生。同时，由小区内成员制定议事制度，每个月召开一次理事大会，共同商议小区自治事务。此外，理事会负责协调社区、小区及小区内部不同组织间的关系，推进政社互动。

二是打造业主委员会，补充自治。根据《业主委员会选举办法》，由10—20名小区内成员组成选举筹备小组，选举产生业主委员会。例如，兴旺广场小区由程燕等15名业主代表组成选举筹备小组，业主代表自荐或推荐，最终选举产生业主委员会主任和副主任各1名，委员13名。业委会作为群众自治组织，主要发挥议事功能以及对物业的监督功能，进一步推进了政社衔接。

三是培育社会组织，带动参与。为了带动居民参与，鼓励社会组织发挥作用，推进政社互动，兴旺广场小区根据居民需求和兴趣，成立了舞蹈队、欢唱团等社会组织，带动了居民“走出家门，融入小区”，主动参与社区事务。

四是建立社区发展分会，拓展服务。小区成员以个人身份加入小区发展分会，延伸社会发展协会的志愿服务功能，同时补充了业主委员会的自治服务功能。社区发展分会作为民间组织，推动了政府、社会组织和居民间的三位联动。

2. 以片区为单元，打造功能型自治

海虹社区的绿苑小区，居住群体间的差异性较大，以小区为单元的自治难以实现，这类小区适合以共同群体的居住“片区”为自治单元。为此，海沧区根据居民类型，划分治理片区，推进片区自治。

首先，根据居民类型划分治理片区。小区内的多元群体间差异性较大，难以形成自治共识。因此，海沧区探索根据群体类型划分治理片区。例如，绿苑小区主要包括渔民安置房、商品房、经济适用房三类。因此，按照这一分类，将小区划分为三个片区，成立相应的居民小组。

其次，根据片区实际成立居民小组。居民小组由社区发展分会的成员根据自身需求和兴趣成立，以服务片区自治。一是成立协调小组。绿苑小区大多数居民为拆迁安置户，为此，小区利用其原有的“熟人关系”，引导居民成立协调小组，实现居民自治；二是成立文娱小组。纯商品房的片区，业主以“兴趣”为纽带，建立了各类文娱小组，包括舞蹈队、合唱团等，片区内成员的交流日渐频繁；三是成立互助小组。经济适用房的片区，居民为了维护共同的利益，以“利益”为纽带，成立了互助小组，共商片区治理事务。

最后，根据居民需求发挥和拓展居民小组的功能。一是监督功能，配合业主委员会，对物业服务进行监管，同时监督环境卫生的轮值轮管。二是议事功能，居民小组的成立，激发了片区居民参事议事的热情，同时为片区居民提供了参事议事的平台。三是服务功能，居民小组在一定程度上补充了小区的公共服务。

3. 以小组为单元，打造自助型自治

“村改居”的社区，由于多个村落间的差异性较大，居民难以产生自治认同。这类社区适合以“熟人关系”为纽带，推动以“村落”为单元的自治规模。为此，海沧街道探索以自然村落即居民小组为基本自治单元，打造自助型自治，以群众自治组织为依托，推动了政社衔接。

一是成立村落（居民小组）自治理事会。自治理事会由乡贤理事会、监事会、老人会选举产生，统筹村落自治。同时，协调村自治理事会与其他三个自治组织间的关系，为村民提供了与政府互动的平台，实现了村落居民的自我管理和自我服务。

二是发挥乡贤理事会的自治功能。由村落内有威望的村民组成乡贤理事会，负责商讨自治事务，管理村庄共同缔造资金等。例如，山后社乡贤理事会由苏永成等五名居民组成并各有分工，分别负责统筹、财务、宣传、协调等工作。西山所在的东孚镇，自各村社设立乡贤理事会以来，共召开会议 49 次，研究讨论议题 44 个，落实解决 35 件，征集梳理意见建议 617 条。

三是设立监事会。为了对乡贤理事会的工作进行监督，各个村社成立了监事会，主要由本村村民组成。例如，山后社监事会由苏亚斗等三人组成，负责监督项目建设的财务状况，包括“现在山后建设先行款花了多少，还剩多少，资金方面有什么困难，群众有什么担心和要求，并督促政府补贴资金落实，是否到位，已经到了哪里，何时到位，到位了多少”。

## 三　楼栋微自治

群众是最主要的基层自治参与主体，近年来，由于社区治理单元过大，居民代表大会人数多，利益冲突大，往往导致会议难召开、诉求难协商、决策难达成。为激活基层自治动力，实现最广大群众的直接参与，海沧区通过最小化自治单元，探索出“以楼栋自治推动自治落地”的新实践，成功破解了基层自治难落地的困境。

### 1. 构建楼栋自治组织，搭建参与平台

过去，海沧区基层自治组织形式单一，居民表达诉求途径少、成本高、成效低，难以满足自治的需求。如今，通过将自治单位微化到楼栋，构建楼栋自治组织，丰富了居民参与平台。

其一，成立楼栋自治小组。为实现居民自治，海沧区以楼栋为单位，成立了楼栋自治小组。社区居委会、网格自治理事会组织每一层楼道、每一楼栋的居民，公开推选出自己的梯长、楼长，并由本楼栋的居民代表、老党员、老干部等 5—7 人作为协管员，共同选举成立本楼栋的自治小组。小组通过制订自治管理方案、订立楼栋公约，逐步实现楼栋公共事务的自管自治。

其二，实行组织内部问责制。自治小组成员按照社区事务类型进行

具体分工，分别负责楼道卫生、治安、计生、文体活动等方面。居民有任何诉求，均可以向负责的小组成员反映，责任人接到诉求后，务必召集当事人进行协商，及时处理与解决，接受居民的监督，对具体问题的处理负责到底。

其三，创新自治衔接模式。为实现多级自治组织的有效衔接，海沧区创新性建立楼栋“1+2+N”的全新治理模式，即实现由社区网格员辅助，梯长与楼长主导，热心居民广泛参与的自治。以新阳街道为例，通过搭建全民参与的自治网络，将所有居民纳入社区建设的主体，在居委会的支持下，“两长”充分自治，自主处理居民矛盾、组织居民活动，激活了基层自治活力。

2. 完善楼栋自治制度，规范参与行为

制度安排是自治长效运行的保障。海沧区在楼栋自治的探索过程中，形成了一系列民情收集、组织管理、长效激励的制度，实现了居民自治参与的制度化与规范化。

第一，建立自治小组例会制度。根据居民的提议，海沧区建立了楼栋自治小组例会制度。通过每月定期召开一次例会，居民可以提出个人诉求，反映问题与矛盾。对于涉及范围较小的问题，自治小组可以即时召集利益相关人，开展协商，解决矛盾。对于涉及大多数居民的议题，自治小组及时与网格员、居委会进行沟通，组织协商，缓解冲突。

第二，实行楼栋事务轮管制度。为加强对楼栋事务的自治管理，海沧区采取居民轮值的方式，对楼栋事务进行管理与维护。例如，兴旺社区金茗花园为了高效解决小区环境脏乱差的难题，由楼栋自治小组卫生员牵头，将楼栋居民进行排班，轮流清理楼栋垃圾，整理楼栋卫生。楼栋卫生有人管了，环境变好了，居民自觉将楼栋环境维护当成自己的事情，主动参与社区治理的热情更加高涨了。

第三，完善“以奖代补”制度。为实现居民自治落地，让社区建设切实满足居民需要，海沧区积极鼓励居民自主提出社区公共设施建设方案，由居民自主协商、自主建设、投工投钱，待后期相关部门审核后，以“以奖代补”的形式对其前期投入进行补贴。新阳街道通过“以奖代补”鼓励居民自主进行社区建设，修好了居民凉亭，在满足了居民所需的同时，还低成本地美化了社区环境。

3. 强化技术牵引自治，缩短参与半径

随着网络、新媒体等新兴的社交方式逐渐融入居民生活，海沧区巧用技术牵引，进一步拓展民意收集与协商处理渠道，实现即时互动，高效、便捷解决居民问题，实现自治落地。

一是利用社交网络实现即时沟通。海沧区在每个楼栋均建立涵盖所有居民、楼栋自治小组成员、小区网格员、居委会干部等主体的 QQ 群、微信群。居民有难题或者矛盾，可以随时在群中反映，楼栋自治小组成员收到后，会即时与居民联系，由网格员、自治小组组织对该问题的协商，快速找到问题的有效处理方式。

二是利用数字平台实现高效互动。为进一步满足居民的需求，增强服务的便利性与实用性，海沧区依托厦门市电子政务外网，以厦门市信息技术服务中心为枢纽，建立了数字化信息云平台，推出了手机客户端，楼栋居民可随时关注楼栋咨询、反映诉求、查看处理动态，实现了社区的社会治理与服务的生态内循环。

三是利用电子监督保障长效互动。过去，居委会干部人数少，事务多，问题的处理情况居民难以监督。为了实现问题处理的透明化，并保障问题的及时协商、处理，海沧区为每位网格员配备一台智能手机，由网格员进行每日工作定位、民情的收集与反馈以及处理情况的动态跟踪，并将所有信息汇集到街道信息化平台，进行电子化的监督管理。

# 第十一章

# 协治理模式

在20世纪，用来提供公共服务和实现公共政策目标的主要组织模式是等级式官僚体制。链条式的命令控制方式、刻板的工作程序以及内向封闭的组织文化是这种组织模式的主要特征。然而，进入20世纪末以来，社会逐步呈现全球化、网络化趋势，公民社会和第三部门发展迅速，非营利组织在社会治理中的作用日盛，超越组织边界的复杂问题丛生，现有的政府治理模式已经不能满足实践的需求，政府要通过新兴的公共组织或者私人组织来处理新生事物和社会问题。政府、私人组织和第三部门，越来越多地追求双赢或者多赢局面，协作正在成为时代主旋律和主要原则之一。海沧区作为新城区，正处于社会转型的关键阶段，社会矛盾比较集中和突出，社会发展薄弱，政府无法独自满足社会需求，只能借助多方力量应对棘手的问题。同时，伴随民主化的进程，非政府力量参与公共事务的趋势日益明显，企业、社会组织参与公共事务的意愿和能力有所提高，协作治理的理念开始深入人心。因此，协治理正由理论期待逐渐变为一种现实。

## 第一节　协治理的缘起与内涵

协治理是对“多元主体共同治理”的创新回应。诸多学者已经在公共治理中着眼协作机制的研究。他们从不同的角度和领域、运用不同的研究方法对协作、协作管理等一系列概念进行剖析。这些相关概念之间存在一定的区别，也存在诸多的联系，由此衍生出“协治理”的概念及其结构特征。协治理模式高度凝练整合、有机统领了协商治理、协作治理、协调治理与协同治理的举措方式，进一步深化拓展了以“协”为抓手的治理模式。作为承接协贯“元治理”和“微治理”的治理模式，协治理贯穿于治理实践的全过程。

## 一　协治理的缘起

伴随着经济社会的高速发展和人口的急剧膨胀，海沧区的城市治理面临着前所未有的挑战。政府无法独自满足社会需求，自身体制与机制的更新进入临界。协治理正是海沧区对“行政运营成本高”等相关难题的理论探索，协治理模式有利于促进群众参与治理、提升社会协同能力、完善政府统筹服务和提升基层治理效率。

### 1. 促进群众参与治理

群众既是城市治理的对象，也是城市治理的主体。然而，随着社会经济的迅猛发展，城市治理规模越来越大，社会多元主体间利益冲突不断加剧，居民利益表达无渠道、居民参与无门路、基层治理无秩序。同时，因为市场经济的冲击，部分群众往往只看重权利，不重视责任和义务的付出，对政府等靠依赖；对社会心存戒备，参与社会治理的自觉性、主动性有待增强。协治理模式为群众参与公共事务提供了对话平台，保证了群众的知情权、表达权、参与权和监督权。

### 2. 提升社会协同能力

政府一直以来习惯了当“全能政府”，对基础设施建设、城区管理、民生保障各项工作样样“包办”，“一竿子纵向到底”，“包打天下”。然而，随着经济发展进入新的阶段，人民的需求不断多样化，政府单向给予式的管理往往得不到群众的满意，甚至会出现“花钱买骂”的局面。同时，相应的社会组织缺乏、群众参与治理的主动性不足，城市治理仍然无法摆脱一元治理的困境。协治理模式为政府、群众、社会组织提供了有效对话的平台，并促进各方资源的整合，提升了社会协同能力。

### 3. 完善政府统筹服务

治理通常涉及多个部门、多个层级的配合。然而，在传统条块分离的行政体制下，横向上，各个部门的职能无法很好地统筹结合，具有明显的分散性和不连贯性，给服务的供给和接受都带来很大的不便。纵向上，职责交叉、权能分散，上下协调配合乏力，造成公共服务质量不高和效率低下，致使社会问题无法及时化解、群众诉求无法有效满足。协治理模式可以有效推动政府内部的纵向联动和横向合作，保证了政府对公共服务提供的主导作用。

4. 提升基层治理效率

长久以来，居民议事均是由居民代表大会展开的。随着城镇化的推进，社区的规模也随之膨胀，作为议事机构的居民代表大会规模也随之扩大，协商决策的效率逐渐降低，加之不同主体间利益关系复杂多元，从而导致居民协商难、决策难，基层民主受到阻滞。协治理模式为居民的不同利益诉求提供了协商、调解的可能，保证议事决事的顺畅进行，提升了基层治理效率。

实践证明，海沧区从传统的"统治"走向"治理"，建立政府与民众的合作和伙伴关系，需要尊重多方主体的需求，广泛发动其共同参与，才能在城市治理中凝聚强大的"合力"，将矛盾化解于基层，让互动共联的理念实现内生发展。

## 二　协治理的内涵与结构

### 1. 协治理的内涵

21 世纪后，随着我国政府体制改革的不断深入，治理成为指导我国改革开放的重要话语。斯托克指出，"说到底，治理所求的终归是创造条件以保证社会秩序和集体行动，因此，治理的产出和统治并无任何不同之处；如果有什么差异，那也只在于过程"①。在治理过程中，协作现象大量存在。学者们对协作的研究也相当普遍，主要集中在对协商治理、协同治理、合作治理和协作性公共管理等研究领域。同时，学者们对于这些概念的理解可谓仁者见仁、智者见智。比较代表性的定义主要是从三个视角加以界定的：首先，从组织间关系视角出发，认为协作是在政府组织间进行管理的基本描述符号。它描述了协作在多组织安排中的促进和运行过程，解决了单个组织不能解决或者不易解决的问题。协作治理的基本特征是纵向和横向活动的复杂结合，其中仅有一些结合可以认

---

① ［英］格里·斯托克：《作为理论的治理：五个论点》，华夏风译，《国际社会科学杂志》（中文版）1999 年第 1 期。

为是协作的，但是所有的结合都是多方参与的。[①] 其次，从制度安排视角出发，认为协作治理是一种独特的制度形式，它不同于市场自发性协作和等级制度有意识性管理的诸多过程。[②] 最后，从集体行动的逻辑视角出发，认为协作意味着一种自发的集体行动和自组织过程；一种主体间默契配合、井然有序的状态；另一种通过集体行动和关联实现资源最大化利用和整体功能放大的效应。[③] 这些定义既在一定程度上反映了治理的基本特征，同时又将落脚点放在"协"，有着共同的含义。其中，"协"的一致性表现在[④]：一是强调多主体参与，尤其是公共机构之外的社会主体的参与；二是强调社会主体对公共政策过程的参与；三是强调公共利益使命，表现为对公共政策问题的解决方案、对公共项目和财产的管理等；四是强调协作的根本动因都在于社会的复杂性及公共机构能力的有限性。

综上所述，学界对协作治理的理解在本质上都是类似的，即认为"协"是公共决策与公共服务过程中消除多元主体的内部分歧、减少摩擦扯皮的重要理论工具。"协"有助于多元异质主体的利益表达与沟通，减少各主体的价值与利益冲突，促进共识，形成彼此之间的尊重和理解。并且"协"还避免了治理过程中的效率损失（过多资源消耗、人员扯皮），将治理过程中人力、物力、财力和时间的调配调适到最佳契合点，大大降低了治理过程的运营成本。因此，"协"不但是有效率的，而且还可能获得好的效果，有效地提高治理过程的效能。

2. 协治理的结构

海沧区在推进城市治理现代化工作过程中，聚焦政府与公民之间、社会组织之间、公民与公民之间的关系调适，寻找全社会意愿和要求的最大公约数。结合理论研究和具体实际，海沧区创设性地提出"协治理"模式。按照不同的行动方式，协治理模式的结构要素包括：协商、协作、

① ［美］罗伯特·阿格拉诺夫、迈克尔·麦圭尔：《协作性公共管理：地方政府新战略》，北京大学出版社 2007 年版。

② 曾维和：《协作性公共管理：西方地方政府治理理论的新模式》，《华中科技大学学报》（社会科学版）2012 年第 1 期。

③ 麻宝斌、李辉：《协同型政府：治理时代的政府形态》，《吉林大学社会科学学报》2010 年第 4 期。

④ 姜士伟：《"协作治理"的三维辨析：名、因、义》，《广东行政学院学报》2013 年第 6 期。

协调和协同。一方面，四者存在区别，协商侧重共同目标形成前的参与过程；协作强调活动参与各方在正式契约签订后为了共同目标进行的合作；协调强调当目标产生矛盾时的和谐性调整；协同强调有序一致地完成某一目标的过程与能力，侧重结果的共同发展与整体加强。另一方面，四个要素本身即为近义词，四者都或多或少存在着目标导向，即促使各方朝着一致的目的采取行动。因此，协治理便“求同存异”，凝练整合了协商、协作、协调、协同的举措方式，进一步丰富了以“协”为抓手的治理模式。

协治理不仅是一种治理的方式，更是一种治理的理想目标。协治理模式作为承接协贯元治理和微治理的治理模式，着力构建政府主导、社会协同、群众参与的治理体系。其中，协商共治注重搭建平台、培育组织、引进技术、建立机制，将群众纳入到社会治理的主体范畴中，激发起群众参与社会治理的热情，实现政民协商；协作共管注重组织创新，引入市场组织、激活社会组织、培育社区组织，推动基层治理从“一维”向“多元”转变；协调联动全面整合资源、通过建立横向的协调机制以及纵向的联动机制，破解治理结构失衡的问题；协同共融则破除“本土治理”的难题，走从高层到基层、从经济到社会不断深化的融合治理道路。

## 第二节　协商共治:破解“主体缺位”难题

在传统的治理模式中，往往只见政府主导，不见社会主体，社会往往处于“被动”和“失语”状态。海沧区创新性地建立协商共治机制，通过搭建平台、培育组织、引进技术、建立机制等“四步渐行”，将群众纳入城市治理现代化的主体范畴中，激发起群众参与城市治理的热情，并将这种热情切实转化群众行动，实现政民协商，从而真正实现共谋，变政府独唱为官民大合唱。

### 一　搭协商平台，保证有事可商量

过去，由于民意沟通渠道的匮乏，居民想参与而无平台，导致诉求“上不去”、政策“下不来”，矛盾难以协调。海沧区通过拓展居民协商渠道，搭建多类协商平台，有效解决了上述难题。

1. 建立协商中心

海沧区于2012年成立社会事务协商中心，协商中心充分发挥人大、政协、社会组织、基层群众自治组织以及新闻传媒等多元主体的社会利益表达功能，构建起重大决策公众参与、专家论证、听证及民主协商的平台，主动向市民“要诉求”。目前，协商中心不断完善民主评议票决、民主听证会、政情通报会、协商座谈会等制度机制，规范协商流程，依法按照政策及时妥善处理居民的合理诉求，并及时反馈处理结果。自成立以来，该中心已就城区绿化、公交线路调整、公共自行车慢行系统建设等问题开展25次的专题协商。此外，运用政务综合体网站、微博、QQ群、收集短信等现代化信息技术，快速收集民意，解决问题，搭建起政府联系居民的“直通车”，提升了协商的时效性。

2. 完善协调中心

群众内部的协商是践行协商民主的有力方式。海沧区建立党领导下的社区联席会、社企理事会、网格理事会、乡贤理事会、发展协会、行业协会等群众参与自治的平台，促进各种社会力量之间通过协商调整利益矛盾关系，构建互助共赢的治理格局。同时，整合社会资源，推动基层协商规范化、制度化开展。如东孚镇的“万再调解工作室”、新阳街道的“水木调解工作室”等调解实体，这类调解矛盾纠纷的“专家门诊”在维护基层社会和谐中发挥了积极作用。目前，调委会组建了“公益律师团”“顾问团”，进企业开展法律宣传和咨询活动；建立QQ群、微信群、吸纳公益资金建设调解微信服务平台；通过信息研判、法理共析、观点交换、在线指导调解等方式，使调委会成为一个充满阳光和活力的工作、学习、交流以及群众申请调解、寻求帮助的共同家园。

3. 搭建协议平台

除了在实体平台上开展协商活动外，海沧区还积极探索了多种非实体的协议平台，例如在海沧湾公园、悦实广场等人群密集场所设立意见征集点。同时，利用政府网页、微博、微信等媒体平台，随时随地开展协商与调解。例如，新阳街道与各社区利用互联网建立沟通新渠道，完善网络互动共治新平台，在各网站设立专门模块，如“代表委员在身边”“万事齐商量”“美丽缔造，邻里和美我来说”等八个板块。透明的网络消隐了现实社会的权力关系，为政府与居民平等对话打下基础。在便捷的网络互动的平台中，居民可以褪去对权力的怯意，积极表达与参与，促进政府与居民的沟通。

## 二　建协商组织，保证有事能商量

社区治理规模迅速扩大，利益诉求多元复杂，居民代表大会成员激增、结构多元，导致了协商议题难以召集、难以协商、难以决策这一困境。因此，海沧区创新性地建立多种协商组织，满足居民高效协商的需求。

1. 建立社企协商组织

企业是社会治理的主体之一，海沧区作为工业新城，外来人口多、企业多，为了加强居民与企业之间的对话，满足居民的切实需求，并有效解决社企纠纷，社企协商组织应运而生。在社区层面，海沧区在企业数量较多的社区建立了社企同驻共建理事会。在原有居民议事机构的基础上，增列固定比例的企业代表进入议事机构，参与社区公共事务的决策与执行，将企业纳入到社区治理的进程当中来。例如，兴旺社区在建设“民智议事厅”的基础上，吸收企业代表组建成立了社企同驻共建理事会，作为企业与居民的互动交流平台，形成对居民委员会的补位作用，在自治组织内部形成了“居委会—居民—企业”的互联网络。

2. 建立政民协商组织

过去由于缺乏与群众之间平等对话的机制，政府摸不清居民诉求、居民不信任政府行为的“拉锯战”时有发生。为推动政民互动，海沧区建立了政民协商组织。例如，海虹社区成立了“同心合议厅”，在社区居委会的基础上扩大了居民的对话平台，业委会成员、物业及居民代表等共同参与、协商，“同心合议厅”中所议之事，多来自于网格员入户走访记录而成的一本本厚厚的《民情日志》，海虹社区借助“同心合议厅”这一组织，促进社区大小事务的妥善解决，最终实现“人圆、事圆、家圆”的海虹梦。

3. 建立居民协商组织

为高效解决居民矛盾，发挥居民自治力量，海沧区成立了居民之间的协商组织，对于居民之间的事务进行协商、沟通和处理。例如，东孚镇建立了乡贤理事会，按照综合素质、组织能力、奉献精神等原则，从村社能人中由村落群众或户代表推选组织、宣传、调解、管护等几大理事，起初社内乡贤理事只有不到20人，发展到现在，理事会成员达78人，覆盖全社各家各户，成为海沧区规模最大的乡贤理事会。依托这一民间组织，东孚镇不仅有效协调了居民纠纷，还发动居民共同改造环境，美化家园。

## 三　拓协商技术，保证有事好商量

先进的信息技术是实现高效协商的重要途径。海沧区在创建“信息消费示范城市”的大背景下，结合群众路线教育实践活动，致力于“打通服务群众最后100米”，构建一个社区居民与居民之间、居民与社区管理者之间无边界互动交流的平台，将数字信息化技术引进协商体系，提高了协商、决策、监督的效率。

### 1. 信息公开保知情

要实现与民互动，必须保障民众知情。过去，社区事务一般在社区公示栏，或者居委会大屏幕公开，既不能吸引民众注意，更无法满足便民的需求。海沧区通过建立信息化平台，及时向居民发布最新动态，让居民不出家门便可知情。以健康医疗为例，海沧区依托智慧社区公共服务平台实现了全省联网的网上预约挂号。本市各大医院的专家门诊，居民可通过手机平台直接挂号预约。社区居民可在社区健康小屋自己测量血压、血糖、血氧、体温等十几项内容，并把检查结果记录到居民健康档案，同步传送到社区医院，相当于为居民配备了专门的“家庭医生”。中央编译局副局长俞可平到建设中的体验屋进行指导，并对兴旺智慧社区的建设工作高度认可。

### 2. 技术参与保诉情

海沧区运用政务综合体网站、微博、QQ群、短信等现代化信息技术，快速收集民意，解决问题，搭建起政府联系居民的“直通车”。新阳街道的“新阳小许微博”，在全街推广使用后，实现社情民意和群众意见可以在第一时间传递给居委会。再如，兴旺社区电脑总终端展示了各种政府信息，并尽可能实现网上办理，而对于确实无法实现的，可将办理信息掌握明晰后再到现场办理，并简化办事程序。此举既节约了双方的时间和人力成本，又解决了原来的“机构迷宫”“程序迷宫”等问题。依托电脑终端，只需要一个网格员，便可实现平台对接，打通政务服务最后100米网路，把党和政府的利民政策及时传递给居民，把居民的心声反映给政府，缩短信息反馈周期。并且社区还打造精细化的管理和人性化的服务，主动入户发现问题并解决问题，真正实现便民、惠民、利民。

3. 信息反馈保问情

协商是否高效，关键在于问题收集之后的处理与反馈。海沧区建立实时信息反馈平台，将设在居民家里的终端与社区的电子信箱连接，居民在家就可对自己反映的问题进行处理监督，及时查看动态。政府必须对居民的疑问进行解答，及时反馈居民的诉求。例如，在居民手机、电视、电脑等终端上，政务变得更加有趣、有味、有料，操作起来就像普通的APP。居民遇到任何的问题只要打开手机、电脑、电视，就能够实现从社区到居民的无缝对接，形成了“线上交流，线下交心”的互动模式。以此，生活化的沟通方式让原本行政的手段变成贴近居民的服务，枯燥的政务信息变成有趣、有味、有料的资讯，拉近了社区居委会和居民之间的距离。

## 第三节　协作共管：破解“全能管理”难题

随着群众自我意识和自主意识的增强，群众的参与热情不断高涨。但是，由于各类组织的缺失，群众的参与没有制度化的依托，缺乏常规化渠道，“群众参与难”也成为城市治理的一大难点。为此，海沧区以创新组织为抓手，通过引入市场组织、激活社会组织、培育社区组织，探索出社会参与国家、社会补充国家的治理体系创新道路，推动基层治理从“一维”向“多元”转变。

### 一　政企协作，引入市场组织

市场组织是推进城市治理现代化不可缺少的主体之一。作为工业新城，海沧区积极探索，完善市场组织参与机制，充分发挥企业、商家和物业等市场组织的作用，为推进城市治理现代化注入新的活力。

1. 携手企业共谋

海沧区注重激发企业的社区认同感和社会责任感，把企业拉进来，让企业在社会治理中发声、发力。为了方便辖内1400多家企业参与社区事务，兴旺社区率先建立全市第一个“社企同驻共建理事会”，由辖区的17家企业代表组成，定期与不定期召开议事活动。迄今为止，理事会已召开20次会议，研究讨论新阳公自行车系统等47项议题，共同推动解决社会化“四点钟学校”建设、小区停车库改造等35个事项。此外，为了实现企业自助和社企互助，理事会还设立环安互助联盟、社企联合调解委员会等多个工作小组，如从企业和社区中寻找在环保、安全、财税、法律等社企急需，又有丰富专业实践的专业人才，成立专业人才工作组，为居民提供免费的专业咨询服务。通过社企同驻共建理事会等载体，海沧区让企业共谋社区事务，促进企业和社区的融合，为企业承担社会责任搭建了平台。

2. 联合商家共建

商家是社区建设的重要力量，没有商家的积极参与，社区建设就无法形成合力。嵩屿路是北附小社区的一条繁华街巷，近年来随着周边小区入住率的提高，人流量逐渐增大，流动摊贩大量出现，占道经营十分严重，环境脏乱，居民反应强烈。在共同缔造行动中，北附小社区创新思路，积极吸纳商家参与管理，变政府主导为商家自治。在社区的引导下，40多家沿街店面店主自发成立了商家自治协会，制定商家自律联盟公约，约定商家自觉负责经营区域的环境与卫生，有义务对占道经营者进行劝导。同时，成立摊贩自治协会，目前已有50余名经营者加入了该组织，摊贩自觉带头示范，大户带动小户，实现了摊贩的自我管理、自我监督。通过培育商家信任的自治组织，促进商家与社区的理性沟通，从而有效地解决了占道经营、管理无序的难题。

3. 协同物业共管

随着越来越多的新型社区的出现，物业在社区治理中的地位和作用逐渐凸显。海沧区积极探索社区、物业和业主等多方共管的治理模式。文圃花园是海发社区辖内的老旧小区，长期以来，由于物业管理服务不到位，物业公司和业主之间的沟通不畅，陷入了业主不满增多，物业费用收缴、物业管理积极性降低的恶性循环。在社区的引导下，2014年1

月小区居民成立了业主委员会，并且推选出39位梯位长，成立了环境卫生、安全保卫等7个督导小组，联合物业公司解决物业管理服务困境，建立起社区居委会、业主委员会和物业管理公司三方联席会议机制，定期召开会议，建立QQ群等虚拟网络平台，共同商讨社区事务。通过重新调整三方角色和互动关系，业主自组织能力和物业协同能力增强，化解了长期积累的矛盾，强化了物业管理公司的责任意识，调动了业主的参与感、认同感和归属感，培育了公共精神，实现了小区的和谐有序。

## 二　政社协作，激活社会组织

社会组织是城市治理现代化的重要主体，创新城市治理必须发挥社会组织的补充作用。海沧区立足于政府和社会的互补互动，加大对社会组织的扶持和引导，提升社会组织的参与活力。

### 1. 扩大购买服务

海沧区积极探索向社会组织购买服务的有效形式，通过公开招标等市场机制将原来由自身承担的公共服务交给社会组织履行，采取政府购买的方式，引入专业化的公司和企业，为培育服务型社会组织提供有力保障。可以说，扩大购买服务，一方面打破了政府“养人办事”的传统服务模式，减轻了政府行政压力；另一方面也通过市场化的方式将企业引入到社会治理当中来，加快了社区公共服务的多元参与。例如，新阳街道兴旺社区利用“以奖代补”机制，通过购买服务建立社会组织主导、社会化运作的“四点钟学校”。社区社企同驻共建理事会经过多轮讨论，决定引入尚书屋社会工作中心，由尚书屋提供场地并负责管理，社区和企业提供电脑、桌椅、课外读物等物品，辖区学校每天派1—2名老师至现场进行监督指导并适当辅导功课，企业和员工分别承担部分费用。2013年9月1日，首批30名孩子“入学”，开班5天后，孩子的规模就增加到95名。通过社会化运作，改变以往政府和社区主导的服务模式，社会组织有了用武之地，也满足了居民和企业员工的需要。

### 2. 开展公益创投

海沧区把商业创业投资理念延伸到公益事业中，由政府梳理公益项目向社会公开，招募企业投入资金实施运作。通过平台对接、现场认购的方式，帮助企业与社会组织架起一座公益桥梁，为壮大和培育社会组织提供有力支撑。可以说，公益创投机制不仅有效解决了社区公益的资金缺口难题，更重要的是为企业参与社会治理提供了一个渠道和桥梁，对于构建企业文化、和谐社企关系都具有积极的促进作用。例如，新阳街道根据辖内企业和居民的需求，通过广泛征集各方意见和专家评审，确定了“新厦门人·阳光心态”“新厦门人子女的快乐暑假”等6个首批公益创投获选项目。同时，街道依托“相亲会”形式让6个公益创投项目和30多家企业代表进行现场互动，最后，成功实现6个公益创投项目与6家企业爱心对接，共获得26.7万元的公益资本投入。

3. 推行平台孵化

社会组织的发展离不开专业力量的扶持和引导。海沧区依托社会组织孵化基地，为社会组织提供全方位的支持。

2014年3月，海沧区成立了新厦门人社会组织孵化基地，通过政府购买服务的形式，引进专业社工机构负责孵化基地运营，全程指导各类社会组织的日常运作和业务开展。包括指导社会组织制定章程、运作制度与共建协议，组织个性化辅导和培训，提供税务、人事、劳动和相关咨询等一站式配套服务，协助社会组织进行项目申报、项目策划、活动举办及财务托管等。最后，按照综合绩效评估办法对考核为“孵化成功”的社会组织，按入驻协议的约定办理“出壳”手续，以此确保孵化基地的综合使用效益和培育、扶持、孵化社会组织形成良性循环。孵化基地成立以来，入驻社会组织的服务水平不断提升，直接受益的企业员工及社区居民达3万多人。此外，14家入驻社会组织和辖区其他社会力量依托平台优势，先后组织开展了随迁子女就学、商事主题年度报告公示网上实务操作、新《环境保护法》等各类培训讲座18场次，成功举办了首届新厦门人文艺晚会、新厦门子女快乐暑假、新垵五祖拳训练营等主题活动十余个，开展各类公益志愿活动超过30次，各项活动累计参与人数超过1万人。

## 三　社社协作，培育社区组织

社区组织是社区居民参与社区事务、开展互动交流的载体。海沧区着力打造和培育多样化、多类型的社区组织，通过居民自我管理、自我服务，实现社区的和谐有序。

1. 培育群众自治组织

群众自治组织是基层社会治理的重要主体。在城市治理现代化探索过程中，各个社区分别成立“道德评议会”“乡贤理事会”“同心合议厅”等自治组织。这些组织积极参与社区管理，在征集居民意见、汇聚居民力量、化解居民矛盾等方面发挥了不可或缺的作用。洪塘村道德评议会2014年8月成立以来，成功化解16起邻里纠纷，防止民转刑案件3起，化解成功率100%，实现了“无越级上访”“大小事不出村”，成为名副其实的“无讼社区”。温厝社区山后社充分发挥群众自治组织的作用，形成了党组织核心引领，乡贤理事会、监事会、老人会三个自治组织协调运作，多种类型自治共同参与的“1+3+N”自治模式，社员参与共建热情高涨，逐步发展成为海沧区规模最大的乡贤理事会。

2. 发展居民互助组织

互助是社区共同体的一个重要功能，也是自治的重要体现。居民互助组织在满足群众多样化需求、和谐邻里关系、培养共同体精神等方面具有独特的作用。海沧区大力发展“残疾人温馨之家”“法律服务之家”“家长里短·妇女互助会”等以满足不同群体需求为导向的居民互助组织，通过互助实现社区的共同发展。如妇女互助会下设活动组、义工组、议事组，形成了“妇女+义工”的工作模式，让广大妇女在“妇女互助会”中培养阳光心态，挖掘潜能、提升能力，增强自信心及自我价值感，为妇女朋友打造一个互助平台。山边村妇女互助会积极配合“大手牵小手、小手拉大手、美丽齐步走”早教试点项目，成立了“妈妈团”轮值队，每次活动由3—5位孩子母亲协助幼儿园及辅导老师看护幼儿。居民互助组织以生活需求为导向，内部开展互帮互助活动，外部与社区网格化治理相勾连，实现了社区事务在居民内部互助解决的共融共通，最终走向共治。

3. 孵化社区趣缘组织

社区的有效治理离不开基础秩序的建构。广大群众基于共同利益、兴趣爱好、生活习惯等结成的微型社区组织，既可以增加交往的频率，产生社区认同和共同体意识；也可以通过自我管理，形成恒久不动的基础秩序，实现社区的和谐有序。如兴旺社区组建成立书画俱乐部、广场舞俱乐部、合唱俱乐部等十个“特色之家”微型社区组织，组织俱乐部成员开展文体交流活动，形成群众自娱自乐、自我管理的自助服务模式。目前，在海沧湾广场，通过倡议发动，13 支舞蹈队伍自发组成文体自治共管小组，参与广场以及公厕的保洁、管理。海虹社区居民自发成立绿化认养义工队、保洁自律小组、社区青年环保社团等多个自治小组，以小组为单位对小区进行管理。在西山，一些热心群众组成美丽督导队，对村庄的环境、卫生等进行督导，成为社区文明的“守护者”。

## 第四节　协调联动:破解“政社失衡”难题

当前，海沧区正处于重要转型期，政府与民众之间旧有的管控关系日渐式微，取而代之的是一种日益生成的服务关系。但是，政府碎片化的社会管理过分注重条块分割，导致部门职能混乱、行政成本高昂、群众办事不便，致使社会问题无法及时化解、群众诉求无法有效满足。为此，海沧区全面整合资源，搭建以政务“综合体”为核心的综合性服务平台，提供横向协调与纵向联动的综合式服务，破解“政社失衡”难题。

### 一　综合式服务，横向到边全覆盖

近年来，在的政府体制改革中，提升政府服务始终是改革的主题。但现实情况是，政府提供的服务越来越多，群众的满意度却没有相应地增长，出现了政府“花钱买骂”的局面。究其原因还是政府传统服务模式忽视了群众真正的需求，导致群众对政府的服务“不买账”。海沧区政务综合体创新性地将社会事务服务中心、协商中心、求助中心、调解中心、应急中心和行政服务中心功能叠加，服务升级，成功打造了社会、经济、建设、公共资源配置服务四个“一条龙”，通过资源整合、流程再造和信息引领，依托政务综合体提供综合式服务，满足社会的多样化需求，实现了服务的全覆盖。将单向的政府服务拓展为双向的政社互动，不但扩大了群众参与，而且极大提升了政府对群众的回应力，促进了政府与社会的良性互动，实现了社会治理能力的提升。

1. 整合资源，“立体式”即来即办

海沧区通过对行政审批资源进行整合，在政务综合体实施“三个一”，实现群众办事即来即办。一是“一楼式办公”。将部门行政许可职能向一个科室集中，部门行政服务、行政许可项目向行政服务中心集中。政务服务中心共设置92个办事窗口，进驻单位43个，涉及行政审批服务事项647项，市级审批事项进驻比例达94.4%。二是“一窗式受理”。行政服务大厅推行“一窗受理、内部运转、统一发证”的多部门联合办理模式，力求最大限度减少市民办事环节，让群众“少跑腿”。三是“一站式办结”。通过“人员进中心、公章进中心、分管领导进中心、所有手续进中心”，实现一站式办结。以二手房买卖为例，服务中心不仅可以实现一站式产权变更，还可以提供水、电、气权属变更登记的全程化服务，免去群众东奔西跑之苦。总而言之，海沧区行政服务中心把由多部门受理转变为一个窗口受理，由行业主管部门窗口统一受理申请，通过内部流转给相关部门进行具体审核，将多部门审核结果一次性告知申请人，把申请人多头审批真正转化为政府内部程序，压缩审批流程，进驻项目办理环节统一压缩至5个工作日以内，审批承诺时限压缩至法定时限的34.4%。

2. 流程再造，“并联式”高效运作

“办个证跑断腿，盖个章磨破嘴”，道出了饱受政府低质服务之苦的人们的不满和抱怨。海沧区积极学习和借鉴其他地方的先进经验，通过在政务综合体实施“1+4+N”并联审批模式，提高了审批效率，减少了群众办事的成本。第一，一个窗口受理。在项目建设上，海沧区专门设立并联审批综合服务窗口，统一负责受理、代办、督办等工作。第二，四个环节办理。海沧区将原有审批流程整合优化为“设立登记、立项、规划建设和竣工验收”四个环节。第三，N个部门配合。由参与并联审批的N个职能部门共同为企业服务，甚至派专人对企业进行跟踪服务，全过程配合、指导、陪同、帮助企业办理各种项目前期手续，为项目早开工、早建设、早投产创造条件。此外，针对辖区企业众多的特点，海沧区社会事务服务中心专门成立“企业服务中心”，为企业提供全程“保姆式”服务。企业服务中心牵头实行“千家企业帮扶”工程，走访2500余家企业，解决企业投产经营中的实际困难。长鸿光电是宸鸿集团重点布局的战略性项目，也是海沧区着力培养的支柱产业。然而，如此重大的项目，从达成投资意向到建成投产仅用了不到半年的时间，体现了“宸鸿速度”，创造了海沧区服务企业的“宸鸿模式”。海基会原董事长江丙坤先生高度肯定了海沧区全程化的服务模式，并感慨地说值得台湾学习。

3. 信息引领，“智能化”政务服务

“群众最满意”是行政服务中心的目标，而信息化则为便民化、人性化服务插上了腾飞的翅膀。随着经济社会的进步和信息技术的发展，公众、企业和社会对政府服务的要求日益提高，尤其是对服务的信息化、便捷化等提出更高的要求。海沧区利用现代信息和通信技术，除了开展网上办公、预约服务等信息化服务之外，海沧区政务综合体充分发挥三大体系有机融合和信息系统有效接入的优势，大力推行信息化服务。首先，“虚拟政府”全天候。海沧区率先通过数据共享、并联协同，打造区、镇街、村居三级网上行政审批平台，构建了跨越时间、地点、部门的全天候服务“虚拟政府”。其次，自助终端无年休。在政务综合体设立自助服务区，集中设置行政服务自助终端，全年提供办事预约、社保账户查询、个税明细查询以及水、电、手机、电视、交警罚款缴费等自助服务。最后，信息服务平台 24 小时。居民利用手机、电视、电脑等个人终端浏览政务信息、办事预约，实现“政务综合体管理平台数据”与“信息服务云平台数据”的共通共享。

4. 服务创新，“人性化”特色服务

服务的最高境界，就是提供人性化的特色服务。创新基层社会治理，更要着力打造人性化的服务型政府。海沧区坚持以人为本的理念，想群众之所想，急群众之所需，丰富形式多样的人性化服务。海沧区政务综合体一是大力倡导服务窗口工作人员开展微笑服务、热情服务。二是在区行政服务中心一楼大厅立柱上增设 55 寸的高清叫号电子屏，分三屏显示动画、日期、天气、公告、号牌等，群众可以边看动画片边等候。三是服务中心架设全省行政服务中心首个移动 4G 网络，实行免费开放，方便办事群众网上查询政府信息。四是设置全市群众办事窗口首个母婴哺乳室，为婴儿吃奶、换尿布等活动提供“私密空间”。五是设置休闲茶座式的办事群众等候休息区，配备应急药品、针线包等便民服务箱，咨询台、等候区、休息小花园、ATM 机、复印机等一应俱全，为办事群众提供细致入微的关怀和服务。服务好不好，群众最有发言权。对广大群众来说，服务窗口就是最有说服力的参照系。透过窗口的服务，群众可以真切地感受到人性化服务所带来的便利。

## 二　回应式服务，纵向到底全响应

为有效解决群众办事不方便、政府管理服务不到位等问题，海沧区将工作前移到最贴近民众的地方，将服务下沉到最贴近民心的地方，及时、有效地解决了民意诉求的回应和实现问题。

### 1. 便民服务，“三级联动”零障碍

为让群众办事少跑路，海沧区采取“三级联动”便民服务模式，实现群众办事零障碍。一是村居受理。在村居设立为民服务受理点，指定代理人员负责受理群众申办事项，将收集到的问题上报街道便民服务中心，让群众在家门口就能办成事。二是镇街代理。街道设立的便民服务中心集中办公，提供代办服务。街道不能办理的申办事项，及时报市行政服务中心，并告知申办人办结时限。三是区级办理。政务综合体设立的“968100”服务热线，增加政策咨询、办事指导、信息综合、协调交办的功能。对群众反映和镇街上报需要解决的问题，汇总梳理，分送各相关部门限时办理，并建立办理和反馈台账。

总而言之，海沧区将信息传递和指挥处理快速联系起来，实现了公共服务的无缝隙供给。通过便民服务的向下延伸，镇（街）便民服务中心和与村（居）便民服务代办点实时动态连接，并与三级网格化社会服务管理系统有机衔接，实现了三级信息平台联网对接、联勤联动。同时，通过上下联动，区行政服务中心可以及时掌握各种信息，实时查看各网格内的动态情况，与网格员一起，联动响应各类民生需求，共同协调化解矛盾纠纷，快速联合处置各类突发事件。

### 2. 监督纠风，“三级效能”零距离

为充分运用好群众监督和舆论监督，海沧区构建“两网一跟踪”工作机制，让权力在阳光下运行。其一是三级电子监察网络。在全区布设182个高清摄像头，建成涵盖区、镇街、部分村居的三级电子监察系统，在政务综合体设立电子监察中心，区机关效能投诉中心进驻，对全区各个服务窗口进行“一站式”实时监督。其二是三级投诉网络。建立区效能投诉中心、镇街效能纠风监督点、村居效能纠风投诉受理点三级投诉网络，实现效能纠风投诉与群众的零距离接触。其三是办件跟踪。将电子监察系统与网上审批系统对接，跟踪办件的进程，运用红黄牌对异常

情况进行标注，实现对行政权力网上运行的全程监督。

3. 应急求助，“一呼百应”零延迟

为提高区、镇街、村三级联动的快速反应能力，海沧区建成“两个中心”工作平台。一是成立救助中心。政务综合体整合社会救济、劳动维权、残疾救助等十多类非紧急救助资源，成立救助中心，实现“快速响应、联动处置、一呼百应”，有效保障群众的切身利益。二是成立应急中心。政务综合体整合突发事件应急中心、应急视频会商系统、区委区政府总值班室、110 社会联动办公室，构建综合性应急指挥平台，形成应急处突机制。在 2012—2013 年 7 次台风防御中，应急中心积极发挥作用，取得“无人员伤亡、财产损失最小”的成效。

## 第五节　协同共融:破解“本土治理”难题

为有效解决“管理服务难到位，居民参与难落实，治理能力难提升”的困境，海沧区利用与台湾隔海相望的优势区位因素，通过推进两岸“从高层到基层、从经济到治理”的不断融合深化，积极引入台湾在基层治理方面的有益经验，探索出一条“融合性治理”的新模式，在两岸互动中学习治理，在两岸融合中推进治理。

### 一　文化共融，吸收两岸先进理念

台湾在城市治理现代化方面相对领先，在双方文化交流的过程中，海沧区积极吸收台湾在城市治理方面的先进理念，促进治理能力提升。

1. 吸收台湾社区营造理念

海沧区的共同缔造和台湾的社区营造有着异曲同工之妙。因此，在社区营造文化的牵引下，海沧区一是聘请台湾大学建筑与城乡发展研究基金会来当地进行实地考察，并将台湾先进社区营造理念融入海沧区，着力通过打造社区文化建设、凝聚社区共识、构建社区生活共同体等途径实现城市治理现代化。二是与厦门大学牵头组建“两岸关系和平发展协同创新中心”，开展“两岸基层法治建设与社区发展交流会”“两岸社区治理观摩研讨会”等活动。三是加强与台湾大学城乡基金会、中山大学规划研究院等两岸社区营造方面机构和专家学者的合作，聘请台湾社区专家对试点社区进行指导提升。

2. 吸纳台湾志愿服务理念

推进志愿服务是提升城市治理的重要方面，两岸融合成功推动了台湾义工将服务理念扩散到海沧区。2005 年，在大陆首家台资医院——厦门长庚医院，台胞太太团自发组建了“台胞志工服务队”。因此，海沧区探索将台湾志工文化精神和“奉献、友爱、互助、进步”的志愿服务精神相融合，搭建志愿服务平台，邀请台胞义工共同参与引领，招募义工、开展培训、策划志愿服务项目，形成了“台胞志工 + 社工 + 义工”三联动模式，促进了志愿队伍蓬勃发展，该做法获评了“政府创新中国十佳经验”。2014 年 8 月，“海沧区两岸义工联盟”成立，目前全区共有“青年汇”、明达台胞志工队等义工队伍 6 支 700 余人。海沧区通过讲座培训和实践教学的方式，将志愿服务理念和方式应用于社区服务，进一步推进了城市治理走向深化。

3. 吸取台湾社区教育理念

海沧区引入社区教育理念，建设社区居民大学，通过大量的实践课程教学满足社区居民更深层次的服务需求。台胞义工王欲荷在参与“辣妈团”育子经验活动时，感受到“社区居民不仅仅需要多样培训知识课，不同年龄段的居民都有着学习平台需求”。因此，经她提议，海虹率先成立了社区居民大学，使居民“走下楼，走上台”。迄今为止，社区居民大学已发展 648 位学员、50 多位老师。此外，海沧区学习台湾传承中华传统文化的经验和做法，在海虹社区居民大学开办国学班，吸引了陈若水等十多名从海峡对岸“找上门”来的台胞义工教师，他们独特的带读授课方式引人入胜，使国学班渐渐成为海虹社区居民大学的“王牌”课程。在 2014 年海峡论坛中，中央政治局常委、全国政协主席俞正声亲自参观海沧区社区建设，对工作成果中的对台特色给予了充分肯定。

## 二　平台共创，融合两岸缔造方式

为了进一步深化两岸融合，海沧区结合城市治理现代化和台湾社区营造的实际，与台湾在多方面相互联合，搭建多层次的交流平台。

1. 开创两岸共同缔造平台

一是海沧区举办“2014 海峡两岸（厦门海沧区）社区共同缔造论

坛”“两岸社区治理观摩研讨会”，搭建两岸社区治理交流的新平台，推进两岸社区交流互动经验互享。其中，全国台联会长汪毅夫为海沧区“全国台联两岸社区交流基地”授牌。二是海沧区与台湾大学城乡基金会、中山大学规划院合作，借鉴两岸社区营造和治理经验，打造兴旺、绿苑、山后、院前社等具有“台味”的试点社区，积极探索两岸社区共同缔造的新模式。三是海沧区与两岸关系和平发展协同创新中心签署协同合作协议，打造两岸关系和平发展协同创新中心实践基地。四是海沧区与市台商协会签订《共同缔造美丽厦门协议书》，让广大台商台胞通过参与环境提升、和谐共建、社区治理、扶危济困等共同缔造活动，融入“美丽厦门·活力海沧”区建设。此外，在第六届海峡论坛期间，海沧区“两岸新家园”建设得到中央政治局常委、全国政协主席俞正声，以及国台办、民政部等中央部委主要领导肯定，引起中央、省市及台湾媒体广泛关注。

2. 打造互动交流平台

海沧区为了提升城市治理能力，派出多个赴台考察团吸收借鉴台湾社区发动居民配合治理的有益经验，并积极运用到自身城市治理中。例如，海沧区青礁院前社致力打造“望得见山、看得见水、记得住乡愁”的闽台生态文化村。首先是与台湾大学城乡基金会、中山大学、厦大台研院合作，打造两岸社区；其次对接台企，为菜地引入台湾种子，设置台湾果蔬种子供应中心，建设“台”味菜地；最后学习台湾房前屋后整治的方法，将整治前的杂乱与整治后的整洁拍照公示，让社区居民自主抉择。目前，院前社在充分学习台湾乡村教育基地的经验模式下，提出了扩大菜地规模，建设两岸科普教育基地——青礁村“大马蹄”教育基地，计划建成配合有牛耕田、手工面线、手工豆腐等原生态活动的教育基地，让孩子们亲身体验种田、种菜及丰收的喜悦。

3. 建设文化交流平台

文化是两岸重要的连接桥梁。海沧区借助两岸相同的血脉宗亲文化，举办了第七届保生慈济文化节，来自海峡两岸的5000余名宫庙代表及信众，齐聚青礁慈济祖宫相互交流。同时，举办了两岸马拉松、乒乓球等体育赛事，以体育和音乐提升集体荣誉感和社区认同感。此外，以“两岸一家亲、共建新家园”为主题，举办2014海峡两岸（厦门）乐活节。

前海协会会长陈云林、海基会董事长江丙坤出席开幕式，共同播种乐活种子。依托四大板块、两项子活动，海沧区在两岸民众中倡导、推行了健康、快乐、环保、可持续的“乐活”理念，增进了两岸同胞的交流和融合，积极打造对台交流的新品牌、新亮点。

## 三　社会共治，汇聚两岸主体参与

随着两岸交流的不断深化，海沧区的常住台胞数量也越来越多。为了将台湾的治理经验“落地”，海沧区在开展项目合作的基础上大力引进台湾本土专业技术人才，充实到海沧区的社会治理改革当中，带动城市治理水平的持续提高。

### 1. 台胞个体

海沧区常住的台胞个体，是一个特殊又非常重要的群体。这些台胞个体对社区事务治理关注度较高，并具有一定的参与热情。因此，海沧区积极邀请常住台胞积极参与社区事务治理。以新阳街道为例，街道推出《台胞参与社区治理暂行办法》，探索聘请台胞担任社区主任助理、物业主任助理，根据需要成立台胞服务管理理事会，有效地激发了台胞的社会治理参与热情。又如，海虹社区通过建立小区自治促进会，将居民吸纳到社区治理中，台胞曾钦照成功当选东方高尔夫小区业主委员会主任。

### 2. 台资企业

厦门成立海沧区台商投资区后，台资企业纷纷进驻海沧区。在城市治理现代化实践中，海沧区充分挖掘台资企业，激发企业社会责任感，依托企业的人、财、物等资源优势，积极调动台资企业资助、捐款等方式参与城市治理。至 2013 年，海沧区大小台资企业共计 205 家，这些企业通过捐款、认养树木和绿化美化企业周边空闲地块、捐赠自行车和体育运动器材、赞助球队队服等方式参与社会服务。目前，台商台企参与共建奖金总额达 113 万余元。

### 3. 台胞组织

海沧区依托两岸义工联盟，促使台湾志工与社区内志愿者相互交流融合，共同打造深具台味的“台胞义工志愿行”品牌，激发了台胞的社区主人翁意识，使其成为新的社区服务主体。例如，兴旺社区以“台胞义工志愿行”活动为载体，举办系列志愿活动，组织辖区五支义工队、100 多名义工发放倡议书，发动群众共同参与社区公共活动。同时，成立网格自治理事会，聘请台胞作为常任理事，使台胞也有机会参与社区事务。再如，海沧区大力加强与台商协会的合作，与其签订了《共同缔造美丽厦门协议书》，将台胞纳入到共同缔造中来。这些台商不仅为海沧区发展出谋划策，同时通过认捐绿地赞助公共设施等多种途径，积极参与共建活动。

# 参考文献


[1] 毛寿龙:《西方政府的治道变革》, 中国人民大学出版社 1998 年版。

[2] 王诗宗:《治理理论及其中国适用性》, 浙江大学出版社 2009 年版。

[3] 孙立平:《现代化与社会转型》, 北京大学出版社 2005 年版。

[4] 卓越:《公共部门绩效评估》, 中国人民大学出版社 2011 年版。

[5] 俞可平:《治理与善治》, 社会科学文献出版社 2000 年版。

[6] 俞可平主编:《中国治理评论》(第 2 辑), 中央编译出版社 2012 年版。

[7] 俞可平:《中国公民社会的兴起与治理的变迁》, 社会科学文献出版社 2002 年版。

[8] [美] 詹姆斯·罗西瑙:《没有政府统治的治理》, 张胜军等译, 江西人民出版社 2001 年版。

[9] [美] 罗伯特·阿格拉诺夫、迈克尔·麦圭尔:《协作性公共管理: 地方政府新战略》, 北京大学出版社 2007 年版。

[10] 丁煌、高峻:《整体性治理的实践探索——深圳一体化大交通管理体制改革案例分析》,《行政论坛》2011 年第 6 期。

[11] 于正伟:《契约治理: 现代政府的治理变革》,《西南交通大学学报》(社会科学版) 2009 年第 6 期。

[12] 王兴伦:《多中心治理: 一种新的公共管理理论》,《江苏行政学院学报》2005 年第 1 期。

[13] 王诗宗:《治理理论的内在矛盾及其出路》,《哲学研究》2008 年第 2 期。

[14] 韦艳、吴燕:《整体性治理视角下中国性别失衡治理碎片化分析及

路径选择》，《人口研究》2011 年第 3 期。

[15] 孙柏瑛、李卓青：《政策网络治理：公共治理的新途径》，《中国行政管理》2008 年第 5 期。

[16] 田国强：《法治：现代治理体系的重要基石》，《人民论坛·学术前沿》2013 年第 23 期。

[17] 卢小平：《我国政府微观治理存在的问题与对策》，《广东行政学院学报》2011 年第 6 期。

[18] 刘洁、竺乾威：《地方政府管理体制改革创新的思考——以广东顺德为案例》，《郑州大学学报》（哲学社会科学版）2011 年第 3 期。

[19] 朱玉知：《整体性治理与分散性治理：公共治理的两种范式》，《行政论坛》2011 年第 3 期。

[20] 李延均：《公共服务领域公私合作关系的契约治理》，《理论导刊》2010 年第 1 期。

[21] 李澄：《元治理理论综述》，《前沿》2013 年第 21 期。

[22] 李龙：《建构法治体系是推进国家治理现代化的基础工程》，《现代法学》2014 年第 3 期。

[23] 张文显：《法治与国家治理现代化》，《中国法学》2014 年第 4 期。

[24] 张文显：《法治化是国家治理现代化的必由之路》，《法制与社会发展》2014 年第 5 期。

[25] 张健：《从管理走向治理：当代中国行政范式转换问题研究》，《浙江社会科学》第 2006 年第 4 期。

[26] 陈剩勇、赵光勇：《“参与性治理”研究述评》，《教学与研究》2009 年第 8 期。

[27] 沈海军：《政府治理模式演变的新趋势：契约治理》，《汕头大学学报》（人文社会科学版）2011 年第 4 期。

[28] 沈海军：《政府契约治理的核心要素与实现机制》，《学术研究》2013 年第 8 期。

[29] 杨冠琼、刘雯雯：《公共问题与治理体系——国家治理体系与能力现代化的问题基础》，《中国行政管理》2014 年第 2 期。

[30] 范玫芳：《参与式治理研究之现况与展望》，《人文与社会科学》2008 年第 3 期。

[31] 竺乾威：《从新公共管理到整体性治理》，《中国行政管理》2008 年第 10 期。
[32] 项继权：《参与式治理：臣民政治的终结》，《社区》2007 年第 5 期。
[33] 胡佳：《整体性治理：地方公共服务改革的新趋向》，《国家行政学院学报》2009 年第 3 期。
[34] 胡佳：《迈向整体性治理：政府改革的整体性策略及在中国的适用性》，《南京社会科学》2010 年第 5 期。
[35] 胡象明、唐波勇：《整体性治理：公共管理的新范式》，《华中师范大学学报》（人文社会科学版）2010 年第 1 期。
[36] 姜士伟：《“协作治理”的三维辨析：名、因、义》，《广东行政学院学报》2013 年第 6 期。
[37] 俞可平：《推进国家治理体系和治理能力现代化》，《前线》2014 年第 1 期。
[38] 俞大军、范晓丽：《论国家治理体系现代化的实现路径》，《人民论坛》2014 年第 12 期。
[39] 洪都：《有效的政府治理是实现国家治理体系和治理能力现代化的关键》，《中国机构改革与管理》2014 年第 5 期。
[40] 翁士洪：《整体性治理模式的兴起——整体性治理在英国政府治理中的理论与实践》，《上海行政学院学报》2010 年第 2 期。
[41] 唐兴霖、尹文嘉：《从新公共管理到后新公共管理——20 世纪 70 年代以来西方公共管理前沿理论述评》，《社会科学战线》2011 年第 2 期。
[42] 黄滔：《整体性治理理论与相关理论的比较研究》，《福建论坛》（人文社会科学版）2014 年第 1 期。
[43] 麻宝斌、李辉：《协同型政府：治理时代的政府形态》，《吉林大学社会科学学报》2010 年第 4 期。
[44] 曾维和：《西方“整体政府”改革：理论、实践及启示》，《公共管理学报》2008 年第 5 期。
[45] 曾维和：《后新公共管理时代的跨部门协同——评希克斯的整体政府理论》，《社会科学》2012 年第 5 期。

《华中科技大学学报》（社会科学版）2012 年第 1 期。

[47] 曾凡军:《整体性治理：一种压力型治理的超越与替代图式》,《江汉论坛》2013 年第 2 期。

[48] 蒋敏娟:《从破碎走向整合——整体政府的国内外研究综述》,《成都行政学院学报》2011 年第 3 期。

[49] 韩兆柱、杨洋：《整体性治理理论研究及应用》,《教学与研究》2013 年第 6 期。

[50] 韩兴雨、孙其昂:《现代化语境中城市社区治理转型之路》,《江苏社会科学》2012 年第 1 期。

[51] 蔡全胜：《治理：公共管理的新图式》,《东南学术》2002 年第 5 期。

[52] 熊节春、陶学荣:《公共事务管理中政府“元治理”的内涵及其启示》,《江西社会科学》2011 年第 8 期。

[53] 魏姝：《中国城市社区治理结构类型化研究》,《南京大学学报》（哲学·人文科学·社会科学）2008 年第 4 期。

[54] [英] R. A. W. 罗茨:《新的治理》，木易编译，《马克思主义与现实》1999 年第 5 期。

[55] [英] 格里·斯托克:《作为理论的治理：五个论点》，华夏风译，《国际社会科学杂志》（中文版）1999 年第 1 期。

[56] 熊节春:《政府治理新范式——元治理》，中国行政管理学会 2010 年会暨“政府管理创新”研讨会，北京，2010 年。

[57] 赵光勇:《治理转型——政府创新与参与性治理》，浙江大学博士学位论文，2010 年。

[58] 马俊军:《依法治国是推进国家治理现代化必由之路》,《南方日报》2014 年 10 月 27 日。

[59] 卓泽渊:《法治是国家治理现代化的基石》,《学习时报》2014 年 10 月 20 日。

[60]《衡量国家治理体系现代化的基本标准——关于推进“国家治理体系和治理能力的现代化”的思考》,《北京日报》2013 年 12 月 9 日。

[61] 海沧区美丽厦门共同缔造办公室:《美丽厦门·健康生态新海沧研

讨会材料汇编之二——海沧区美丽厦门共同缔造试点十五项工作及阶段性成果》。

[62] 海沧区美丽厦门共同缔造办公室：《材料汇编之一——“美丽厦门共同缔造”海沧区试点工作档案汇编》。

[63] 海沧区美丽厦门共同缔造办公室：《材料汇编之二——“美丽厦门共同缔造”海沧区试点工作项目案例汇编》。

[64]《以共同缔造践行群众路线促进社会治理体系创新——海沧区“美丽厦门共同缔造”试点工作汇报》。

[65] 海沧区新阳街道共同缔造办以及兴旺社区共同缔造办：《“参与，让我们更幸福”之“美丽厦门共同缔造”试点工作兴旺社区实践汇编》。

[66] 海沧区新阳街道共同缔造办以及兴旺社区共同缔造办：《“机制，让社区更美丽”之“美丽厦门共同缔造”试点工作兴旺社区实践汇编》。

[67]《海沧区美丽厦门共同缔造市级试点社区和项目简介及工作方案》。

[68]《海沧区开展群众路线教育实践活动有关情况报告》。

[69]《在“美丽厦门共同缔造”研讨会上的专家发言录音文集》。

[70]《海沧区政务综合体建设情况汇报》。

[71] 习近平：《切实把思想统一到党的十八届三中全会精神上来》，新华网，2013－12－31. http：//news. xinhuanet. com/politics/2013－12/31/c_ 118787463. htm。

[72] 习近平：《完善和发展中国特色社会主义制度推进国家治理体系和治理能力现代化》，人民网，2014－02－18. http：//politics. people. com. cn/n/2014/0218/c1024－24386149. html。

[73]《治理体系和治理能力如何实现现代化——专家解读“全面深化改革的总目标”》，中国共产党新闻网，2013－12－04. http：//cpc. people. com. cn/n/2013/1204/c368480－23738377. html。

[74] 薛澜：《治理理论与中国政府职能重构》，人民论坛网，2012－06－21. http：//www. rmlt. com. cn/2012/0621/39160. shtml。

[75] 陶希东：《国家治理体系应包括五大基本内容》，中国共产党新闻网，2013－12－30. http：//theory. people. com. cn/n/2013/1230/

c40531 - 23975236. html。

[76]《把握一个真实的“微观中国”》，新华网，2011 - 10 - 20. http://news. xinhuanet. com/comments/2011 - 10/20/c_ 122178904. htm。

[77] Klinjin E1H1, Analyzing and Managing Policy Processes in Complex Networks: A Theoretical Examination of the Concept Policy Net work and Its Problems, 0Administration& Society, Vol128, No11, 1996。